Neue
Kleine Bibliothek 249

Jörg Kronauer

Meinst du, die Russen wollen Krieg?

Russland, der Westen
und der zweite Kalte Krieg

PapyRossa Verlag

© 2018 by PapyRossa Verlags GmbH & Co. KG, Köln
Luxemburger Str. 202, 50937 Köln
Tel.:   +49 (0) 221 – 44 85 45
Fax: +49 (0) 221 – 44 43 05
E-Mail: mail@papyrossa.de
Internet: www.papyrossa.de

Alle Rechte vorbehalten

Druck: CPI – Clausen & Bosse, Leck

Die Deutsche Nationalbibliothek verzeichnet diese Publikation in
der Deutschen Nationalbibliografie; detaillierte bibliografische
Daten sind im Internet über http://dnb.d-nb.de abrufbar

ISBN 978-3-89438-650-4

Inhalt

Vorwort 7

1.
TREIBSTOFF FÜR BARBAROSSA
DIE DEUTSCHE RUSSLANDPOLITIK 9

1.1. Im Moabiter Salon
Von der Weimarer Republik bis zum
deutschen Überfall auf die Sowjetunion 10

1.2. »Friedlicher Ausgleich«
Die Ära des Kalten Kriegs 38

1.3. Moskau? »Keine Alternative«
Vom Zerfall der Sowjetunion
bis zum Beginn des Ukraine-Konflikts 54

2.
PUFFER SCHAFFEN
DIE US-AMERIKANISCHE RUSSLANDPOLITIK 81

2.1. Von Festungen und Brückenköpfen
Die Zeit zwischen den Weltkriegen 82

2.2. Natürliche Rivalen
Vom Zerfall der Sowjetunion
bis zum Beginn des Ukraine-Konflikts 97

3.
»GROSSEUROPA KAM NICHT ZUSTANDE«
DIE RUSSISCHE WESTPOLITIK 118

3.1. Auf der Suche nach Bündnissen
Die Ära der Westorientierung 120

3.2. Zurück zur Eigenständigkeit
Die Ära der Konsolidierung 135

4.
»UMSTRITTENE RÄUME«
DER NEUE KALTE KRIEG 154

4.1. Die Doppelstrategie des Kalten Kriegs
Von den Maidan-Protesten zur Ära der Sanktionen 154

4.2. Baltische Manöver
NATO-Aufrüstung gegen Russland 171

4.3. Mit gleicher Münze
Russlands Gegenschlag 186

Literatur 202

Vorwort

»Russland trainierte Krieg gegen die Nato in Europa«! In gewohnt reißerischer Manier überschrieb *Bild* im Dezember 2017 einen Artikel über das russische Manöver »Zapad 2017«, das rund drei Monate zuvor stattgefunden hatte. Nichts Geringeres als »die Einnahme des Baltikums in nur wenigen Tagen« hätten die russischen Streitkräfte geprobt, behauptete das Blatt unter Berufung auf nicht näher beschriebene »westliche Geheimdienste« – die glaubwürdigste Quelle, die man sich seit der Erfindung irakischer Massenvernichtungswaffen vorstellen kann. Sogar die »Bombardierung Deutschlands« sei geübt worden, hieß es weiter. Und wenn die NATO sich wehre, dann müsse man wahrscheinlich sogar mit dem Allerschlimmsten rechnen, behauptete *Bild*: Die »Gefahr eines Atomkriegs«, der durch russische Nuklearschläge eingeleitet werde, sei durchaus real.

»Meinst Du, die Russen wollen Krieg?«, dichtete der sowjetische Autor Jewgeni Jewtuschenko im Jahr 1961. Die Systemkonfrontation tobte, die antisowjetische Propaganda schlug ähnliche, vielleicht sogar noch schäumendere Wellen als ihre antirussische Nachfolgerin im Jahr 2017 – und Jewtuschenko bemühte sich um mentale Abrüstung, indem er den Hinweis darauf, die furchtbaren Verluste des Zweiten Weltkriegs seien in der Sowjetunion unvergessen und mahnten zum Frieden, in vier Strophen eines Gedichtes fasste. Nein, niemand wolle Krieg, beteuerte er – die Rote Armee habe den deutschen Überfall im Weltkrieg, im »Weltenbrand«, nicht etwa unter großen Opfern abgewehrt, um nun selbst den nächsten Krieg zu starten, sondern um Sorge dafür zu tragen, »dass auf Erden jedermann in Ruhe schlafen gehen kann«. Davon war Jewtuschenko überzeugt.

Was will Russland, oder, um genauer zu sein: Was will das russische Establishment, was will die russische Regierung? Dieser Frage nähert sich dieses Buch an. Weil das Vorgehen des russischen Staates aber viel eher eine Reaktion ist denn eine eigenständige Aktion, beginnt die Analyse mit etwas anderem: nämlich mit der Politik, die Deutschland (Kapitel 1) und die Vereinigten Staaten (Kapitel 2) gegenüber Russland treiben. Ohne diese Politik lässt sich nicht verstehen, weshalb Moskau von den Überlegungen der frühen 1990er Jahre, der NATO beizutreten, letztlich zu dem Entschluss überging, weder Washington noch Berlin und Brüssel zu trauen, sondern gänzlich auf die eigene Macht zu setzen, um seine Stellung in der Welt zu behaupten (Kapitel 3). In der Analyse soll dabei zumindest im Ansatz die Geschichte der deutschrussischen und der US-amerikanisch-russischen Beziehungen in den Blick genommen werden: Ohne einen Eindruck von der großen historischen Tiefe dieser Beziehungen kann man die aktuellen Spannungen zwischen den USA und der Bundesrepublik auf der einen sowie Russland auf der anderen Seite nicht angemessen einschätzen. Dabei hatten insbesondere die Beziehungen Deutschlands zu Russland bzw. zur Sowjetunion stets zwei scheinbar unterschiedliche Elemente – eine gewisse Kooperation und scharfe Konfrontation. Weil beide genaugenommen nur verschiedene Ausdrücke des beständigen deutschen Drangs waren, nach Osten zu expandieren, ist es gar kein Wunder, dass die Kooperation immer wieder in Konfrontation überging und übergeht – aktuell im neuen Kalten Krieg (Kapitel 4). Vielleicht kann es unter den gegebenen polit-ökonomischen Verhältnissen gar nicht anders sein.

***

Bedanken möchte ich mich bei allen, die mich bei der Arbeit mit Anregungen, Diskussionen oder anderweitig unterstützt haben – ganz besonders bei John Boyd, Hans-Rüdiger Minow, Peer Heinelt, Kurt Heiler, Detlef Peikert, Jürgen Peters und Ulrike Gerstenberg. Und natürlich beim PapyRossa Verlag.

1.
Treibstoff für Barbarossa

Die deutsche Russlandpolitik

Das Treffen schlug hohe Wellen. Zwei Stunden habe es gedauert, wurde am folgenden Tag kolportiert; als »privat« sei das Gespräch am späten Abend des 2. Juni 2017 in der Residenz des russischen Staatspräsidenten bei St. Petersburg deklariert worden, deshalb sei über den Inhalt nichts zu erfahren. Wladimir Putin habe den deutschen Außenminister Sigmar Gabriel und Ex-Bundeskanzler Gerhard Schröder zu Gast gehabt; darüber hinaus wurde etwas von der Anwesenheit ausgewählter deutscher Wirtschaftsvertreter gemunkelt. Politiker der CDU und von Bündnis 90/Die Grünen wurden wild. Befand man sich mit Russland nicht mitten in einem neuen Kalten Krieg? Konnte man es da dulden, dass der Außenminister mit Putin und Schröder, dessen private Aktivitäten im deutsch-russischen Wirtschaftsgeflecht von Befürwortern eines schärferen Umgangs mit Russland ohnehin erbittert attackiert wurden, des Nachts an der russischen Ostsee heimlich irgendetwas auskungelte? Da half es auch nicht, dass Gabriel darauf bestand, seine Reise sei – wie immer – mit Bundeskanzlerin Angela Merkel abgestimmt gewesen: Die nächste Runde im mit harten Bandagen geführten innerdeutschen Streit um die Russland-Politik begann.

Erbitterte innere Auseinandersetzungen prägen die deutsche Politik gegenüber Russland nicht erst seit kurzem. Bereits der deutsche Umgang mit der Sowjetunion, ja sogar mit dem Zarenreich ist stets von widersprüchlichen Polen geprägt worden. Einerseits gab es stets ein Interesse an Kooperation, vor allem in der Wirtschaft, die Zugang zu Russlands Absatzmarkt und zu seinen Rohstoffen suchte. Eine gewisse Zusammenarbeit strebten immer wieder auch führende Politiker an, denen es – meist in Phasen eigener Schwäche – um einen Verbündeten in Auseinandersetzungen mit Staaten im Westen ging. Zuweilen suchten selbst Militärs den Schulterschluss mit Moskau. Umgekehrt hat es stets auch eine Politik scharfer Konfrontation gegeben – vor allem dann, wenn das deutsche Establishment sich mächtig genug fühlte, seine Interessen im Osten auch gegen Russland bzw. die Sowjetunion durchzusetzen. Zweimal führte dies sogar in einen Weltkrieg. Unübersichtlich wirkt die deutsche Politik zuweilen, weil Kooperation und Konfrontation nicht zeitlich getrennt stattfinden, sondern gewöhnlich parallel, wenn auch – je nach Gesamtinteressenlage – durchaus unterschiedlich dosiert. Die sozialen Kräfte, die jeweils die kooperative respektive die konfrontative Politik tragen, haben dabei eigene Traditionen mit langen Kontinuitätslinien ausgebildet. Ein Blick in die Geschichte der deutschen Ostpolitik macht es möglich, diese Traditionen und das stetige Variieren von Kooperation und Konfrontation in ihrer Entwicklung zu beobachten.

1.1.
Im Moabiter Salon
Von der Weimarer Republik bis zum
deutschen Überfall auf die Sowjetunion

Gefängniszellen sind keine Orte, an denen typischerweise Außenpolitik getrieben wird. Besondere Zeiten verlangen aber manchmal besondere Schritte. 1919 war für Deutschland – nach der Weltkriegsniederlage und der Novemberrevolution – ein sehr spezielles Jahr, und die Beziehungen zwischen dem Reich und dem revolutionären Russland, deren erste Fäden im Verlauf dieses Jahres geknüpft wurden, waren – jedenfalls auf den ersten Blick – ebenfalls höchst ungewöhnlich. Sie entwickelten sich aus Gesprächen in der Untersuchungshaftanstalt Lehrter Straße in Berlin-Moabit.

In einer Einzelzelle des Baues, den König Friedrich Wilhelm IV. bald nach seinem Amtsantritt im Jahr 1840 als »Preußisches Mustergefängnis« hatte errichten lassen, saß seit dem 12. Februar 1919 der Kommunist Karl Radek ein. Radek, ein enger Weggefährte Trotzkis und im auswärtigen Dienst des revolutionären Russlands tätig, hatte sich Ende 1918 aus Moskau nach Berlin begeben, um sich an der Gründung der KPD zu beteiligen und die Entwicklung in Deutschland für die russischen Revolutionäre präzise zu analysieren. Rasch war er ins Visier der deutschen Behörden geraten, die ihn nach den Januarkämpfen wegen angeblicher »Beihilfe zum Spartakusputsch« suchten, fanden und inhaftierten. Die Ermittlungen gegen ihn wurden letzten Endes im Juni 1919 eingestellt. Radek blieb anschließend noch eine Weile in »Schutzhaft« in der Lehrter Straße, da er gegen deutsche Häftlinge in Russland ausgetauscht werden sollte und die Details dazu geklärt werden mussten; er genoss allerdings ab August erleichterte Haftbedingungen und wurde im Dezember in Hausarrest bei einem gewissen Eugen Freiherr von Reibnitz verlegt, einem ehemaligen Kameraden Erich Ludendorffs. Am 18. Januar 1920 wurde er schließlich entlassen und umgehend nach Russland abgeschoben.

»Nur Handel treiben«

Radek hat seine Haftzeit nicht nur genutzt, um mit Briefen und Schriften in die Debatten der Kommunisten in Deutschland und in Russland einzugreifen. Er hat sich vor allem auch bemüht, in der deutschen Bourgeoisie für einen kooperativen Umgang mit dem revolutionären Russland zu werben, das tief im Bürgerkrieg steckte und sich nicht nur gegen rechte russische Milizen, sondern auch gegen Truppen westlicher Mächte behaupten musste.[1] Ein frühes Dokument dieser Bemühungen ist ein Brief, den Radek am 11. März 1919 aus seiner Zelle in Berlin-Moabit an Alfons Paquet sandte, einen Journalisten, der damals für die *Frankfurter Zeitung* schrieb. Radek hatte Paquet, einen Mann mit ausgeprägten Sympathien für den Osten, im Revolutionsjahr 1917 kennengelernt. In dem Brief sprach er sich dafür aus, die deutsch-russischen Beziehungen nicht in scharfem Konflikt zu belassen, sondern sie auf eine enge, gedeihliche wirtschaftliche Zusam-

---

1 Vgl. Kapitel 2.1.

menarbeit zu gründen. Paquet registrierte Absender und Inhalt aufmerksam und reichte das Schreiben prompt an Außenminister Ulrich von Brockdorff-Rantzau weiter.[2] Ob Brockdorff-Rantzau Radeks Brief wirklich gelesen hat, ist nicht verbürgt. Allerdings war der Außenminister einem gewissen Maß an Kooperation mit Russland nicht abgeneigt. In der Kabinettssitzung vom 5. Mai 1919 etwa ließ er seine Abneigung gegenüber einer einseitigen Westorientierung des Reichs und Sympathie für eine deutsche Mittlerstellung »zwischen Westen und Osten« erkennen.[3]

Das Beispiel Brockdorff-Rantzau zeigt es: Nur wenige Monate nach dem Ende der offiziellen Kriegsoperationen auf russischem Territorium und zu einer Zeit, zu der deutsche Freikorps dort noch immer gegen die Revolutionstruppen kämpften, nahmen Teile des deutschen Establishments bereits wieder eine gewisse Zusammenarbeit mit Russland in den Blick. Deutlich wurde das, als Radek ab August 1919 in seiner Moabiter Zelle Besuch empfangen durfte. Wegen der zahlreichen regen Diskussionen, die er dort mit teilweise recht einflussreichen Personen führte, sprachen einige schon bald ironisch von seinem »Moabiter Salon«. Einer der ersten, die ihm im Spätsommer 1919 ihre Aufwartung machten, war kein Geringerer als der AEG-Präsident und spätere Außenminister Walther Rathenau. Rathenau fand sich mehrmals bei Radek ein. Im Januar 1920 brachte er zudem den AEG-Vorstandsvorsitzenden Felix Deutsch zum Gespräch mit dem russischen Revolutionär mit.

Was trieb Rathenau und Deutsch zu Radek in die Zelle? Nun, die AEG, 1883 als Deutsche Edison-Gesellschaft gegründet und rasch zum größten Konzern in der damals boomenden deutschen Elektrobranche aufgestiegen, hatte seit den 1890er Jahren lukrative Geschäfte im Zarenreich gemacht. Elektrische Straßenbeleuchtung für die

---

2   Schüddekopf, Otto-Ernst: Karl Radek in Berlin. Ein Kapitel deutsch-russischer Beziehungen im Jahre 1919. In: Archiv für Sozialgeschichte, Band 2. 1962. S. 87-166. Hier: S. 96.

3   Akten der Reichskanzlei. Weimarer Republik – Das Kabinett Scheidemann. Band 1. Dokument Nr. 59. Kabinettssitzung vom 5. Mai 1919. Online-Version, www.bundesarchiv.de.

Hauptstadt St. Petersburg, die Elektrifizierung der Straßenbahnen in Kiew und Moskau – derlei Großaufträge in einem Land, in dem man kaum einheimische Konkurrenz fürchten musste, ließen die Herzen in der Berliner AEG-Zentrale höher schlagen. Allein von 1901 bis 1907 lieferte die Firma 747 elektrische Waggons und rund 130 Kilometer Straßenbahnschienen nach St. Petersburg, Moskau, Riga, Smolensk und Charkow. Von 1904 bis 1913 schnellte die russische Elektroeinfuhr um den Faktor Fünfeinhalb in die Höhe und summierte sich auf stolze 54 Millionen Mark; dabei kam die überwiegende Mehrheit der Importe, darunter Motoren für das russische Heer und für die Schwarzmeerflotte, aus Deutschland – vor allem von der AEG und Siemens.[4] Und nicht nur das: Im Jahr 1913 kam bereits fast die Hälfte der gesamten russischen Einfuhr aus dem Deutschen Reich.[5] Russland war mit Importen im Wert von 880 Millionen Mark – 8,7 Prozent der deutschen Gesamtausfuhr – zum wichtigsten Absatzmarkt deutscher Industrieprodukte geworden.[6] Zudem summierte sich der deutsche Kapitalexport nach Russland im Jahr 1914 bereits auf stolze 1,8 Milliarden Mark; das war mehr als in jedes andere europäische Land, abgesehen von Österreich-Ungarn.[7] In der Ukraine stammte rund die Hälfte des im Berg- und im Maschinenbau investierten Auslandskapitals von deutschen Unternehmen.

---

4 Kirchner, Walther: Siemens and AEG and the Electrification of Russia, 1890-1914. In: Jahrbücher für Geschichte Osteuropas 30 (1982), Heft 3. S. 399-428.

5 Heeke, Matthias: Reisen zu den Sowjets. Der ausländische Tourismus in Rußland 1921-1941. Münster 1999.

6 Seppain, Hélène: Contrasting US and German Attitudes to Soviet Trade, 1917-91. Politics by Economic Means. New York 1992. S. 31 f.

7 Nipperdey, Thomas: Deutsche Geschichte 1866-1918. Erster Band: Arbeitswelt und Bürgergeist. München 1998. S. 277. Demnach belief sich der Bestand deutschen Auslandskapitals 1914 in ganz Lateinamerika auf 3,8 Milliarden Mark, in den USA und Kanada auf 3,7 Milliarden Mark, in Österreich-Ungarn auf 3 Milliarden Mark und in ganz Afrika auf 2 Milliarden Mark. Der Bestand deutschen Auslandskapitals im Osmanischen Reich, wo Berlin unter anderem mit dem Bau der Bagdadbahn höchst ehrgeizige Ziele verfolgte, lag mit demjenigen in Russland gleichauf (1,8 Milliarden Mark).

Mit dem Krieg änderten sich bei AEG zwar die Prioritäten. Rathenau übernahm den Aufbau der Kriegsrohstoffabteilung im Preußischen Kriegsministerium und verfasste Kriegszieldenkschriften. Sein Konzern konnte den kriegsbedingten Einbruch bei den Exporten wettmachen, indem er zu einem der größten deutschen Rüstungshersteller aufstieg; natürlich kamen AEG-Produkte auch im Waffengang an der Ostfront zum Einsatz – gegen Russland. Nach Kriegsende aber war der Konzernleitung sofort klar, dass der Ausstoß der Fabriken – der Rüstungsboom war ja nun vorbei – wieder in zunehmendem Umfang im Ausland abgesetzt werden musste. Rathenau und Deutsch begaben sich also zu Radek. Sie hielten natürlich nichts von der revolutionären Umgestaltung der russischen Wirtschaft; doch – so referierte Radek später den AEG-Vorstandschef Deutsch – »möge die Ordnung sein, wie sie wolle«: Wenn das revolutionäre Russland »nur mit der AEG Handel treiben« werde, werde er sich nicht weiter daran stören.[8] Deutsch habe anschließend noch »vorsichtig« gefragt, »ob wir nicht beabsichtigen, die enteigneten Betriebe zurückzugeben«. Radek schilderte den Fortgang des Gesprächs: »Als ich lachend fragte, warum wir ihnen Geschenke machen sollten, begann er über meine verdrehten Auffassungen zu stöhnen. Aber auch er wollte nach Rußland« – mit Exporten. Dieses klare Ziel teilte er mit einem nennenswerten Segment der deutschen Exportindustrie.

Mit Ost gegen West

Nicht nur Wirtschaftsleute nahmen 1919 eine engere Zusammenarbeit mit Russland in den Blick. Auch so mancher Außenpolitiker dachte – Revolution hin, Revolution her – intensiv darüber nach, seine Fühler nach Moskau auszustrecken. Das kam nicht von ungefähr. In Zeiten außenpolitischer Konflikte mit Mächten im Westen, vor allem mit Frankreich, hatten Preußen und das Reich immer wieder das Bündnis mit Russland gesucht. Die Konvention von Tauroggen etwa, in der sich der preußische Generalleutnant Johann David von Yorck und der russische Generalmajor Hans-Karl von Diebitsch am 30. Dezember

---

[8] Zitiert nach: Schüddekopf 1962. S. 87-166. Hier: S. 162.

1812 auf einen Waffenstillstand einigten, bildete die Grundlage für das preußisch-russische Bündnis gegen das napoleonische Frankreich und damit für den Sieg über den zeitweiligen französischen Hegemon. 1870 erleichterte Russlands wohlwollende Neutralität es Preußen, den Krieg gegen Frankreich zu wagen. »Preußen wird niemals vergessen«, bekundete Wilhelm I. am 27. Februar 1871 in einem Telegramm an Zar Alexander II., »daß es Ihnen zu verdanken ist, wenn der Krieg nicht die äußersten Dimensionen angenommen hat.«[9] In den folgenden Jahren war Reichskanzler Otto von Bismarck stets bemüht, St. Petersburg vertraglich an Berlin zu binden, um ein französisch-russisches Bündnis gegen Deutschland zu verhindern. Dem trugen etwa das Dreikaiserabkommen vom 22. Oktober 1873, der Dreikaiserbund vom 18. Juni 1881 und das Rückversicherungsabkommen vom 18. Juni 1887 Rechnung.

1919 war nun eine Situation eingetreten, in der sich das Deutsche Reich als Weltkriegsverlierer in einer Position eklatanter Schwäche gegenüber den westeuropäischen Mächten und den Vereinigten Staaten von Amerika befand. Was tun? Die Meinungen waren geteilt. Man komme nach der Niederlage an einer engen Kooperation mit den Siegermächten im Westen nicht vorbei, urteilten manche; und überhaupt: Sei nach dem Sieg der Oktoberrevolution nicht ein gemeinsamer Kampf der kapitalistischen Staaten gegen den Bolschewismus das Allerwichtigste, zumal Moskau ja revolutionäre Kräfte auch im Deutschen Reich unterstützte? Andere lehnten die zeitweilige Unterordnung unter den Westen ab – und sie schienen recht zu behalten, als der Versailler Friedensvertrag dem Weltkriegsaggressor gravierende territoriale, ökonomische und militärische Einbußen brachte. Einige fingen an, über die alte Strategie nachzudenken, in Zeiten der Schwäche gegenüber dem Westen ein Gegengewicht in der Kooperation mit dem Osten zu suchen; sie sprachen davon, in möglichst naher Zukunft den »Ring von Versailles« zu sprengen.

Dabei handelte es sich nicht nur um obskure Randfiguren. Der »Moabiter Salon« des Häftlings Radek etwa, in dem es im Kern um

---

9   Zitiert nach: Ullrich, Volker: Die nervöse Großmacht 1871-1918. Aufstieg und Untergang des deutschen Kaiserreichs. Frankfurt a. M. 1999. S. 76.

ebenjene Sprengung des »Rings von Versailles« durch eine engere Kooperation mit Russland ging, wäre ohne die Zustimmung des Auswärtigen Amts und damit zumindest eines Teils der Regierung selbst wohl kaum denkbar gewesen. Tatsächlich kümmerte sich in der zweiten Jahreshälfte 1919 Adolf Georg Otto (»Ago«) Freiherr von Maltzan[10], ab November 1919 stellvertretender Leiter, ab November 1921 dann Chef der Ostabteilung im Außenministerium, um den Gefangenen und seine vielfältigen Gesprächskontakte. In einer Aktennotiz begründete er seine Einwilligung in die deutsch-russischen Sondierungen in Moabit defensiv-realpolitisch: »Angesichts der Tatsache, daß Bolschewismus in drei bis vier Jahren ein Faktor ist, mit dem wir rechnen müssen, halte ich es politisch und wirtschaftlich im deutschen Interesse, privaten wirtschaftlichen Bestrebungen mit Sowjetrußland keine amtlichen Schwierigkeiten mehr zu machen.«[11]

»Aufeinander angewiesen«

Nun ging es in der zweiten Jahreshälfte 1919 bei Radek in der Lehrter Straße nicht nur um »private wirtschaftliche Bestrebungen«, sondern – Maltzan wusste das selbstverständlich ganz genau – um viel weiter reichende Dinge. Deutlich wurde dies nicht zuletzt daran, dass Hans von Seeckt seine Finger im Spiel hatte. Seeckt, ganz preußischer Reaktionär, hatte im Offizierskorps Karriere gemacht, war im Weltkrieg an der West- und der Ostfront sowie in Südosteuropa eingesetzt worden und im Dezember 1917 nach Konstantinopel gegangen, wo er als Generalstabschef des Osmanischen Heeres unter Kriegsminister Enver Pascha, einem der Hauptverantwortlichen für den Genozid an den Armeniern, fungierte. Nach der osmanischen Kriegsniederlage vom Oktober 1918 ins Reich heimgekehrt, organisierte er ab Januar 1919 als Stabschef im Armeeoberkommando Nord des neu errichteten Grenzschutz Ost die Kämpfe gegen revolutionäre Truppen im Baltikum. Seine Haltung zur russischen Revolution war klar: Sie sei ein

---

10 Ago von Maltzan hatte bereits 1911/12 als Legationssekretär an der Botschaft in St. Petersburg Erfahrungen in Russland sammeln können.

11 Zitiert nach: Schüddekopf 1962. S. 87-166. Hier: S. 100.

»schweres Weltunglück«, der Bolschewismus sei der »Todfeind allen öffentlichen Lebens«, urteilte er im Frühjahr 1919.[12] Den antirevolutionären Kampf begriff er zudem als Chance, sich bei den Westmächten unentbehrlich zu machen, um auf diese Weise weitreichende Abrüstungsforderungen auszuhebeln. »Wir sind bereit, den Wall gegen den Bolschewismus zu bilden, im eigenen Interesse, das in diesem Fall das der Entente ist«, bot er den Weltkriegssiegern noch im Januar 1920 an: »Hierfür sollte sie« – die Entente – »uns die nötigen Waffen lassen«.[13]

Seeckts Bemühungen erwiesen sich als Illusion, und er hätte sich das eigentlich auch denken können. Ab April 1919 hatte er die Friedensverhandlungen in Versailles zeitweise als Leiter der militärischen Abteilung der deutschen Abordnung begleitet. Die Abrüstungsbestimmungen des Friedensvertrags, der am 28. Juni 1919 schließlich unterzeichnet wurde, ließen keinen Zweifel daran, dass die Weltkriegssieger im Westen entschlossen waren, die deutsche Militärmacht ein für allemal zu brechen. Seeckt, der Anfang Juli 1919 die führende Position bei der Neuorganisation der deutschen Streitkräfte erhalten hatte und im Oktober als Chef des neu gegründeten Truppenamts im Reichswehrministerium den Aufbau der Reichswehr vorantrieb, musste sich also etwas einfallen lassen. Und da kam Radek ins Spiel. Wie's der Zufall will: Als Seeckt sich an die Arbeit machte, hielt sich gerade sein ehemaliger Chef Enver Pascha in Berlin auf. Enver, der aus Konstantinopel hatte fliehen müssen, schmiedete wilde Pläne, wollte nach der deutsch-osmanischen Kriegsniederlage nun in einem Bündnis mit dem revolutionären Russland gegen den britischen Imperialismus weiterkämpfen und ließ sich von Seeckt ein Gespräch mit Radek vermitteln.[14] Wie sich die Diskussionen im Detail entwickelten, liegt im Dunkel. Jedenfalls hat Seeckt offenkundig – vielleicht ange-

---

12   Zitiert nach: Zeidler, Manfred: Reichswehr und Rote Armee 1920-1933. Wege und Stationen einer ungewöhnlichen Zusammenarbeit. München 1993. S. 31.

13   Zitiert nach: Ebd.

14   Gottschlich, Jürgen: Beihilfe zum Völkermord. Deutschlands Rolle bei der Vernichtung der Armenier. Berlin 2015. S. 270 f.

regt durch Enver, wohl vor allem aber unter dem Einfluss ostorientierter deutscher Außenpolitiker wie Maltzan – Geschmack an der Idee einer deutsch-russischen Kooperation gefunden.

»Nur im festen Anschluß an ein Groß-Rußland hat Deutschland die Aussicht auf Wiedergewinnung seiner Weltmachtstellung«, schrieb er jedenfalls am 4. Februar 1920, keine drei Wochen nach Radeks Abreise. Am 26. Juli, zehn Tage nach dem Abschluss der Konferenz von Spa, von der er sich ein allerletztes Mal – vergeblich – ein Abrücken der Westmächte von den Versailler Abrüstungsbestimmungen erhofft hatte, präzisierte er dann, »auf der Seite der Entente« könne Deutschland »keine Zukunft finden; da bleibt es nach menschlichem Ermessen immer ein Volk, das man ausnutzt, um es arbeiten zu lassen für andere«.[15] Will sagen? »Deutschland und Rußland sind also aufeinander angewiesen«, urteilte Seeckt. Zwei konkrete Handlungsoptionen hatte er damals – jenseits allgemeiner strategischer Erwägungen – fest im Blick. Die eine betraf die deutsche Aufrüstung – dazu später. Die andere betraf Polen. Man solle alles tun, um »eine Schädigung oder gar Vernichtung unseres unerträglichsten Nachbarn« zu erreichen, hatte der Truppenamtschef schon am 26. Februar 1920 in einem Brief gefordert: »Polen ist Frankreichs Geschöpf und zuverlässiger Bundesgenosse, damit also unser dauernder Feind.«[16] Im September 1922 erklärte er dann in einer Denkschrift ganz unumwunden: Polen »muß verschwinden und wird verschwinden durch eigene, innere Schwäche und durch Rußland – mit unserer Hilfe.« Er schloss: »Rußland und Deutschland in den Grenzen von 1914 sollte die Grundlage von der Verständigung zwischen beiden sein.«[17]

Rapallo

Der Dreiklang aus ökonomischen, politischen und militärischen Plänen zum Ausbau der deutsch-russischen Kooperation ist auf jeder

---

15 Zitiert nach: Zeidler 1993. S. 32.
16 Zitiert nach: Schieder, Theodor: Die Probleme des Rapallo-Vertrags. Eine Studie über die deutsch-russischen Beziehungen 1922-1926. Wiesbaden 1956. S. 24.
17 Zitiert nach: Ebd.

1. DIE DEUTSCHE RUSSLANDPOLITIK

dieser drei Ebenen erfolgreich weiterentwickelt worden. Bekannt ist vor allem der Vertrag von Rapallo, den das Deutsche Reich und Sowjetrussland am 16. April 1922 in dem gleichnamigen italienischen Küstenstädtchen etwas östlich von Genua schlossen. Vorbereitende Gespräche waren ab Dezember 1921 in Berlin geführt worden; beteiligt waren Industrielle wie Hugo Stinnes und Walther Rathenau – letzterer freilich ab dem 31. Januar 1922 als Außenminister –, Außenpolitiker wie der Ministerialbeamte Ago von Maltzan, der wegen seiner tragenden Rolle später als »Architekt von Rapallo« bezeichnet wurde, und von russischer Seite vor allem Karl Radek, der am 25. Januar 1922 zum ersten Mal seit seiner Entlassung aus der Gefangenschaft in Moabit wieder auf Rathenau traf.[18] Die deutsch-russische Option, die dabei verhandelt wurde, war keinesfalls der »feste Anschluß an ein Groß-Rußland«, von dem einst Seeckt geträumt hatte; sie beinhaltete auch keine einseitige Festlegung auf eine Ostbindung des Deutschen Reichs, ja, sie war gegenüber den Beziehungen zu den Mächten im Westen nicht einmal prioritär. Sie bildete aber von nun an eine wichtige Säule der deutschen Außenpolitik.

Der Vertrag von Rapallo regelte zunächst die Wiederaufnahme diplomatischer Beziehungen zwischen dem Deutschen Reich und Sowjetrussland. Um eine tragfähige Basis für eine gedeihliche Kooperation zu schaffen, verzichtete Moskau auf die »Entschädigungen und Wiedergutmachungen«, die die Weltkriegssieger ihm in Artikel 116 des Versailler Vertrags ausdrücklich offengehalten hatten. Berlin sagte im Gegenzug zu, keine Rückerstattungsforderungen wegen ehemals deutschen Besitzes zu erheben, den das revolutionäre Russland verstaatlicht hatte; AEG, Siemens und andere mussten also durchaus Opfer bringen. Dafür einigten sich die beiden Regierungen nun aber, »den wirtschaftlichen Bedürfnissen der beiden Länder in wohlwollendem Geiste wechselseitig entgegen[zu]kommen«; für die »beiderseitigen Handels- und Wirtschaftsbeziehungen« sei »der Grundsatz

---

18 Schölzel, Christian: Walther Rathenau und Karl Radek. Die gescheiterte Emanzipation im Verhandlungszimmer. In: Brömsel, Sven; Küppers, Patrick; Reichhold, Clemens: Walther Rathenau im Netzwerk der Moderne. Berlin/Boston 2014. S. 53-69.

der Meistbegünstigung« anzuwenden. Genauere Bestimmungen dazu wurden später, am 12. Oktober 1925, in einem Handelsvertrag zwischen dem Deutschen Reich und der Sowjetunion nachgereicht.

Am 24. April 1926 schloss das Reich dann noch ein drittes Abkommen mit Moskau – den Berliner Vertrag. Er war in gewisser Weise eine Reaktion darauf, dass das Deutsche Reich inzwischen mit der Unterzeichnung der Verträge von Locarno am 1. Dezember 1925 auch seine Beziehungen zu den Mächten im Westen wieder verbessert hatte. Der Berliner Vertrag mit der Sowjetunion sollte nun bestätigen, dass die Reichsregierung dessen ungeachtet an ihrer Sonderbindung an Moskau festzuhalten gedachte. Zusätzlich zu den Vereinbarungen von Rapallo sicherten sich beide Seiten in dem Abkommen »Neutralität« für den Fall zu, dass eine von ihnen »von einer dritten Macht oder von mehreren dritten Mächten angegriffen« werde. Zudem wolle man sich einer möglichen internationalen Koalition zum »wirtschaftlichen oder finanziellen Boykott« des Vertragspartners nicht anschließen. Damit waren die Weimarer Verträge zur deutsch-sowjetischen Kooperation komplett.

Die politische Kooperation mit der Sowjetunion ist für das Reich durchaus heikel gewesen. Frankreich und Großbritannien protestierten scharf. Der britische Premierminister David Lloyd George soll, als er von dem Vertrag von Rapallo erfuhr, getobt haben. »Er schrie wie der Stier von Uri«, schrieb der damalige Reichskanzler Joseph Wirth 20 Jahre später; der Brite habe »in einer scharfen Unterredung die Zurückziehung des Vertrags« verlangt – freilich umsonst.[19] Auch innenpolitisch galt die Sache als riskant. Denn ging man da nicht eine Zusammenarbeit mit dem Systemfeind ein? Eine Antwort darauf hatte ein Befürworter der deutsch-sowjetischen Kooperation, der Sozialdemokrat Alexander Parvus, schon 1920 formuliert. Der Bolschewismus sei nun mal fest an der Macht, konstatierte er; wenn man ihn aber von außen nicht stürzen könne, dann müsse man ihn eben von innen heraus angehen, ihm per Kooperation auf den Leib rücken, Wirt-

---

19 Fleischhauer, Eva Ingeborg: Rathenau in Rapallo. In: Vierteljahreshefte für Zeitgeschichte 3/2006. S. 365-415.

schaftshilfe anbieten, um innere »Reformen« zu fördern – »Handel durch Wandel« sollte man später dazu sagen. Ein Grundgedanke der Neuen Ostpolitik wurde damit bereits in den frühen 1920er Jahren ausbuchstabiert.[20]

Rettung in der Krise
Wenngleich sie nicht einfach war, hat die politische Kooperation sich wirtschaftlich und militärisch voll und ganz ausgezahlt. Was die Ostinteressen der deutschen Wirtschaft betraf – selbstverständlich hatten zumindest die großen Konzerne sich immer auch eigenständig um sie bemüht. Das zeigen nicht nur die Gespräche, die Rathenau und AEG-Vorstandschef Felix Deutsch 1919 und Anfang 1920 in Radeks Zelle führten. Aber auch etwa Siemens hatte die Kontakte nie abreißen lassen. Die Probleme hatten freilich schon 1914 begonnen: Bei Kriegsbeginn hatte der Konzern seine russischen Niederlassungen den russischen Staatsbürgern Leonid Krassin und Alfred Schwartz übertragen müssen, um die Kontrolle über sie nicht gänzlich zu verlieren. Krassin, ein Ex-Sprengstoffexperte der Bolschewiki, war 1908 nach Berlin emigriert, wo er einen Job bei Siemens erhielt, rasch Karriere machte und bald zum stellvertretenden Direktor der Russischen Siemens-Schuckertwerke AG aufstieg. Schwartz hatte es bis zum Leiter der Russischen Elektrotechnischen Werke Siemens & Halske AG gebracht. Beide konnten die Firmentätigkeit im Krieg in gewissem Maße aufrechterhalten, weil die Siemens-Werke eine hohe Bedeutung für die russische Rüstungsproduktion besaßen.[21] Bereits im Februar 1918, während der Verhandlungen um den Diktatfrieden von Brest-Litowsk, nahm die deutsche Konzernleitung wieder Kontakt zu Krassin auf, der nun dabei war, zum Volkskommissar für Handel und Industrie aufzusteigen. 1920 konnte Krassin Siemens die ersten neuen Geschäfte in der russischen Elektrobranche in Aussicht stellen, in deren Verwaltung nun Alfred Schwartz eine führende Rolle spielte.

---

20 Zeidler 1993. S. 30.
21 Lutz, Martin: Siemens und die Sowjetunion nach dem Ersten Weltkrieg. Grundlagen und Rahmenbedingungen für die Geschäftsbeziehungen. Konstanz 2004. S. 25.

Ab 1922 ging's für Siemens in Sowjetrussland dann rasch aufwärts. Während der Weltwirtschaftskrise verdankte der deutsche Konzern zeitweise fast sieben Prozent seines gesamten Umsatzes der Ausfuhr in die Sowjetunion.[22]

Die sowjetische Elektrifizierung, für die Moskau auf Technologie aus dem Ausland angewiesen war, erwies sich als Glücksfall nicht nur für Siemens. Auch die AEG war in der Sowjetunion schon bald wieder dick im Geschäft. Zeitweise war das Land in der Weimarer Zeit der wichtigste äußere Handelspartner der AEG; zu ihren Aktivitäten gehörten technische Glanzleistungen wie etwa die Installation einer Turbine in Samara, die, wie das Unternehmen noch heute stolz berichtet, mit einer Gesamtlaufzeit von 378.700 Stunden zur »am längsten in Betrieb gehaltene[n] Dampfturbine der Welt« wurde.[23] Ab Mitte der 1920er Jahre bezog die Sowjetunion mehr als 50 Prozent ihrer Elektroimporte aus dem Deutschen Reich. Und nicht nur das. Im November 1920 erhielt Krupp einen ersten Auftrag zur Herstellung von Lokomotiven für Sowjetrussland. BMW lieferte bald Flugzeugmotoren; bis 1930 bestellte Moskau mehr als 1.000 Stück. Die Beispiele ließen sich vervielfachen. Nicht, dass immer alles von alleine gegangen wäre: 1928 gründeten führende deutsche Wirtschaftsverbände den Russland-Ausschuss der Deutschen Wirtschaft, der bis 1941 das Russlandgeschäft deutscher Unternehmen unterstützte. Als wie wichtig seine Hilfstätigkeit eingeschätzt wurde, zeigt die Tatsache, dass schon seinem Gründungsvorstand einflussreiche Manager wie der Stahlhändler Otto Wolff angehörten, die in der Sowjetunion gutes Geld verdienten.[24] Wolffs Geschäfte in der UdSSR seien Anfang der 1930er Jahre sogar »der beste Teil« seiner Firma gewesen, »die von schmerzhaften Zahlungsausfällen großer Auslandskunden und von der allgemeinen Wirtschaftskrise stark betroffen war«, berichtete spä-

---

22 Lutz, Martin: Siemens im Sowjetgeschäft. Eine Institutionengeschichte der deutsch-sowjetischen Beziehungen 1917-1933. Stuttgart 2011. S. 18.

23 AEG: Die kleine Chronologie. Berlin o.J.

24 Jüngerkes, Sven: Diplomaten der Wirtschaft. Die Geschichte des Ost-Ausschusses der Deutschen Wirtschaft. Mit einem Geleitwort von Hans-Dietrich Genscher. Osnabrück 2012. S. 30f.

ter sein Sohn und Nachfolger an der Unternehmensspitze, Otto Wolff von Amerongen.[25]

Nicht nur Wolffs Unternehmen überstand die Weltwirtschaftskrise wohl lediglich dank seiner Geschäfte mit der Sowjetunion. Seit Anfang der 1920er Jahre hatten sich die deutschen Ausfuhren in die UdSSR kontinuierlich vermehrt. Lagen sie 1924 mit einem Wert von immerhin 89 Millionen Reichsmark noch bei 1,4 Prozent des deutschen Gesamtexports, so erzielten sie 1927 mit 330 Millionen Reichsmark schon 3,1 Prozent und 1930 mit 431 Millionen Reichsmark 3,6 Prozent der deutschen Ausfuhr. Ihren Höhepunkt erreichten sie in den beiden folgenden Jahren, als sie sich auf 763 Millionen Reichsmark (1931) bzw. 626 Millionen Reichsmark (1932) summierten; das waren 7,9 Prozent (1931) bzw. – wegen der krisenbedingten Einbrüche in der kapitalistischen Welt – sogar 10,9 Prozent (1932) des deutschen Gesamtexports.[26] 1932 lag die Sowjetunion damit auf Platz zwei der Exportrangliste des Deutschen Reichs. Einzelne Branchen waren sogar in vollständige Abhängigkeit von Moskau geraten. So gingen 1932 rund 90 Prozent aller aus Deutschland exportierten Dampf- und Gasturbinen, 80 Prozent aller ausgeführten Kräne und Lokomobile sowie 70 Prozent aller ins Ausland gelieferten Metallbearbeitungsmaschinen in die Sowjetunion. Diese war gleichzeitig in einigen Bereichen zu einem für das Reich äußerst wichtigen Rohstofflieferanten geworden. Deutsche Konzerne bezogen zum Beispiel Mangan aus der UdSSR, das zur Produktion hochwertigen Stahls unentbehrlich, aber nicht einfach zu bekommen war: Von den rund 373.000 Tonnen, die man 1927 einführen musste, kamen knapp 211.000 aus südrussischen und kaukasischen – heute georgischen – Lagerstätten; den Rest musste man in der britischen Kolonie Indien und dem unter starkem britischem Einfluss stehenden Ägypten beschaffen.[27]

---

25 Amerongen, Otto Wolff von: Der Weg nach Osten. Vierzig Jahre Brückenbau für die deutsche Wirtschaft. München 1992. S. 46.

26 Müller, Rolf-Dieter: Das Tor zur Weltmacht. Die Bedeutung der Sowjetunion für die deutsche Wirtschafts- und Rüstungspolitik zwischen den Weltkriegen. Boppard 1984. S. 230.

27 Müller, Rolf-Dieter: Das Tor zur Weltmacht. Die Bedeutung der Sowjet-

Geheime Aufrüstung

Der bald boomende deutsche Handel mit der Sowjetunion war von Anfang an mit verdeckten militärischen und rüstungsindustriellen Aktivitäten verknüpft. Hans von Seeckt, seit dem 5. Juni 1920 Chef der Heeresleitung, hatte schon in der zweiten Jahreshälfte 1920 erste Sondierungen aufgenommen, um zu klären, ob in Moskau die Bereitschaft zu einer deutsch-sowjetrussischen Rüstungs- und Militärkooperation bestand. Dazu trieb ihn neben seinen Überlegungen über ein etwaiges deutsch-russisches Bündnis gegen Polen ganz besonders die Tatsache, dass der Versailler Friedensvertrag der Reichswehr strenge Beschränkungen auferlegte und etwa die Herstellung von Angriffswaffen wie Panzern und Kampfflugzeugen verbot. Anfang März 1921 ergriff Moskau die Initiative: Leonid Krassin, einst Siemens-Manager, nun als Volkskommissar für Außenhandel tätig, schlug dem Auswärtigen Amt vor, »daß Deutschland auf russischem Boden mit der Einrichtung einer Fabrik zur Konstruktion von Flugapparaten beginne«.[28] Der Vorstoß verfing. Im Frühsommer 1921 wurde der Kontakt zu den Junkers-Flugzeugwerken in Dessau hergestellt; im Februar 1922 legte die deutsche Seite ihr erstes Verhandlungsangebot vor; am 26. November 1922 kam es schließlich zur Unterzeichnung eines Konzessionsvertrags. Geplant war die Produktion von 300 Flugzeugen pro Jahr in den Russo-Balt-Flugzeugwerken im Moskauer Industrievorort Fili. Um die illegale Finanzierung des Projekts durch die Reichswehr zu verschleiern, gründeten Strohmänner des Reichswehrministeriums die Tarnfirma Gefu (Gesellschaft zur Förderung gewerblicher Unternehmungen).

Ein wirklicher Erfolg ist das Junkers-Projekt in Fili nicht geworden. Die Produktion lief überaus schleppend an, es hakte an allen Ecken und Enden; letztlich wurden statt der geplanten 300 Flieger pro Jahr nur 170 in drei Jahren gefertigt. Moskau kaufte knapp 120 Stück, der Rest ging an Kunden vor allem im Nahen Osten. Junkers zog sich zurück; am 1. März 1927 kam das Werk in Fili wieder in sowjetischen

---

    union für die deutsche Wirtschafts- und Rüstungspolitik zwischen den Weltkriegen. Boppard 1984. S.157.

28 Groehler, Olaf: Selbstmörderische Allianz. Deutsch-russische Militärbeziehungen 1920-1941. Berlin 1992. S. 31.

Besitz. Anschließend baute dort, schreibt der Historiker Manfred Zeidler, »Andrej Tupolev ... seine mehrmotorigen Verkehrs- und Bombenflugzeuge in der Junkersschen Ganzmetallbauweise«.[29] Auch ein zweites Vorhaben – der von der Reichswehr gestartete Versuch, in einer sowjetischen Fabrik Giftgas zu produzieren – scheiterte. Immerhin erhielt die Reichswehr im Herbst 1926 an die 400.000 Schuss Artilleriemunition aus sowjetischer Produktion. Was aber viel wichtiger wurde als die illegale Rüstungszusammenarbeit, das war die gleichfalls unter Bruch des Versailler Friedensvertrags durchgeführte militärische Ausbildung deutscher Soldaten in der Sowjetunion.

Das erste derartige Projekt war der Aufbau einer Fliegerschule in Lipezk bei Woronesch. Um sie betreiben zu können, hatte die Reichswehr im Sommer 1925 50 Fokker-Kampfflugzeuge in den Niederlanden beschafft und sie mit Hilfe der Roten Luftflotte auf das Lipezker Schulgelände gebracht. 1926 führten Reichswehrsoldaten dann Versuche mit dem Abregnen von Giftgas in Podosinski bei Moskau durch. Ihren Höhepunkt erlebte die Reichswehrausbildung in der Sowjetunion in den Jahren von 1928 bis 1932. In Lipezk, wo die Reichswehr immer wieder auch Waffen testete, lernten gut 120 Jagdpiloten, etwa 100 Luftbeobachter und auch Bodenpersonal das Kriegshandwerk; die dabei »gewonnene Praxis am Boden wie in der Luft« sei für den späteren Aufbau der Luftwaffe »unbezahlbar« gewesen, urteilt Zeidler.[30] Die Panzerschule Kama in Kasan sei nicht ganz so erfolgreich gewesen, habe aber immerhin einen mit 30 Mann zwar »kleine[n], aber dafür umso höher qualifizierte[n] Lehrstamm für den Aufbau einer Panzertruppe« hervorgebracht«.[31] Den rüstungstechnischen Erfahrungen, die die Deutschen in der Panzerschule in Kasan sammeln konnten, schreibt die Düsseldorfer Waffenschmiede Rheinmetall noch heute »eine ganz besondere Bedeutung« zu.[32] Schließlich wur-

---

29 Zeidler 1993. S. 96.
30 Ebd. S. 182.
31 Ebd. S. 196.
32 125 Jahre Rheinmetall – die Jahre 1918 bis 1935: Wie aus Leichttraktoren Panzer wurden..., www.rheinmetall.com

den erneut Experimente mit Giftgas durchgeführt, diesmal auf einem Gelände bei Wolsk unweit Saratow an der Wolga. Sämtliche Maßnahmen, auch die Ausbildungsprogramme, wurden in enger Kooperation mit der Roten Armee durchgeführt, die sich davon eigene Vorteile versprach.

Natürlich blieben die Aufrüstungs- und Ausbildungsmaßnahmen der Reichswehr, die ja eklatant gegen den Versailler Friedensvertrag verstießen, den Siegermächten des Ersten Weltkriegs trotz aller Geheimhaltungsbemühungen nicht verborgen. Ende 1926 kam es sogar zu einem echten Skandal, als der *Manchester Guardian* – der heutige *Guardian* – am 3. und am 6. Dezember die Zusammenarbeit zwischen Junkers und der Reichswehr enthüllte. Nachdem auch der *Vorwärts* am 6. Dezember 1926 einen Bericht über die Rüstungskooperation veröffentlicht hatte, schritt die Reichsregierung ein: Man habe, heißt es in einer Notiz des Auswärtigen Amts noch vom 6. Dezember, »nachdrücklichst und bisher anscheinend erfolgreich« auf die Presse eingewirkt, »dieses Thema mit Rücksicht auf seine für uns außenpolitisch schädlichen Folgen nicht weiter zu erörtern«.[33] Nach außen stritt Berlin selbstverständlich alles ab: »Was Offiziere des Reichsheeres nach ihrer Entlassung als Privatleute unternehmen, entzieht sich der Kenntnis sowie der Verantwortung der Reichsregierung.«[34] Etwas mehr als zwei Jahre später gab's ein weiteres Mal Ärger.

Am 12. März 1929 erschien in Carl von Ossietzkys Zeitschrift *Die Weltbühne* unter dem Titel »Windiges aus der deutschen Luftfahrt« ein Beitrag, der den illegalen Aufbau der deutschen Luftwaffe belegte und auch die Ausbildung von Piloten in der Sowjetunion andeutete. Diesmal blieb's nicht bei »nachdrücklichem Einwirken« der Regierung: Ossietzky und der Journalist Walter Kreiser, dem der Beitrag zugeschrieben wurde, wurden vor Gericht gezerrt und in einem aufsehenerregenden Urteil am 23. November 1931 schuldig gesprochen. Ihre Strafe: 18 Monate Haft.

---

33 Zeidler 1993. S. 146.
34 Ullrich, Volker: Schon vor 1933 wurde aufgerüstet, www.zeit.de, 1.4.1994.

»Wie eine Orange«

Politische Rückendeckung gegen die Mächte im Westen, lukrative Geschäfte gerade auch in der Weltwirtschaftskrise und nicht zuletzt Unterstützung bei der illegalen Aufrüstung der Reichswehr: Die Kooperation mit der Sowjetunion hat sich für die Weimarer Republik in jeder Hinsicht ausgezahlt, ganz nach dem alten Muster, sich in Phasen der Schwäche auf den Osten zu stützen, um gegenüber dem Westen Stärke zu erlangen. Das hielt Berlin freilich keineswegs davon ab, schon frühzeitig parallel auch aggressive Schritte gegen Russland vorzubereiten – für die ersehnten Zeiten, zu denen man wieder mächtig genug wäre, um auch im Osten erneut offensiv auftreten zu können, ganz so, wie die Eliten des Kaiserreichs nach Bismarcks Abgang die Rückversicherungspolitik des Eisernen Kanzlers nicht mehr zu benötigen meinten und schließlich, 1914, sogar militärisch gegen das Zarenreich losschlugen. Dabei griff das Weimarer Establishment auf politische Instrumente zurück, die Berlin schon im Ersten Weltkrieg entwickelt hatte, um den russischen Feind auch jenseits des rein militärischen Kräftemessens bekämpfen zu können. Sie liefen im Kern auf die Zerschlagung Russlands hinaus.

Exemplarisch formuliert hat die zugrundeliegenden Gedanken Paul Rohrbach. Der baltendeutsche Theologe war auf beruflichen Umwegen 1914 in die Zentralstelle für Auslandsdienst gelangt, eine Dienststelle des Auswärtigen Amts, die Kontakte in neutrale und vor allem in feindliche Staaten aufbauen sollte. Rohrbach war in diesem Zusammenhang insbesondere mit dem russischen Kriegsgegner befasst. Dabei nahm er die langsam erstarkenden Nationalbewegungen etwa im Baltikum, in der Ukraine und in Georgien in den Blick. Das Zarenreich müsse »in seine innerlich nicht zusammengewachsenen historisch-geographischen Bestandteile zerlegt« und anschließend durch »ein osteuropäisches Staatensystem« ersetzt werden, forderte er 1914.[35] »Nur wenn eine starke Verkleinerung Rußlands stattfindet«, erläuterte er 1915 in einer Denkschrift, »eine Verkleinerung, die unter

---

35 Zitiert nach: Golczewski, Frank: Deutsche und Ukrainer 1914-1939. Paderborn 2010. S. 42.

geschichtlichen, kulturellen, geographischen und wirtschaftlichen Gesichtspunkten allein durch Abtrennung des ganzen Westgebietes verwirklicht werden kann, ist für Deutschland und für die abendländische Kultur Ruhe und Sicherheit vor Rußland zu erhoffen«.[36] Wie Rohrbach seinen Plan in Vorträgen plastisch darstellte, hat einmal einer seiner damaligen Mitarbeiter beschrieben. »Um den Zuhörern ein Zukunftsbild von Rußland zu geben«, so schilderte er es, »und die Aufgabe, die Deutschland nach seinem Siege zu erfüllen habe, anzudeuten, verwendete er das Bild einer Orange. Wie diese Frucht aus einzelnen leicht voneinander lösbaren Teilen besteht, so das russische Reich aus seinen verschiedenen Gebietsteilen: baltische Provinzen, Ukraine, Polen usw.; man brauche diese nur voneinander abzulösen und ihnen eine gewisse Autonomie zu geben, so werde es ein leichtes sein, dem russischen Großreiche ein Ende zu bereiten.«[37]

Der Gedanke, Russland zu zerschlagen, fand Eingang in Kriegszieldenkschriften und bald auch ansatzweise in die praktische Politik. Die »Befreiung der nichtrussischen Völkerschaften vom Joch des Moskowitertums« und die »Schaffung von Selbstverwaltung im Innern der einzelnen Völkerschaften« seien anzustreben, forderte der Zentrumspolitiker Matthias Erzberger – auch er ein Mitarbeiter der Zentralstelle für Auslandsdienst – in seiner Kriegszieldenkschrift vom September 1914.[38] Bereits am 11. August 1914 hatte Außenamtschef Gottlieb von Jagow geschrieben, die »Insurgierung« etwa Polens und der Ukraine sei als »Kampfmittel gegen Rußland« »sehr wichtig«; aus Ländern wie ihnen könne man »mehrere Pufferstaaten« errichten, um das Zarenreich »möglichst nach Osten zurückzudrängen«.[39] Praktische Ex-

---

36 Zitiert nach: Milow, Caroline: Die ukrainische Frage 1917-1923 im Spannungsfeld der europäischen Diplomatie. Wiesbaden 2002. S. 72.

37 Mogk, Walter: Paul Rohrbach und das »größere Deutschland«. Ethischer Imperialismus im Wilhelminischen Zeitalter. München 1972. Zitiert nach: Opitz, Reinhard (Hg.): Europastrategien des deutschen Kapitals 1900-1945. Bonn 1994. S. 42.

38 Zitiert nach: Fischer, Fritz: Griff nach der Weltmacht. Die Kriegszielpolitik des kaiserlichen Deutschland 1914/18. Düsseldorf 1961. S. 118.

39 Zitiert nach: Golczewski 2010. S. 67 f.

perimente unternahm Berlin vor allem im Rahmen der sogenannten Gefangenenarbeit. Ab April 1915 wurden mehrere »Ukrainerlager« eingerichtet, in denen ukrainische Kriegsgefangene mit Hilfe ukrainischer Nationalisten vor allem vom Bund zur Befreiung der Ukraine (BBU) indoktriniert wurden – mit dem Ziel, sie für die »nationale Sache« zu gewinnen. Ziel war es, nach ihrer Heimkehr über eine starke Basis für die Abspaltung des Landes zu verfügen; »Erziehung zum Nationalismus« hat der Historiker Frank Golczewski die Gefangenenarbeit genannt.[40] Gelegentlich fand in deutschen »Ukrainerlagern« auch unmittelbar paramilitärische Ausbildung statt. Mittel für all die Aktivitäten stellten das preußische Kriegsministerium und das Auswärtige Amt bereit.

Der Diktatfrieden von Brest-Litowsk

Gegen Ende des Weltkriegs wurden die deutschen Zerschlagungspläne sogar für eine kurze Weile realisiert – mit dem Diktatfrieden von Brest-Litowsk, den das revolutionäre Russland am 3. März 1918 widerwillig akzeptieren musste. Mit ihm oktroyierte das Deutsche Reich dem Kriegsgegner die Abtretung riesiger Gebiete im Westen, mit denen Russland fast ein Drittel seiner Bevölkerung, mehr als die Hälfte seiner Industrie und beinahe drei Viertel seiner Kohlevorräte verlor. Aus dem abgetrennten Territorium formte Berlin einen Gürtel von Deutschland abhängiger Satellitenstaaten. Die Ukraine war bereits am 9. Februar vom Reich als eigener Staat anerkannt worden. Von Unabhängigkeit konnte man in ihrem Fall freilich nicht sprechen, denn Kiew, das sich zur Lieferung riesiger Mengen an Getreide, Erzen und anderen Rohstoffen und Lebensmitteln hatte verpflichten müssen – man sah, worum es den neuen Herren des Ostens eigentlich ging –, war in vollständige Abhängigkeit von Deutschland geraten. Unter Aufsicht Berlins verkündeten Litauen am 16. Februar 1918 sowie das Herzogtum Kurland und Semgallen am 8. März 1918 ihre Eigenstaatlichkeit, während Russland in Brest-Litowsk verpflichtet wurde, seine Truppen aus Livland und Estland abzuziehen; die beiden Gebiete

---

40 Ebd. S. 108-128. Hier: S. 121.

sollten zunächst unter deutsche Polizeiverwaltung gestellt werden, um sie früher oder später ebenfalls in formelle Selbständigkeit zu überführen. Auch die Abtrennung Finnlands, Kongresspolens und eines Teils von Weißrussland wurde bestätigt. Rohrbachs 1914 formulierte Pläne waren weitgehend Wirklichkeit geworden.

Und was noch fehlte, erkämpfte das deutsche Heer in den Monaten nach dem Brester Diktat. Mit Blick auf deutsche Wirtschaftsinteressen im heutigen Georgien – es ging etwa um die Manganvorkommen bei Tschiatura, auf die unter anderem Krupp angewiesen war – hatte Berlin schon im Herbst 1914 mit georgischen Emigranten konferiert und Pläne zur Abspaltung des Gebiets von Russland geschmiedet. Im Frühjahr 1918 wurde es ernst. Am 24. April 1918 bekräftigte Ludendorff, »daß Georgien ein selbständiger Staat unter deutschem Einfluß werden« solle, der nicht nur deutsche Rohstoffinteressen zu befriedigen, sondern »insbesondere als Sicherung gegen England sowie evtl. als künftige Operationsbasis gegen Afghanistan und Indien zu dienen hätte«. Georgische Aktivisten zogen damals, um sich von Russland abspalten zu können, sogar eine »Bitte um Eingliederung im Deutschen Reichsverband« in Betracht.[41] Am 26. Mai 1918 rief die georgische Nationalversammlung die Demokratische Republik Georgien aus. Am 28. Mai erkannte das Deutsche Reich die Republik an – und schloss mit ihr, wie der Historiker Klaus Thörner resümiert, »Verträge ab, die Deutschland die politische, ökonomische und militärische Vorherrschaft« über das Land sicherten: »Sie zwangen Georgien faktisch den Status eine deutschen Kolonie auf. Die deutschen Banken und Monopole erhielten Zugriff auf alle georgischen Rohstoffe.«[42] Dafür verteidigte Berlin, dessen Truppen ungeachtet des Brest-Litowsker Diktats ab April 1918 nach Russland eingedrungen, dort geradewegs ins Donezbecken sowie auf die Krim marschiert waren und Anfang Juni 1918 Georgien erreichten, dessen formelle Eigenstaatlichkeit

---

41   Zitiert nach: Fischer 1961. S. 490.

42   Thörner, Klaus: Deutscher Kaukasusimperialismus. In: Lembeck, Andreas; Rost, Michael; Potts, Lydia (Hg.): Wider den Zeitgeist. Analysen zu Kolonialismus, Kapitalismus und Imperialismus. Festschrift zum 65. Geburtstag von Professor Dr. Schapour Ravasani. Oldenburg 1996. S. 119-156. Hier: S. 152.

gegen russische Einheiten. Der einzige Mangel bestand aus deutscher Sicht darin, dass es nicht gelang, Baku mit seinen reichen Erdölvorkommen einzunehmen – und natürlich darin, dass der Weltkrieg dann eben doch noch verloren ging, nämlich im Westen. Das gigantische Ostimperium, von dem nicht wenige in Berlin begeistert waren, fiel wie Staub in sich zusammen.

Der ukrainische Trumpf
Mit der Weltkriegsniederlage kam schließlich der Versailler Friedensvertrag – und in Karl Radeks »Moabiter Salon« begannen in Erkenntnis der neuen deutschen Schwäche die ersten Sondierungen für eine neue Runde deutsch-russischer Kooperation. Für die Pläne zur Zerschlagung Sowjetrusslands, mit dem man nun halt doch enger zusammenzuarbeiten suchte, schien es in Berlin keine große Zukunft mehr zu geben. Doch weit gefehlt. Zwar wurde in der offiziellen deutschen Außenpolitik der Kampf für die Abspaltung der Ukraine auf Eis gelegt.[43] Strategen wie Paul Rohrbach aber, die sich klar auf die Seite des ukrainischen Separatismus geschlagen hatten, setzten ihre antirussischen Aktivitäten ungebrochen fort. Es sei »notwendig, gerade nach der Ukraine hin die Beziehungen besonders zu pflegen«, forderte Rohrbach im Mai 1919: Man müsse weiterhin »versuchen, die Ukrainer zu stärken und an uns heranzuziehen«.[44] Einer seiner ehemaligen Kollegen in der »Zentralstelle für Auslandsdienst«, Axel Schmidt, äußerte gar, man werde die Sowjetunion so bald wie möglich bekämpfen müssen – und sei es dringend anzuraten, dazu die Ukraine aus ihr herauszulösen: »Das Spiel im Osten ist nur mit dem ukrainischen Trumpf zu gewinnen.«[45]

Und tatsächlich – während so mancher noch 1918 vom Brest-Litowsker Diktatfrieden beschwingte Unternehmer ab Mitte 1919

---

43 Golczewski 2010. S. 352.
44 Rohrbach, Paul: Deutschlands Ostlage im zukünftigen Europa. Zitiert nach: Opitz, Reinhard (Hg.): Europastrategien des deutschen Kapitals 1900-1945. Bonn 1994. S. 489.
45 Zitiert nach: Kronauer, Jörg: »Ukraine über alles!« Ein Expansionsprojekt des Westens. Hamburg 2014. S. 13.

mit Blick auf die neuen Chancen in der Sowjetunion zu wanken begann und Rohrbach die Zeitschrift seiner 1918 gegründeten Deutsch-Ukrainischen Gesellschaft ab 1923 wegen wegbrechender Industriespenden nicht mehr finanzieren konnte, hielten Teile des deutschen Establishments an ihrer Unterstützung für den ukrainischen Nationalismus fest. Wilhelm Groener etwa, ein prominenter General und von 1928 bis 1932 Reichswehrminister, machte sich konsequent für die Interessen des ins deutsche Exil geflohenen Pawlo Skoropadskyj stark, des Mannes also, den die deutschen Besatzer am 29. April 1918 zum »Hetman« (Staatsoberhaupt) der okkupierten Ukraine ernannt hatten. Skoropadskyjs damaliger Außenminister Dmytro Doroschenko wurde im November 1926 Leiter des Ukrainisch-Wissenschaftlichen Instituts mit Sitz in der Französischen Straße in Berlin, das ein Zentrum des ukrainischen Exils werden sollte und vom Auswärtigen Amt gemeinsam mit dem Wissenschaftsministerium finanziert wurde. Man hielt sich Schmidts »ukrainischen Trumpf« tatsächlich warm.

Unter den diversen Organisationen exilukrainischer Nationalisten, die sich schon in den frühen 1920er Jahren in Deutschland tummelten, tat sich durch ihren konspirativ-terroristischen Charakter vor allem die UVO (Ukrainska Vijskova Orhanizacija, Ukrainische Militärorganisation) hervor. Sie zielte mit ihren Aktivitäten zunächst vor allem auf die ukrainischsprachigen Gebiete Polens, wo sie zahlreiche Terroranschläge verübte, darunter einen – allerdings gescheiterten – im Jahr 1921 auf Staatschef Józef Piłsudski. Im Mai 1923 stieß die bayerische Polizei bei Ermittlungen auf die Tatsache, dass in München »Militärkurse« für ukrainische Nationalisten durchgeführt wurden. Dabei lernten die Teilnehmer, wie Golczewski berichtet, unter anderem, »Brücken, Befestigungen, Gebäude zu sprengen und Minen zu legen«.[46] Ebenfalls 1923 sagte das Reichswehrministerium der UVO zu, ihr auch materielle Unterstützung zukommen zu lassen; als Gegenleistung sollte sie nähere Informationen über die polnischen Streitkräfte beschaffen. Der Deal scheint funktioniert zu haben; jedenfalls wurden 1927 in einem Gerichtsverfahren in Kraków mehr als

---

46 Golczewski 2010. S. 439.

30 UVO-Mitglieder wegen Spionage für Deutschland verurteilt. Von 1924 bis 1928 bildeten deutsche Stellen UVO-Kämpfer auch in Berlin, Ostpreußen und Danzig aus. Berlin galt als die bedeutendste Anlaufstelle für die Organisation, die in der deutschen Hauptstadt zeitweise ihr Hauptquartier unterhielt.

NS-Kollaborateure

Der auf lange Sicht bedeutendste Zusammenschluss unter all diesen Vereinigungen ist zweifellos die Organisation Ukrainischer Nationalisten (OUN) gewesen. Sie wurde nach mehreren Vorbereitungstreffen auf einer Konferenz gegründet, die vom 28. Januar bis zum 3. Februar 1929 in Wien stattfand. Ursprünglich war Berlin als Tagungsort vorgesehen; das hatte sich angeboten, denn unter den 30 Konferenzteilnehmern waren, wie polnische Diplomaten damals notierten, 24 »unmittelbar abhängig« von deutschen Stellen, von denen es darüber hinaus hieß, sie hätten sich mit OUN-Gründer Jewhen Konowalez vorab über das Konferenzergebnis verständigt.[47] Die Verlegung nach Wien lenkte ein wenig vom deutschen Einfluss auf die OUN ab, und so fiel der Widerspruch zur damaligen deutsch-sowjetischen Kooperation nicht ganz so stark ins Auge, als Konowalez in seiner Gründungsrede erklärte, die »Liquidierung« nicht nur »des polnischen historischen Imperialismus«, sondern auch »des moskowitischen Imperiums« sei das Ziel seiner neuen Organisation. Ideologische Basis der von Berlin geförderten OUN ist der spezifisch ukrainische Faschismus des Publizisten Dmytro Donzow gewesen; sämtliche Mitglieder der neuen Vereinigung mussten die »Zehn Gebote des ukrainischen Nationalismus« auswendig können, dessen erstes lautete: »Du wirst einen ukrainischen Staat erreichen oder im Kampf dafür sterben«.[48] Der bedingungslose Einsatz für die Abspaltung der Ukraine von der Sowjetunion führte zahlreiche ukrainische Nationalisten letztlich in die militärische NS-Kollaboration. Berüchtigt war vor allem das im Winter 1940/41 aufge-

---

47 Ebd. S. 556 f.
48 Zitiert nach: Kappeler, Andreas: Kleine Geschichte der Ukraine. München 1994. S. 211.

stellte Bataillon Nachtigall, das nicht zuletzt am massenmörderischen Pogrom Ende Juni/Anfang Juli 1941 im okkupierten Lemberg mit mindestens 4.000 Todesopfern beteiligt war.

Die Ukraine war nicht das einzige sowjetische Territorium, zu dessen möglicher Abspaltung deutsche Stellen in den 1920er Jahren nationalistische Exilorganisationen förderten. Das Gleiche taten sie auch im Falle Georgiens. Bereits während des Ersten Weltkriegs hatte Berlin georgische Emigranten bei ihren Versuchen unterstützt, das Gebiet aus dem Russischen Reich herauszubrechen. Das gelang schließlich; die am 26. Mai 1918 gegründete Demokratische Republik Georgien konnte sich bis in den Februar 1921 halten, bevor sie von der Roten Armee zurückerobert und in die Georgische Sozialistische Sowjetrepublik umgewandelt wurde. Führende Separatisten flohen, viele von ihnen nach Paris, nicht wenige aber auch nach Berlin, wo sie sich neu organisierten. Einer der Zusammenschlüsse, die so entstanden, war die 1924 gegründete rechtsgerichtete Vereinigung Tetri Giorgi (»Weißer Georg«), die zunächst von Schalwa Maglakelidse geführt wurde, dem ehemaligen Gouverneur (1919 bis 1920) der Hauptstadt Tbilisi.[49] Nicht wenige in Deutschland ansässige Exil-Georgier kollaborierten später mit den Nazis; der Schriftsteller Grigol Robakidse etwa tat sich mit der Veröffentlichung lobhudelnder Schriften über Hitler (1939) und Mussolini (1941) hervor. 1941 konnte das NS-Reich aus seinen georgischen Parteigängern sogar eine Georgische Legion bilden, die von Maglakelidse kommandiert wurde. Ihre Einheiten wurden zunächst im Kaukasus eingesetzt, wo sie helfen sollten, die Sowjetunion zu zerschlagen. Später – nach dem erzwungenen Rückzug – operierten sie auch in Frankreich und den Niederlanden.

Deutschlands Rohstoffmangel

Der 30. Januar 1933 brachte einen tiefen Einschnitt in das deutsch-sowjetische Verhältnis mit sich: Mit dem NS-Regime war eine Aufrechterhaltung der kooperativen Elemente in den Beziehungen zwi-

---

49 Smele, Jonathan D.: Historical Dictionary of the Russian Civil Wars, 1916-1926. S. 565.

schen den beiden Staaten nicht mehr möglich, auch wenn einige in den Regierungsapparaten ihnen nachtrauern mochten; die gewalttätig antisowjetische Ausrichtung der neuen deutschen Machthaber ließ eine ernsthafte Zusammenarbeit nicht mehr zu. Zwar ratifizierte der Reichstag am 5. Mai 1933 die 1931 beschlossene Verlängerung des Berliner Neutralitätsvertrags mit Moskau aus dem Jahr 1926. Doch machte spätestens die Unterzeichnung des Deutsch-Polnischen Nichtangriffsvertrags vom 26. Januar 1934 klar, dass das lediglich Augenwischerei war und die Berliner Ostpolitik sich in Wirklichkeit um 180 Grad gedreht hatte; Rapallo war Geschichte. Die geheime Ausbildung der Reichswehr in der Sowjetunion wurde umgehend eingestellt, während Moskau seine Importe aus Deutschland in hohem Tempo reduzierte: Ihr Wert halbierte sich von 626 Millionen Reichsmark 1932 auf 282 Millionen Reichsmark 1933 und stürzte 1934 dramatisch auf 63 Millionen Reichsmark. War die Sowjetunion 1932 mit der Abnahme von 10,9 Prozent aller deutschen Ausfuhren noch der zweitwichtigste Absatzmarkt des Deutschen Reichs, so fiel sie bis 1935 auf Platz 27 (0,9 Prozent aller Ausfuhren) und damit in die Bedeutungslosigkeit. Die alten deutschen Osthändler, zu denen insbesondere die Schwerindustrie gehört hatte, konnten es allerdings verschmerzen: Für ihre Profite sorgte nun statt des Exports eine beispiellose Aufrüstung.

Ausgerechnet die Aufrüstung erforderte allerdings bald eine kleine Kurskorrektur. Der immense Bedarf an Rohstoffen, den sie mit sich brachte, musste durch Einkauf im Ausland gedeckt werden. Nun reduzierte die Sowjetunion aber parallel zu ihren Importen aus Deutschland auch den Export ihrer für das Reich eigentlich unverzichtbaren Ressourcen. Für die Beschaffung in anderen Ländern mangelte es an Devisen. Das trieb die zuständigen Stellen in Berlin – zunächst vor allem Wirtschaftsminister Hjalmar Schacht, ab dem 4. April 1936 auch den neu ernannten Beauftragten für Devisen- und Rohstofffragen Hermann Göring – schon bald dazu, sich eben doch auch wieder in Moskau um den Import der nötigen Bodenschätze zu bemühen.[50]

---

50 Ausführlich hierzu: Schwendemann, Heinrich: Die wirtschaftliche Zusammenarbeit zwischen dem Deutschen Reich und der Sowjetunion von 1939 bis 1941. Alternative zu Hitlers Ostprogramm? Berlin 1993.

Die sowjetische Regierung verweigerte sich zunächst – auch, als Berlin ihr erneute Lieferungen mehrmals mit einem Kredit in Höhe von 200 Millionen Reichsmark schmackhaft zu machen suchte. Einziges Zugeständnis war die 1937 eingeleitete Auslieferung einiger hundert in Moskau missliebiger deutscher Kommunisten an das NS-Reich. Zu einer Kursänderung führte erst das Münchner Diktat vom 29. September 1938; mit ihm gaben Großbritannien und Frankreich die Tschechoslowakei, die 1935 einen Beistandsvertrag mit der Sowjetunion geschlossen hatte, Deutschlands militärischer Expansion preis. Mussten die Sowjets ihre 1933 eingeleitete Strategie, Schutz gegen eine befürchtete deutsche Aggression in einer Annäherung an die Mächte im Westen zu suchen, nun als gescheitert betrachten? In Moskau setzte sich diese Auffassung durch. Im Westen isoliert, gab die sowjetische Regierung dem deutschen Drängen nach – und ließ sich auf den Deal »Kredit gegen Rohstoffe« ein, den Berlin seit Jahren wünschte.

Die Nacht zum 22. Juni

Das Resultat der Verhandlungen, die darüber Ende 1938 aufgenommen wurden, war das deutsch-sowjetische Kreditabkommen vom 19. August 1939. Die Sowjetunion bekam einen Warenkredit im Wert von 200 Millionen Reichsmark, mit dem Handelszusagen verbunden waren: Deutschland sollte für weitere 180 Millionen Reichsmark sowjetische Rohstoffe kaufen dürfen, während Moskau die insgesamt 380 Millionen Reichsmark, die es erhalten würde, für deutsche Industrieprodukte ausgeben durfte – bei freier Auswahl der Firmen. Berlin gestand Moskau unter anderem den Kauf von Werkzeugmaschinen für die Rüstungsproduktion im Wert von 167 Millionen Reichsmark und den Kauf von Kriegsgerät im Wert von 58,4 Millionen Reichsmark zu.[51] Gegen Ende der Verhandlungen über das Kreditabkommen waren beide Seiten dann noch in Gespräche darüber eingestiegen, den Wirtschaftsdeal um eine politische Übereinkunft zu erweitern; dabei kam der Deutsch-Sowjetische Nichtangriffsvertrag vom 23. August 1939 mit seiner Einigung auf die beiderseitige Annexion Polens und

---

51   Ebd. S. 62.

der baltischen Staaten heraus. Einmal mehr hatte sich Berlin, das neben dem Überfall auf Polen längst auch den Angriff auf die Länder im Westen im Visier hatte, die dazu nötige Rückendeckung in Moskau erkauft.

Und das nicht nur politisch, sondern auch ökonomisch. Nach der Unterzeichnung des Kreditabkommens und noch mehr nach dem Abschluss zweier weiterer Wirtschaftsverträge am 11. Februar 1940 sowie am 10. Januar 1941 schnellte der deutsch-sowjetische Handel in die Höhe. Die Sowjetunion erhielt zwar insgesamt unter anderem 6.500 Werkzeugmaschinen für die Rüstungsproduktion und deutsche Musterwaffen, darunter Serienflugzeuge der Luftwaffe und ein halbfertiges Kriegsschiff. Ihrerseits wurde sie aber, wie der Historiker Heinrich Schwendemann konstatiert, »zum wichtigsten Rohstofflieferanten des vom Weltmarkt abgeschnittenen Deutschen Reichs«: »Neben Lieferungen an Baumwolle, Mangan- und Chromerzen, Asbest, Holz, Phosphaten etc. verbesserten vor allem 1,7 Mill. t Getreide und 1 Mill. t Treibstoffe die deutsche Bevorratung.«[52] Darüber hinaus durfte sich das Reich beinahe eine halbe Million Tonnen Rohstoffe über die Transsibirische Eisenbahn aus Zentral- und Ostasien liefern lassen. Weil die deutsche Seite ihre Lieferungen immer wieder massiv verzögerte, hatte sie im Juni 1941 Verrechnungsschulden in Höhe von mehr als 200 Millionen Reichsmark bei der Sowjetunion angehäuft – ein Hinweis darauf, um wie viel stärker Berlin von dem Gesamtdeal profitierte.

Und während Moskau Baumwolle und Erz in Richtung Deutschland schaffte, ließ Berlin sich nicht nur mit seinen Gegenleistungen Zeit. Am 18. Dezember 1940 unterzeichnete Hitler seine »Weisung Nr. 21« für den »Fall Barbarossa«. Im Frühjahr 1941, als die Sowjetunion ihre Treibstofflieferungen ausweitete, begann die Wehrmacht, ihre Truppen im Osten zu massieren; die Einheiten sollten es, wie sich

---

52 Schwendemann, Heinrich: Stalins Fehlkalkül: Die wirtschaftliche Zusammenarbeit zwischen dem Deutschen Reich und der Sowjetunion 1939-1941. In: Koch, Christoph (Hg.): Gab es einen Stalin-Hitler-Pakt? Charakter, Bedeutung und Deutung des deutsch-sowjetischen Nichtangriffsvertrages vom 23. August 1939. Frankfurt a. M. 2015. S. 293-312. S. 294.

später herausstellte, Ende 1941 nur dank der sowjetischen Treibstoffe bis kurz vor Moskau schaffen. Als Hitler am 13. Mai den berüchtigten »Kriegsgerichtsbarkeitserlass« unterschrieb, der die sowjetische Bevölkerung faktisch für vogelfrei erklärte, hatten die sowjetischen Behörden gerade die Genehmigung für den Transport von 5.000 Tonnen Kautschuk aus Ostasien in das deutsch besetzte Polen erteilt; damit beseitigten sie, wie Schwendemann feststellt, »in letzter Minute den deutschen Engpaß in der Reifenproduktion für das Unternehmen Barbarossa«. Und nachdem das Oberkommando der Wehrmacht am 6. Juni seinen berüchtigten Kommissarbefehl erlassen hatte, passierte die letzte sowjetische Getreidelieferung, wie Schwendemann berichtet, »in der Nacht von 21. auf 22. Juni 1941 die deutsch-sowjetische Demarkationslinie in Polen«.[53] Dort standen neben den Divisionen der Wehrmacht auch zwei Bataillone der ukrainischen Nationalisten, die Berlin seit Anfang der 1920er Jahre an sich gebunden hatte, für den Überfall in den frühen Morgenstunden des 22. Juni bereit.

1.2.
»Friedlicher Ausgleich«
Die Ära des Kalten Kriegs

Wer meinte, nach dem deutschen Überfall auf die Sowjetunion, dem folgenden Vernichtungskrieg und der barbarischen ökonomischen Ausplünderung des Landes unter Beteiligung führender deutscher Unternehmen[54] müsse nun aber Schluss sein mit dem deutschen Ausgreifen in Richtung UdSSR, der sah sich schon bald eines anderen belehrt. Kaum war die Bundesrepublik gegründet worden, kaum hatten die Westalliierten Ende 1949 begonnen, ihre Aufsicht über den bundesdeutschen Außenhandel Schritt für Schritt zu lockern, da regten sich in der bundesdeutschen Industrie die ersten Kräfte, die noch vorsichtig, aber durchaus zielstrebig in Richtung Osten drängten. Sie

---

53 Ebd. S. 305.

54 Dazu umfassend: Eichholtz, Dietrich: Geschichte der deutschen Kriegswirtschaft 1939-1945. München 2003.

bohrten ein hartes Brett: Zu den geostrategisch motivierten Widerständen, auf die ihre Bestrebungen bei den Westmächten stießen – diese hatten Rapallo und die geheimen Sonderbeziehungen zwischen Berlin und Moskau nicht vergessen –, kamen noch die besonderen Bedingungen des Systemkampfs hinzu. Das CoCom-Embargo beschränkte die Ausfuhr westlicher Technologien in die sozialistischen Staaten massiv – und dabei war die bundesdeutsche Wirtschaft aufgrund des beherrschenden US-Einflusses in Bonn zunächst sogar noch härterer Kontrolle ausgesetzt als beispielsweise die britische Konkurrenz.

»Warum nicht Osthandel?«

Anfang 1950 begann es insbesondere in der nordrhein-westfälischen Schwerindustrie vernehmlich zu rumoren. Unüberhörbares Magengrimmen bekam beispielsweise Otto Wolff von Amerongen, seit dem Tod seines Vaters im Jahr 1940 Chef des Stahlhandelskonzerns Otto Wolff. Es sei halt so, »daß für meine Unternehmensgruppe wie für manche andere die traditionellen Märkte nun einmal im Osten gelegen hatten und daß wir mangels alter und neuer Verbindungen gar nicht in der Lage waren, auf anderen Märkten wie beispielsweise in Nord- und Südamerika so schnell Fuß zu fassen, wie es eigentlich nötig war«, schrieb er 1992 in seinen Memoiren.[55] Die alte Osthandelsfraktion um Amerongen konnte damals praktischerweise gewichtige Argumente von allgemeinem Interesse vorbringen. Die bundesdeutsche Wirtschaft lag am Boden, Bonn wollte die Industrie mit Exporten ankurbeln: War es dazu nicht nötig, alle nur möglichen Absatzmärkte, eben auch diejenigen im Osten, zu nutzen? Das fragte sich damals so mancher, zumal, wie der Historiker Sven Jüngerkes konstatiert, die Erinnerung daran, dass »der rege Handel mit der Sowjetunion« in der Weltwirtschaftskrise »schon einmal die deutsche Wirtschaft in Zeiten der Not gestützt« hatte, »immer noch lebhaft« war.[56] »In den ersten Jahren der Bundesrepublik, als die Exportmärkte in Westeuropa noch nicht erschlossen waren für bundesdeutsche Waren und Produkte« –

---

55 Amerongen 1992. S. 62.
56 Vgl. Kapitel 1.1.

das geschah ja erst mit Hilfe der vielgepriesenen europäischen Integration –, da »war der Osthandel noch immer eine Geschäftsoption, die kein Geschäftsmann so einfach übergehen wollte und konnte«, hält Jüngerkes fest.[57]

Einen ersten Durchbruch erzielte die alte Osthandelsfraktion – neben Otto Wolff, einem mächtigen Konzern, der Mitte der 1960er Jahre einen Umsatz von drei Milliarden D-Mark erreichte, etwa Krupp, Mannesmann, Hoechst, der Maschinenbauer DEMAG – im März 1951. Damals erhielt die Bundesrepublik eine eingeschränkte Souveränität über ihren Außenhandel, wenngleich noch nicht über den Handel mit Osteuropa; und prompt richtete das Bundeswirtschaftsministerium eine »Gruppe West-Ost« ein, deren Aufgabe darin bestand, eine Lockerung der Restriktionen im Handel mit der Sowjetunion und den anderen sozialistischen Staaten zu erreichen. Der Leiter der Gruppe, Hans Kroll, ein altgedienter Diplomat des Dritten Reichs, wirkte später von 1958 bis 1962 als Botschafter der Bundesrepublik in der Sowjetunion. Einen gewissen Schub brachte die Moskauer Weltwirtschaftskonferenz im April 1952, die zwar offiziell von den westlichen Staaten boykottiert wurde, auf der aber einige westliche Unternehmer – vor allem Geschäftsleute aus Großbritannien – individuell gute Geschäfte anbahnen konnten. Dass die britische Konkurrenz in einen traditionell deutschen Absatzmarkt eindrang, rief allergische Hustenanfälle in der bundesdeutschen Industrie hervor; schon kurz nach dem Ende der Moskauer Konferenz fragte die Zeitschrift *Der Volkswirt*, der Vorläufer der *Wirtschaftswoche*, laut und unüberhörbar: »Warum nicht Osthandel?« Zwar sei die Bundesrepublik ja irgendwie »von ferne verpflichtet den USA«; doch sei sie eben auch »ein Teil Europas, dessen Hoffnung ein friedlicher Ausgleich mit dem ungeheuren Mächteblock des Ostens ist«.[58] »Friedlicher Ausgleich«? Na klar, was auch sonst – der militärische Eroberungsfeldzug war ja schließlich sieben Jahre zuvor kräftig misslungen.

---

57 Jüngerkes 2012. S. 24.
58 Zitiert nach: Rudolph, Karsten: Wirtschaftsdiplomatie im Kalten Krieg. Die Ostpolitik der westdeutschen Großindustrie 1945-1991. Frankfurt a. M. 2004. S. 39.

Die Dinge gewannen also neue Fahrt. Am 6. Mai 1952 forderte der Bundestag die Regierung auf, den Osthandel deutscher Unternehmen endlich aktiv zu fördern. Wenige Wochen später hob der Deutschlandvertrag, der am 26. Mai 1952 unterzeichnet wurde, die alliierten Vorbehaltsrechte bezüglich des bundesdeutschen Außenhandels prinzipiell auf. Bundeswirtschaftsminister Ludwig Erhard, der die Osthandelsfraktion bereits 1950 zu unterstützen begonnen hatte, wenn auch – mit Rücksicht auf die Westalliierten – vorsichtig und, wie er ausdrücklich festhielt, »im Rahmen der politisch gesetzten Grenzen«[59], konnte endlich loslegen. Bereits Mitte Juni 1952 brachte er eine entsprechende Initiative ins Bundeskabinett ein. Am 26. Juni beschloss die Bundesregierung dann nicht nur, Vorstöße deutscher Unternehmer in Richtung Osten in Zukunft zu unterstützen; sie gab auch grünes Licht für ein Vorhaben, das führende Wirtschaftskreise bereits im Januar 1950 in den Blick genommen hatten: die Gründung einer Art Hilfsorganisation für den erstrebten Handel mit den realsozialistischen Ländern, und zwar nach dem Vorbild des 1928 gegründeten Russland-Ausschusses der Deutschen Wirtschaft.[60] Die neu-alten Osthändler hatten den Verband, der sie bis 1941 erfolgreich begleitet hatte, noch in guter und durchaus recht frischer Erinnerung.

Deutsch-sowjetische Kontinuitäten

Wenig später war es dann soweit: Am 9. Oktober 1952 gab Wirtschaftsminister Erhard offiziell die Gründung des Ost-Ausschusses der Deutschen Wirtschaft bekannt. Der Verband war so konzipiert, dass er den politisch heiklen Rahmenbedingungen des damaligen Ostgeschäfts bestmöglich Rechnung trug. Verankert bei den Spitzenverbänden der deutschen Wirtschaft, wurde er formal der Arbeitsgemeinschaft Außenhandel der Deutschen Wirtschaft zugeordnet; von der Bundesregierung wurde er zugleich erklärtermaßen »als alleinige Vertretung der Gesamtwirtschaft für sein Aufgabengebiet betrachtet«

---

59 Zitiert nach: Ebd. S. 47.
60 Vgl. Kapitel 1.1.

und »zur Mitarbeit in allen wichtigen Fragen herangezogen«.[61] Faktisch arbeitete der Ausschuss, wie der Historiker Karl-Heinz Schlarp konstatiert, »in enger Abhängigkeit von der Bundesregierung«, wurde vom Staatssekretär im Auswärtigen Amt, Walter Hallstein, als Instrument bezeichnet, das »funktioniert, als ob es ein Organ der Bundesrepublik wäre«, während der Leiter der handelspolitischen Abteilung im Auswärtigen Amt, Vollrath von Maltzan, »eine Art Statthalter für behördliche Aufgaben« in ihm sah.[62] Gleichzeitig konnte die Bundesregierung den Ost-Ausschuss gegenüber Dritten jederzeit als rein privaten Club denunzieren, für dessen Aktivitäten sie in keinster Weise verantwortlich sei. Seinen Vertretern war es deshalb, wie Schlarp festhält, möglich, »mit den staatlichen Stellen der sozialistischen Länder ins Gespräch zu kommen und eine Vertrauensbasis zu schaffen«, ohne die Bundesregierung hinsichtlich ihrer Pflichten im westlichen Bündnis zu kompromittieren. Der Ausschuss fungierte also gleichermaßen als diplomatischer »Puffer« zwischen der Bundesregierung und der Industrie.

Als der Ost-Ausschuss am 17. Dezember 1952 zu seinem offiziellen Gründungstreffen in Köln zusammenkam, da war die Traditionslinie zum alten Russland-Ausschuss bestens gewahrt. Nicht, dass der Ost-Ausschuss einfach eine Kopie seines Vorgängers gewesen wäre; strukturell war er vielmehr präzise auf die neuen Rahmenbedingungen des Kalten Kriegs abgestimmt. Auch befasste er sich nicht nur mit der Sowjetunion, sondern mit sämtlichen sozialistischen Staaten Osteuropas und sogar mit der Volksrepublik China; die Ausdehnung auf ganz Osteuropa war zwar im alten Russland-Ausschuss um 1930 bereits erwogen, aber nie realisiert worden. Für die so hilfreiche Kontinuität sorgten jedoch mehrere Hauptausschussmitglieder und nicht zuletzt der Vorsitzende Hans Reuter. Reuter hatte 1940 seinen Vater Wolfgang als Generaldirektor der DEMAG (Deutsche Maschinenfabrik AG) abgelöst, die wie so manch anderes deutsches Unternehmen ihr Über-

---

61 Zitiert nach: Jüngerkes 2012. S. 41.

62 Zitiert nach: Schlarp, Karl-Heinz (unter Mitarbeit von Markus Windelen): Das Dilemma des westdeutschen Osthandels und die Entstehung des Ost-Ausschusses der Deutschen Wirtschaft 1950-1952. In: Vierteljahreshefte für Zeitgeschichte 41/1993. S. 223-276. S. 267 f.

leben in der Weltwirtschaftskrise sowjetischen Aufträgen verdankte; Wolfgang Reuter hatte sie 1931 als Leiter einer deutschen Wirtschaftsdelegation in der UdSSR eingeworben. Die DEMAG lohnte es den Sowjets später, indem sie Panzerfahrzeuge für die Wehrmacht produzierte. Hans Reuter trat in die Fußstapfen seines Vaters und wurde der erste Vorsitzende des Ost-Ausschusses. Nur drei Jahre später löste ihn ein weiterer Manager mit einschlägiger Familientradition ab: Otto Wolff von Amerongen, der bereits 1952 die Leitung des Arbeitskreises Sowjetunion im Ost-Ausschuss übernommen hatte. »Der Name Otto Wolff« habe »in Osteuropa aus der Vorkriegszeit einen guten Klang« gehabt »und im Wettbewerb manchmal geholfen«, erinnerte sich Amerongen später; das sei kein Zufall, denn sein Vater, von dem er ebenfalls 1940 den Konzern übernommen hatte, habe in den 1920ern »entscheidend zum Wiederaufbau des deutschen Rußland-Geschäfts beigetragen«. In dieser Zeit habe er übrigens Anastas Mikojan kennengelernt, den späteren Präsidiumsvorsitzenden des Obersten Sowjets der UdSSR (1964/65).[63]

Mikojan ist auf Moskauer Seite ein Beispiel für die deutsch-sowjetischen Kontinuitäten. 1926 zum Außenhandelskommissar ernannt, begleitete er die boomenden Geschäfte deutscher Unternehmen in der Sowjetunion während der Weltwirtschaftskrise ebenso wie in den Jahren von 1939 bis 1941. »Für den Erfolg des Rußlandkonsortiums, das mein Vater geführt hatte, war Mikojan von eminenter Bedeutung«, notierte Amerongen in seinen Memoiren. »Jene Herren von Demag, Ferrostaal und Krupp sowie Otto Wolff natürlich, die eine Generation älter waren als ich, kannten ihn aus jener Zeit noch gut als einen kaufmännisch außerordentlich beschlagenen und sehr charmanten Gesprächspartner.« Mit ihm kamen deutsche Unternehmer recht gut klar; es sei Mikojan vermutlich »völlig egal« gewesen, »mit wem er Handel trieb, wenn der Partner nur zuverlässig und gut das lieferte, was die Sowjetunion brauchte«, urteilte Amerongen.[64] Und so war es dann auch nicht verwunderlich, dass der Ost-Ausschuss-Vorsitzende 1958,

---

63 Amerongen 1992. S. 53 u. 21.
64 Ebd. S. 87 f.

als sein Verband in Bonn nach diversen Fehlschlägen, die im Kalten Krieg nicht selten waren, seinen ersten großen Erfolg feiern wollte, auf die Frage des sowjetischen Botschafters, wer denn nun Moskau bei der Unterzeichnung des neuen Handelsvertrags mit der Sowjetunion repräsentieren solle, für Mikojan plädierte. Der lang ersehnte Handelsvertrag, für den der Ost-Ausschuss hart hatte kämpfen müssen, ermöglichte den ersten Durchbruch im bundesdeutschen Sowjetgeschäft, das 1958 immer noch bei bloßen 300 Millionen D-Mark im Export und 400 Millionen D-Mark im Import dahindümpelte.

Antikommunistisch und antirussisch
Der Abschluss des Handelsvertrags ging auf eine sowjetische Initiative von Anfang 1956 zurück, die ihrerseits in Reaktion auf den NATO-Beitritt der Bundesrepublik und die Gründung der Bundeswehr im Jahr 1955 erfolgte: Moskau wollte Bonn mit Hilfe der alten Osthändler ein wenig locken, um die Spannungen des Kalten Kriegs durch einen Ausbau der Wirtschaftskooperation zu dämpfen. Der Kalte Krieg war damals fraglos der beherrschende Faktor im deutsch-sowjetischen Verhältnis; die Frontstellung des Westens gegenüber der sozialistischen Welt dominierte fast alles. Die westliche Aufrüstung schritt rasch voran, und sie erfasste selbstverständlich auch die Bundesrepublik: Am 25. März 1958 etwa beschloss der Bundestag, die Bundeswehr nun auch mit Trägersystemen für US-amerikanische Nuklearwaffen auszustatten. Nicht zuletzt eröffnete sie vielen alten Nazis – zuverlässigen Kämpfern gegen den Bolschewismus – erfolgreiche Karrieren in der Bundesrepublik. Das Wettrüsten ging mit politischen Machtkämpfen, mit Stellvertreterkriegen einher; und auch die Wirtschaft war über die CoCom-Embargolisten stets unmittelbar vom Systemkonflikt betroffen. All dies beherrscht die allgemeine Erinnerung an die Ära des Kalten Kriegs bis heute – inklusive natürlich der exzessiven antikommunistischen Agitation mit all ihren Folgen.

Dabei ist der Kalte Krieg in der Bundesrepublik nie nur als Systemkampf, sondern stets auch als Kampf zur Zerschlagung des sowjetischen, zuvor russischen Staatsgebiets geführt worden. Das zeigen deutlich die Aktivitäten von Organisationen wie der Deutsch-

Ukrainischen Gesellschaft, die Paul Rohrbach 1918 gegründet hatte, um die durch den Diktatfrieden von Brest-Litowsk zum Staat gewordene Ukraine zu stabilisieren. Rohrbach hatte die Deutsch-Ukrainische Gesellschaft zunächst in der Weimarer Republik weitergeführt und sie nach dem Zweiten Weltkrieg wieder aufleben lassen. Wozu? Auf diese Frage gab er in einem Beitrag für die Zeitschrift der Gesellschaft im Jahr 1952 eine klare Antwort. »Gibt es gar kein Mittel, dem ›Kalten Krieg‹ zu begegnen, in dessen Führung Moskau, wie wir alle wissen, eine solche Meisterschaft und Hartnäckigkeit beweist?«, fragte er, um zu antworten: »Von diesem Mittel haben wir eben gehört: Entbindung der zentrifugalen Kräfte innerhalb der Sowjetunion!«[65] »Die stärkste dieser zentrifugalen Kräfte ist das nationale Bewußtsein des ukrainischen Volkes mit seinem Willen zu eigner Staatlichkeit«, fuhr Rohrbach fort; man müsse erreichen, dass »das Bewußtsein unter den Nationalitäten, daß man sie kennt, daß man ihnen wohl will …, sich unter ihnen verbreitet«. Das könne dann »zu einer fortschreitenden inneren Erschütterung der Sowjetmacht führen und vielleicht eines Tages, wenn andere günstige Umstände hinzutreten, zu ihrem Zusammenbruch«. Es kam eben nicht nur auf den Kampf gegen das sozialistische System an, sondern auch auf den Kampf gegen einen wie auch immer strukturierten staatlichen Rivalen im Osten.

Einflussreicher und alles in allem gefährlicher als Rohrbachs Deutsch-Ukrainische Gesellschaft waren diverse Organisationen sowjetischer Emigranten, die gleichfalls nicht nur auf einen antikommunistischen Rollback, sondern auch auf eine Zerschlagung des Territoriums der Sowjetunion zielten – etwa die 1929 unter deutschem Einfluss gegründete Organisation Ukrainischer Nationalisten (OUN), die sich nach Kriegsende unter der Führung des NS-Kollaborateurs Stepan Bandera im Münchner Exil neu formierte. Die Miliz der OUN, die Ukrainische Aufstandsarmee (UPA), hatte sich im Zweiten Weltkrieg am Holocaust beteiligt und mehrere tausend Juden sowie über 90.000 nichtjüdische Polen ermordet. Die Exil-OUN bemühte sich nun zunächst, ukrainische Nationalisten zu unterstützen, die auch

---

65 Zitiert nach: Kronauer 2014. S. 14.

noch nach dem Ende des Kriegs in der Ukrainischen Sozialistischen Sowjetrepublik bis in die 1950er Jahre für die Abspaltung eines ukrainischen Staates kämpften. Daneben agitierte sie auch anderweitig für die Zerschlagung der Sowjetunion. Dabei war die OUN nicht der einzige derartige Zusammenschluss; auch weißrussische, lettische, georgische und zentralasiatische NS-Kollaborateure hatten sich im bundesdeutschen Exil zusammengetan, um auf die Zerstörung des von Moskau kontrollierten Staatsgebiets hinzuwirken. Nicht wenige von ihnen hatten sich im 1946 in München gegründeten Antibolschewistischen Block der Nationen (ABN) verbündet.

Der ABN, eine faschistisch geprägte Organisation, war strikt antirussisch orientiert. »Die Geschichte hat gezeigt«, urteilte die ABN-Präsidentin Slawa Stetzko im Jahr 1990: »Sobald es ein russisches Reich gibt, können unsere Nachbarn aus Ost- und Mitteleuropa niemals sicher sein; dann ist es nur eine Frage der Zeit, bevor eine erneuerte Version des russischen Imperialismus wieder auftaucht.«[66] Der ABN, der nicht nur einen Systemwechsel, sondern explizit auch die territoriale Zerschlagung der Sowjetunion anstrebte, war in München ansässig – und er wurde von der Bundesrepublik und von anderen westlichen Staaten aktiv unterstützt. Unter anderem erhielt er über das in Düsseldorf angesiedelte »Büro für Heimatvertriebene Ausländer« des Gerhard von Mende Geld vom Auswärtigen Amt[67]; Mende, ein Spezialist aus dem Reichsministerium für die besetzten Ostgebiete, nutzte die Einrichtung als Schaltstelle, um NS-Kollaborateure, die er im Weltkrieg betreut hatte und die nun in Organisationen wie dem ABN wirkten, zu fördern und sie nach Möglichkeit mit staatlichen Mitteln zu bedienen. ABN-Gründer Bandera wurde nicht zuletzt auch vom Bundesnachrichtendienst (BND) unterstützt.[68] Noch intensiver

---

66 Zitiert nach: Birkholz, Stefanie: »Die stärksten Verbündeten des Westens«. Der Antibolschewistische Block der Nationen 1946-1996. Geschichte, Organisation und Arbeitsweise eines Netzwerks zur Zerschlagung der Sowjetunion. Hamburg 2017. S. 50 f.

67 Ebd. S. 85.

68 Rossoliński-Liebe, Grzegorz: Stepan Bandera. The Life and Afterlife of a Ukrainian Nationalist. Fascism, Genocide, and Cult. Stuttgart 2014. S. 334.

war die US-amerikanische Förderung für den ABN; der damalige ABN-Präsident Jarowlaw Stetzko traf, wie Fotos belegen, 1983 sogar persönlich mit US-Präsident Ronald Reagan und US-Vizepräsident George Bush zusammen.[69]

Das Erdgas-Röhren-Geschäft

Die Konfrontation war scharf – auf allen Ebenen. Mitte der 1960er Jahre begannen sich die Dinge dann allerdings etwas zu bewegen. Der SPD-Vorsitzende Willy Brandt, der am 1. Dezember 1966 zum Außenminister ernannt wurde, war seit geraumer Zeit überzeugt, dass man mit einem nur konfrontativen Kurs den sozialistischen Staaten nicht beikommen könne. Sein Mitarbeiter Egon Bahr hatte bereits am 15. Juli 1963 in einer Rede vor der Evangelischen Akademie Tutzing erklärt: »Die Voraussetzungen zur Wiedervereinigung sind nur mit der Sowjet-Union zu schaffen.«[70] Als Leiter des Planungsstabes im Auswärtigen Amt unter Minister Brandt entwickelte Bahr ab Ende 1966 nun offiziell sein Konzept des Wandels durch Annäherung, das mit dem Amtsantritt der sozialliberalen Bundesregierung unter dem neuen Bundeskanzler Brandt am 22. Oktober 1969 zur Regierungspolitik wurde. Es mündete in die berühmten Ostverträge, insbesondere den Moskauer Vertrag zwischen der Bundesrepublik und der Sowjetunion vom 12. August 1970, der die Achtung der bestehenden Grenzen und die Förderung von Entspannung und Frieden vorsah, dann den Warschauer Vertrag vom 7. Dezember 1970, in dem Bonn die deutsch-polnische Grenze zwar immer noch nicht anerkannte, aber doch zumindest für unverletzlich erklärte, und schließlich den Grundlagenvertrag vom 21. Dezember 1972, der die Beziehungen zwischen der Bundesrepublik und der Deutschen Demokratischen Republik regelte.

Parallel zum Versuch, eine politische Annäherung zu erreichen, bemühte sich einmal mehr die alte Osthandelsfraktion um eine Aus-

---

69 Birkholz 2017. S. 112 f.
70 Bahr, Egon: Wandel durch Annäherung. Rede in der Evangelischen Akademie Tutzing. 15. Juli 1963.

weitung ihrer Exporte. Zum zentralen Ereignis wurde gegen Ende der 1960er Jahre das berühmte Erdgas-Röhren-Geschäft. Die Röhren – das waren nahtlose Stahlrohre, die einen besonders hohen Innendruck aushalten konnten; man brauchte sie für lange Pipelines, besonders für solche, die Erdgas transportieren sollten. Bundesdeutsche Firmen waren bei ihrer Herstellung führend. Die Sowjetunion, die sie nicht in derselben Qualität produzieren konnte, hatte erhebliches Interesse daran, sie in der Bundesrepublik zu erwerben. 1958 wurde das möglich, weil sie von der CoCom-Embargoliste entfernt wurden; prompt nahmen Mannesmann, Hoesch sowie die zwölf Jahre später in die Mannesmannröhren-Werke überführte Phoenix-Rheinrohr entsprechende Lieferungen auf. Mächtig Ärger gab es dann, als der NATO-Rat am 21. November 1962 auf Druck Washingtons beschloss, den Verkauf der Röhren an Moskau für unerwünscht zu erklären. Der Beschluss war zwar nicht bindend, und tatsächlich kündigte London am 27. Dezember 1962 an, ihn ganz einfach zu ignorieren. Die Bundesregierung hingegegen hatte den Röhrenexport bereits am 10. Dezember untersagt: Allzu mächtig war damals noch der US-Einfluss auf Bonn.

Mitte der 1960er Jahre kam dann das eigentliche Erdas-Röhren-Geschäft ins Gespräch. Eine Art Testlauf wurde über Österreich abgewickelt, das als neutraler, nicht der NATO angehörender Staat über etwas größere Spielräume verfügte und vorpreschen konnte. Moskau bot Wien 1966 an, Erdgas zu liefern, sofern es dafür die so heiß begehrten Stahlrohre erhielt. Nach einigem Hin und Her kam der Deal zustande. Am 1. Juni 1968 unterzeichneten die sowjetische Sojusnefteexport und die Österreichische Mineralölverwaltung (OMV) einen Vertrag, der vorsah, von 1971 bis 1991 pro Jahr 1,5 Milliarden Kubikmeter Erdgas nach Österreich zu leiten. Im Gegenzug sollten die Vereinigten Österreichischen Eisen- und Stahlwerke (VÖEST) die gewünschten Stahlrohre beschaffen – und damit beauftragten sie Mannesmann und Thyssen. Das war möglich, weil die NATO im Jahr 1968 die Röhren von ihrer Embargoliste strich. Im Kern war damit der Durchbruch erreicht. Ende April 1969 verhandelte Bundeswirtschaftsminister Karl Schiller (SPD) auf der Hannover Messe mit dem sowjetischen Außenhandelsminister Nikolai Patolitschew; es kam zu einer prinzipiellen Einigung auf das erste bundesdeutsche Erdgas-Röhren-Geschäft, das am 1. Februar 1970 schließlich vertraglich vereinbart wurde. Sojusnefteexport sollte von 1973 bis 1993 drei Milliarden Kubikmeter Erdgas pro Jahr an die Essener Ruhrgas liefern; im Gegenzug sollte Moskau von den Mannesmannröhren-Werken, in die Mannesmann und Thyssen ihre einschlägigen Aktivitäten überführt hatten, 1,2 Millionen Tonnen Stahlrohre erhalten. Und als Zwischenfinanzier betätigte sich ein Bankenkonsortium unter Führung der Deutschen Bank.

Hoflieferant des Zaren

Das Erdgas-Röhren-Geschäft ist in gewisser Weise eine Traditionsveranstaltung gewesen. Neu im Osthandel war nur die Ruhrgas AG. Mannesmann hingegen hatte umfangreiche Erfahrung: »Der Düsseldorfer Konzern hatte schon in seinem Gründungsjahr 1890, in enger Anlehnung an die Deutsche Bank, eine erste Leitung aus nahtlosen Stahlrohren für eine russische Fabrik im Kaukasus geliefert«, hielt Friedrich Wilhelm Christians, langjähriger Vorstandssprecher der Deutschen Bank und zeitweise Mannesmann-Aufsichtsratsmitglied, in seinen Lebenserinnerungen fest.[71] Die Rohre des Konzerns ermöglichten auf den Ölfeldern von Baku schon in den 1890er Jahren zudem Bohrungen in eine Tiefe von bis zu 2.000 Metern; damit trieben sie den damaligen Ölboom an. Insofern war es nur konsequent, dass Mannesmann um die Wende vom 19. zum 20. Jahrhundert auch die Pipeline aus Baku zum Ölverladehafen Batumi am Schwarzen Meer errichten durfte; sie war eine ganze Weile mit über 850 Kilometern die längste der Welt. »Seit 1912 galt Mannesmann für Ölleitungsrohre quasi als ›Hoflieferant‹ des Zarenhauses«, berichtet Christians. Auch »nach der Oktoberrevolution« seien »die Beziehungen zum östlichen Handelspartner recht bald wieder in Gang« gekommen. »Die Zusammenarbeit mit russischen Partnern«, schrieb der Historiker Horst A.

---

71 Christians, F. Wilhelm: Wege nach Rußland. Bankier im Spannungsfeld zwischen Ost und West. Hamburg 1989. S. 30.

Wessel 2005, »zieht sich durch die gesamte ... Geschichte der Firma Mannesmann.«[72]

Russland- bzw. vor allem sowjetunionerfahren war auch die Deutsche Bank. Bereits 1880 hatte sie erstmals russische Eisenbahn-Obligationen und Staatsanleihen emittiert; 1881 hatte sie sich an der Russischen Bank für Auswärtigen Handel in St. Petersburg beteiligt.[73] In großem Stil wurde sie dann in den 1920er und den 1930er Jahren in der Sowjetunion aktiv. Damals stand die ostexpansionswillige deutsche Industrie vor dem Problem, dass Moskau »für sowjetische Exporte Vorauszahlungen, für deutsche Importe dagegen langfristige Kredite forderte«, erläutert der Historiker Gerald D. Feldman; dies habe sich »als außerordentlich hemmend für die deutschen Bemühungen« erwiesen, »weitreichende Handelsbeziehungen mit den Sowjets« aufzubauen.[74] Die Deutsche Bank wusste Rat. 1925 gründete sie die Ausfuhrvereinigung Ost GmbH, in der sie einige größere Firmen versammelt hatte – mit dem Ziel, ihnen bei der Lösung der erwähnten finanziellen Schwierigkeiten im Sowjetgeschäft unter die Arme zu greifen. 1926 beteiligte sie sich aus gleicher Ursache an der Gründung der Industriefinanzierungs-Aktiengesellschaft Ost (IFAGO). Einen ersten Handelskredit von 100 Millionen Reichsmark konnte die Deutsche Bank im Oktober 1925 mit der Staatsbank der UdSSR vereinbaren; weitere Kredite folgten. Bis zum Jahr 1941 ermöglichten deutsche Bankenkonsortien unter Führung der Deutschen Bank, wie deren Historische Gesellschaft mitteilt, Vorfinanzierungen für den Osthandel im Wert von 1,07 Milliarden Reichs-

---

72 Wessel, Horst A.: Mannesmann und das Rußlandgeschäft von den Anfängen bis zum Ausbruch des Ersten Weltkrieges. In: Dahlmann, Dittmar; Heller, Klaus; Petrov, Jurij A.: Eisenbahnen und Motoren – Zucker und Schokolade. Deutsche im russischen Wirtschaftsleben vom 18. bis zum frühen 20. Jahrhundert. Berlin 2005. S. 201-209.

73 »Russenwechsel sind bares Geld«: Seit mehr als 120 Jahren in Rußland aktiv. In: Historische Gesellschaft der Deutschen Bank e.V. (Hg.): Bank und Geschichte. Historische Rundschau Nr. 3. November 2003.

74 Feldman, Gerald D.: Die Deutsche Bank vom Ersten Weltkrieg bis zur Weltwirtschaftskrise. In: Gall, Lothar; Feldman, Gerald D.; James, Harold; Holtfrerich, Carl-Ludwig; Büschgen, Hans E.: Die Deutsche Bank 1870-1995. München 1995. S. 137-314. S. 249 f.

mark – »das größte Auslandskreditgeschäft jener Zeit«.[75] Mit seinem Kredit für das Erdgas-Röhren-Geschäft betrat das Finanzhaus also kein Neuland. Dafür durfte es 1973 – fast gleichzeitig mit der Dresdner Bank und dem Crédit Lyonnais und damit als eines der ersten westlichen Kreditinstitute – eine eigene Repräsentanz in Moskau eröffnen.

Russische Rohstoffe
Mit dem Erdgas-Röhren-Geschäft kam erstmals sowjetisches Erdgas nach Deutschland. Russisches bzw. sowjetisches Erdöl hatte das Deutsche Reich schon immer im Visier gehabt und es zeitweise auch in erheblichen Mengen eingeführt. Der Versuch, Zugriff auf die Erdölfelder bei Baku zu erhalten, war ein wichtiges Motiv für den deutschen Kaukasusfeldzug im Sommer und Herbst 1918 gewesen, auch wenn das Vorhaben letztlich scheiterte. Seit Mitte der 1920er Jahre bezog die Weimarer Republik Öl aus der Sowjetunion, die mit der Derop (Deutsche Vertriebsgesellschaft für Russische Öl-Produkte AG) sogar über »ein reichsweites Tanklager-, Zulieferungs- und Tankstellennetz« verfügte – wobei ihrem Aufsichtsrat laut dem Historiker Titus Kockel »auch zwei Vertreter der deutschen Diplomatie« angehörten.[76] Sogar die beiden deutsch-sowjetischen Wirtschaftsabkommen von Februar 1940 und Januar 1941 sahen ausdrücklich umfangreiche Mineralöllieferungen vor; die letzten von diesen trafen, wie gesagt, wenige Stunden vor dem deutschen Überfall am 22. Juni 1941 im deutsch besetzten Teil Polens ein – und wurden für den deutschen Krieg gegen die Sowjetunion genutzt.[77] »Die russische Erdölwirtschaft muss wegen ihrer überragenden Bedeutung für die deutsche Wehrmacht und Wirtschaft dauernd in deutscher Hand bleiben«, hieß es in einem Erlass, den Hermann Göring am 27. Juli 1941 unterzeichnete.[78] Der Versuch,

---

75 »Russenwechsel sind bares Geld«: Seit mehr als 120 Jahren in Rußland aktiv. In: Historischen Gesellschaft der Deutschen Bank e.V. (Hg.): Bank und Geschichte. Historische Rundschau Nr. 3. November 2003.
76 Kockel, Titus: Deutsche Ölpolitik 1928-1938. Berlin 2005. S. 32.
77 Karlsch, Rainer; Stokes, Raymond G.: »Faktor Öl«. Die Mineralölwirtschaft in Deutschland 1859-1974. München 2003. S. 208.
78 Ebd. S. 214.

die Erdölfelder von Baku militärisch unter deutsche Kontrolle zu bekommen, scheiterte dann freilich ebenso wie etwas später der gesamte deutsche Vernichtungsfeldzug.

Also bemühte sich die Bundesrepublik nach Kriegsende wieder auf kooperativem Wege um sowjetische Rohstoffe – mit Erfolg: Bereits in den 1950er Jahren nahm Moskau die Öllieferungen wieder auf. Freilich handelte es sich zunächst um begrenzte Mengen. Während etwa 1959 noch 80 Prozent der gesamten bundesdeutschen Erdöleinfuhr aus dem krisenbehafteten Mittleren Osten kam, stammten erst acht Prozent aus Osteuropa; aus bundesdeutscher Perspektive gab es da noch viel Spielraum nach oben. Von 1965 bis 1967 konnte Bonn seine Jahresimporte von 3,1 Millionen Tonnen auf 5,6 Millionen Tonnen steigern, sozusagen im Vorlauf auf das Erdgas-Röhren-Geschäft. Dieses wiederum blieb nicht das einzige seiner Art. Bereits am 6. Juli 1972 einigten sich beide Seiten in Düsseldorf darauf, das jährliche Liefervolumen auf sieben Milliarden Kubikmeter auszuweiten; am 29. Oktober 1974 folgte, befeuert durch die Ölkrise, die nächste Aufstockung des Jahreskontingents auf 9,5 Milliarden Kubikmeter. Ein vierter Deal schrieb am 20. November 1981 eine weitere Erhöhung auf 20 Milliarden Kubikmeter jährlich fest. Im April 1985 bezifferte die Bundesregierung die Erdöleinfuhr aus der Sowjetunion mit rund zwölf Millionen Tonnen auf immerhin elf Prozent des gesamten bundesdeutschen Imports; die Erdgaseinfuhr gab sie mit 24,4 Prozent des Gesamtimports an. Bemerkenswert war dabei nicht zuletzt, dass Bonn sich konsequent dem Drängen der US-Administration widersetzte, mit Rücksicht auf die Konfrontation im Kalten Krieg die Rohstoffeinfuhr aus der Sowjetunion wieder zu reduzieren. US-Präsident Ronald Reagan scheiterte im Dezember 1981 mit dem Versuch, mittels eines Exportverbots für Kompressoren und andere einschlägig benötigte Maschinen die sowjetischen Rohstofflieferungen in die Bundesrepublik zu sabotieren: Bonn, Paris und London widersetzten sich ihm; im November 1982 musste er die Sanktionen einstellen.[79] Die Zeiten, in denen sich die Bundesrepublik den USA auch in Fragen

---

79 Schöllgen, Gregor: Aus allen Rohren. Süddeutsche Zeitung 10.2.2007.

klaren nationalen Interesses beugen musste – wie noch 1962 im Röhrenlieferstreit –, sie waren vorbei.

Parallel zur Ausweitung ihrer Erdöl- und Erdgasimporte hat die Bundesrepublik auch ihre Exporte in die Sowjetunion deutlich gesteigert. Hatten sie Anfang der 1960er Jahre noch bei rund 800 Millionen D-Mark im Jahr gelegen, so waren sie nach einem Knick Mitte der 1960er Jahre auf 1,5 Milliarden D-Mark 1970 gewachsen. Zwischen 1975 und 1979 erreichte die bundesdeutsche Ausfuhr in die Sowjetunion bereits zwischen sechs und sieben Milliarden D-Mark, bevor sie noch weiter in nach oben schnellte und 1983 mit 11,2 Milliarden D-Mark einen neuen Höchststand erzielte. Das waren zwar nur 2,6 Prozent der damaligen Gesamtausfuhr von 432 Milliarden D-Mark; doch stand die Sowjetunion damit immerhin bereits auf Platz neun der bundesdeutschen Exportrangliste. Dann aber begann die sowjetische Wirtschaft arg zu schwächeln. Die Importe aus der Bundesrepublik fielen bis 1987 auf weniger als acht Milliarden D-Mark. Es sah nicht gut aus – nicht nur für die deutschen Exporte, sondern auch für die Sowjetunion.

In die Magengrube
Und das deutsche Establishment, die Schwäche des Feindes witternd, mit dem man eben noch so lukrativ kooperiert hatte, trat entschlossen nach. Die Sowjetunion benötigte ökonomische Unterstützung? Friedrich Wilhelm Christians, von 1976 bis Mai 1988 Vorstandssprecher, danach Aufsichtsratsvorsitzender der Deutschen Bank, die auf eine bis 1880 zurückgehende Tradition profitabler Geschäfte in und mit Russland und der Sowjetunion zurückblicken konnte, war mit Rat und Tat und einem Hieb in die Magengrube zur Stelle. 1988 schlug er dem sowjetischen Ministerpräsidenten Nikolai Ryschkow und Außenminister Eduard Schewardnadse vor, doch einfach eine »Wirtschaftssonderzone«, eine »Industrie- und Freihandelszone« zu errichten, in der man »Gemeinschaftsunternehmen, Joint-ventures, Kooperationen« und ähnliches gründen könne, und zwar »mit Beteiligung von deutschen und« – aber klar doch, man ist ja offen für alles – »europäischen Firmen«. Der Knackpunkt: Das solle in Kaliningrad geschehen, dem

früheren Königsberg. 1989 wiederholte Christians den Vorschlag im Gespräch mit einem Wirtschaftsberater von Michail Gorbatschow, im Februar 1990 erläuterte er ihn dem deutschen Publikum in einem Beitrag in der Wochenzeitung *Die Zeit*. Warum Kaliningrad? Nun, das liege günstig zwischen den »reichen Rohstoffvorkommen auf der Halbinsel Kola« und den westeuropäischen Märkten; als »Gründung der Deutschordensritter und Residenz der preußischen Herzöge« werde die Stadt wohl auch »eine größere Akzeptanz« bei deutschen Unternehmern finden als andere russische Regionen, erklärte Christians; und überhaupt: Warum solle man nicht überdies Russlanddeutsche, anstatt sie weiterhin in der Bundesrepublik aufzunehmen, »in dieser Industrie- und Kulturzone« ansiedeln? Damit wäre allen gedient: Man könne die sowjetische Wirtschaft ankurbeln, deutsche Firmen verdienten viel Geld, und Kaliningrad – nun, Christians sagte nicht laut, dass es wieder germanischer, wieder »Königsberg« würde. Genau das aber lag auf lange Sicht in der Konsequenz seiner Idee.

Eine Sonderwirtschaftszone ist Kaliningrad tatsächlich geworden; auch deutsche Unternehmen wurden dort schon bald aktiv. Wenigstens die Sache mit der Ansiedlung von Russlanddeutschen, also eine deutliche Stärkung des germanischen Elements, konnte die Regierung in Moskau aber noch verhindern. Dennoch bestätigte Christians' Vorstoß einmal mehr: nämlich wie schnell das deutsche Establishment von profitabler Kooperation auf eine vielleicht noch größere Profite verheißende Aggression umschwenken kann.

1.3.
Moskau? »Keine Alternative«
Vom Zerfall der Sowjetunion
bis zum Beginn des Ukraine-Konflikts

Das deutsche Ostgeschäft stand in der offiziellen Vereinbarung von Ende 1992 an vorderster Stelle. »Beide Seiten«, die Regierungen Deutschlands und Russlands, »unterstreichen ihre Entschlossenheit, die wirtschaftliche Zusammenarbeit ... aufrechtzuerhalten und auszubauen«, hieß es in Punkt eins der »Gemeinsamen Erklärung«, die

Bundeskanzler Helmut Kohl und der russische Präsident Boris Jelzin am 16. Dezember jenes Jahres unterzeichneten. Zum ersten Mal seit dem Ende der Sowjetunion war der Bundeskanzler zu Verhandlungen mit dem russischen Präsidenten nach Moskau gereist; ganz vorn auf der Tagesordnung hatten deutsche Wirtschaftsinteressen gestanden, nicht zuletzt der deutsche Zugriff auf russische Rohstoffe. Man erkenne »die Notwendigkeit einer weiteren Entwicklung der bilateralen Zusammenarbeit im Bereich Öl und Gas an«, hieß es in Punkt eins der Erklärung; eine »besondere Bedeutung« komme deshalb »der Gründung von Joint-Ventures zwischen interessierten russischen und deutschen Unternehmen« zu. Speziellen Wert legte Kohl dabei auf die ausdrückliche Nennung von Wolgodeminoil, einem solchen Joint Venture, an dem die deutsche BASF-Tochterfirma Wintershall und ein Ableger der russischen Lukoil je 50 Prozent halten sollten.[80] Dazu hieß es in der Gemeinsamen Erklärung: »Die Arbeiten zur Realisierung des Projekts müssen in möglichst kurzer Zeit beginnen«.

Transformationsgewinner

Deutschland ist nach der Epochenwende von 1989/91 rasch um einen Ausbau der wirtschaftlichen Kooperation mit Russland bemüht gewesen, die Ende der 1980er Jahre ins Schwächeln geraten war. Dafür gab es zwei Hauptgründe. Zum einen galt – und gilt – das Land mit einer Bevölkerung von 148 Millionen Menschen (1992; im Jahr 2016 wurden nur noch 142 Millionen gezählt) nach wie vor als ein potenziell attraktiver Markt für die hochgradig exportfixierte deutsche Industrie. Zum anderen besitzt es jene immensen Rohstoffe, auf die es schon das Deutsche Reich abgesehen hatte und auf die man in Bonn und später in Berlin nun endlich direkten Zugriff zu erhalten hoffte. Laut Angaben der Bundesanstalt für Geowissenschaften und Rohstoffe (BGR) vom Dezember 2016 verfügt Russland über die siebtgrößten Erdölreserven weltweit (13,4 Milliarden Tonnen) und über die dritt-

---

80   Besuch des Bundeskanzlers in der Russischen Föderation vom 14. bis 16. Dezember 1992. Bulletin der Bundesregierung 139-92 vom 22.12.1992.

größten Erdölressourcen (35,5 Milliarden Tonnen); »Reserven« sind nach aktuellem Stand der Technik gewinnbringend abbaubar, bei »Ressourcen« ist das noch nicht, womöglich jedoch in Zukunft der Fall. Vor allem aber befinden sich unter dem russischen Erdboden die mit deutlichem Abstand weltgrößten Erdgasreserven (47,8 Billionen Kubikmeter) und -ressourcen (152 Billionen Kubikmeter) – und besonders auf sie hatten bundesdeutsche Energiekonzerne, die es in der Erdölbranche nicht geschafft hatten, in die Weltspitze aufzusteigen, schon lange ein Auge geworfen. Dabei rechneten sie sich, weil die Bundesrepublik auf dem Erdgassektor ja über Jahrzehnte mit der Sowjetunion eng zusammengearbeitet hatte, recht gute Chancen aus. Politisch schien dies umso wünschenswerter, als Deutschland 1991 nicht nur 15,8 Prozent seiner Erdöl-, sondern vor allem bemerkenswerte 43,6 Prozent seiner Erdgasimporte aus der Russischen SFSR bezog.[81]

Mit Blick auf den russischen Absatzmarkt hat sich Bonn in den Jahren um 1990 nach Kräften um günstige Rahmenbedingungen für deutsche Exporte und – das war vorher ja nicht möglich gewesen – für deutsche Investitionen bemüht. Bereits am 13. Juni 1989 hatten Außenminister Hans-Dietrich Genscher und sein sowjetischer Amtskollege Eduard Schewardnadse vorausschauend einen Vertrag »über die Förderung und den gegenseitigen Schutz von Kapitalanlagen« unterzeichnet, auf den Investoren von nun an aufbauen konnten. Am 9. November 1990 folgte ein Abkommen »über gute Nachbarschaft, Partnerschaft und Zusammenarbeit«, das neben diversen anderen Dingen in Artikel 9 ankündigte, man werde »die wirtschaftliche Zusammenarbeit zum gegenseitigen Nutzen weiter ausbauen und vertiefen«. Ab 1990 machte die Bundesregierung zudem erstaunliche Sümmchen locker, um die – wie man sagte – »Transformation« des russischen Wirtschaftssystems im Sinne deutscher Expansionsinteressen zu unterstützen. Allein von 1990 bis 1993 hat die Bundesrepublik Moskau dazu gut 40 Milliarden US-Dollar zur Verfügung gestellt –

---

81 Bundesministerium für Wirtschaft und Technologie: Energie in Deutschland. Trends und Hintergründe zur Energieversorgung in Deutschland. Berlin, Mai 2008. S. 16.

mehr als jedes andere Land: Aus den Vereinigten Staaten kamen im selben Zeitraum gerade einmal 11,8 Milliarden US-Dollar, aus Japan nur 4,6 Milliarden, aus Großbritannien lediglich eine Milliarde.[82] Von 1993 bis 2002 wurden dann allein im Rahmen des »Transform«-Programms der Bundesregierung rund 300 Projekte in Russland mit weiteren 208 Millionen Euro gefördert. Öffentlich stets als wohltätige Hilfe beim Übergang zum vielgepriesenen Kapitalismus deklariert, war das Geld in Wirklichkeit einfach gut angelegt: Es unterfütterte die wirtschaftliche Anbindung Russlands, und zugleich flossen die Mittel, die Bonn für »Transform«-Beratungsleistungen ausgab, »sogar weitgehend nach Deutschland zurück«, wie die Politikwissenschaftlerin Susann Heinecke konstatiert, »weil das Programm ganz überwiegend von deutschen Unternehmen umgesetzt wurde«.[83]

Das Praktische mit dem Profitablen verbinden konnte Bonn auch in puncto Kredite. Die Schulden, die die verblichene Sowjetunion bei ihren Gläubigern aus dem Pariser Club angehäuft hatte, lagen Ende 1992 bei rund 68 Milliarden US-Dollar und stiegen weiter auf beinahe 100 Milliarden US-Dollar. Weil die Bundesrepublik »mit einem Anteil von 40 bis 45% der größte Gläubiger war«, stellt Heinecke fest, »spielte sie bei den Verhandlungen [über die Rückzahlung der Darlehen, J.K.] eine bedeutende Rolle«, hatte also Druckpotenzial gegenüber Moskau in der Hand. Größere Wellen schlug in diesem Zusammenhang ein neuer deutscher Kredit für Russland in Höhe von vier Milliarden DM, der im März 1996 zugesagt wurde – kurz vor der für Juni 1996 erwarteten russischen Präsidentenwahl. Amtsinhaber Boris Jelzin, Liebling der westlichen Mächte, hatte noch im Januar desaströse Umfragewerte verzeichnet: 56 Prozent der Bevölkerung sprachen sich für seinen sofortigen Rücktritt aus, während nur 14 Pro-

---

82   Kempe, Iris: From a European Neighbourhood Policy toward a New Ostpolitik – The Potential Impact of German Policy. CAP Policy Analysis No. 3. May 2006. S. 5.

83   Heinecke, Susann: Die deutsche Russlandpolitik 1991-2005. Entwicklungen und gesellschaftliche Einflüsse in außenpolitischen Entscheidungsprozessen. Inauguraldissertation zur Erlangung des Doktorgrades der Wirtschafts- und Sozialwissenschaftlichen Fakultät der Universität zu Köln. 2011. S. 33.

zent seine Amtsführung billigten.[84] Ende Februar sanken die Zustimmungswerte für ihn sogar auf katastrophale fünf Prozent. Gute Werte verzeichnete hingegen der Vorsitzende der Kommunistischen Partei der Russischen Föderation (KPRF), Gennadi Sjuganow. Dessen Wahlsieg wäre aus Sicht des Westens natürlich der größte anzunehmende Unfall gewesen, und so kam es, dass im März nicht nur ein Team von US-Experten in Moskau eintraf, das Jelzins Wahlkampf professionell durchorganisierte[85], sondern auch der erwähnte Milliardenkredit aus Deutschland, um dem bedrängten Amtsinhaber an der Schuldenfront den Rücken freizuhalten. Der Coup gelang: Jelzin schaffte es in der ersten Wahlrunde am 16. Juni 1996 mit 35,8 Prozent wenigstens knapp vor Sjuganow (32,5 Prozent) und siegte dann in der Stichwahl klar mit 54,4 Prozent (Sjuganow: 40,7 Prozent). Der deutsche Vier-Milliarden-Kredit vom März 1996 hat dabei nicht nur zu Jelzins Rettung beigetreten; zu drei Vierteln als Zahlungsbilanz- und Budgethilfe geplant, sichert er auch die Rückzahlung russischer Kredite an die Hauptgläubiger in Deutschland, während das vierte Darlehensviertel, wie Heinecke schreibt, »als projektbezogener Kredit ... deutschen Unternehmen Aufträge einbringen sollte«.[86]

Hatte die Bundesregierung sich redlich bemüht, deutschen Exportunternehmen und Investoren in Russland einen günstigen Boden zu bereiten, so blieb der große Erfolg in den 1990er Jahren zunächst aus – denn die russische Wirtschaft kollabierte in den damaligen Wirren dramatisch, und das ließ lukrative Geschäfte nur in beschränktem Maß zu. Russlands Bruttoinlandsprodukt (BIP) fiel von 1992 bis 1993 um 8,7 Prozent, stürzte 1994 um weitere 12,6 Prozent ab, ging 1995 um 4,2 und 1996 um 3,6 Prozent zurück, um nach einem schwachen Plus von 1,4 Prozent (1997) erneut um 5,3 Prozent (1998) zu schrumpfen. Im Jahr 2000 lag es trotz eines ersten kräftigen Aufschwungs von 6,4 Prozent (1999) laut Angaben der Weltbank immer noch bei nur 64 Pro-

---

84 Rose, Richard: Boris Yeltsin Faces the Electorate: Findings from Opinion Polling Data. Demokratizatsiya. Summer 1996. S. 381-387. Hier: S. 383.

85 »Eine verdammte Lüge«. Wie amerikanische Experten Boris Jelzins Wahlsieg organisierten. Der Spiegel 29/1996.

86 Heinecke 2011. S. 24.

zent des BIP von 1990. Für die russische Bevölkerung war dies eine Katastrophe, für die deutsche Wirtschaft der zeitweilige Ausfall eines verheißungsvollen Absatzmarkts. Entsprechend schwankten die deutschen Exporte nach Russland von 1993 bis 1999 mit zwei Ausreißern zwischen lediglich fünf und sechs Milliarden Euro, während etwa die Ausfuhren nach Polen von 4,8 auf 12,1 Milliarden Euro und die Lieferungen in die Tschechische Republik von 3,8 auf 9,8 Milliarden Euro in die Höhe schnellten. Der Bestand deutscher Direktinvestitionen in Russland lag Anfang 1995 bei lediglich 130 Millionen Euro – »knapp ein Zehntel dessen«, resümiert Heinecke, »was deutsche Unternehmen in jenen Jahren in Ungarn oder in Tschechien investierten«.[87]

Der Petersburger Außenhandelsreferent
Ein strategisch wichtiger Erfolg ist damals allerdings trotz der relativen Flaute im Russland-Geschäft den deutschen Banken gelungen: Sie konnten vergleichsweise rasch in den russischen Finanzmarkt einsteigen – rascher jedenfalls als andere westliche Kreditinstitute. Die Deutsche Bank und die Dresdner Bank hatten dabei die besten Voraussetzungen, da beide ja schon seit 1973 eine Repräsentanz in Moskau unterhielten.[88] Besonders günstige Umstände taten sich Anfang der 1990er Jahre in Leningrad auf, das am 6. September 1991 in St. Petersburg umbenannt wurde. Deutsche Unternehmen hatten auf die – nach Moskau – zweitgrößte Wirtschaftsmetropole Russlands ein besonderes Auge geworfen; der Ost-Ausschuss der Deutschen Wirtschaft bemühte sich intensiv, dort ein Haus der Deutschen Wirtschaft zu eröffnen, und schon 1990 hatte er dafür eine Liegenschaft in den Blick genommen: das in Abwicklung befindliche DDR-Generalkonsulat am Bolschoi Prospekt Nummer zehn. Dass er schon im März 1991 in der Tat einen Mietvertrag für das Gebäude unterschreiben konnte, hatte er nicht zuletzt dem für den Außenhandel zuständigen Referenten in der Petersburger Stadtverwaltung zu verdanken, der – wie's der Zufall will – von 1985 bis 1990 für den KGB in Dresden

---
87 Ebd. S. 37.
88 Vgl. Kapitel 1.2.

tätig gewesen war, dort gute Sprach- und Landeskenntnisse erworben hatte und nun gezielt für eine bevorzugte Kooperation mit deutschen Unternehmen warb: Wladimir Putin.[89]

Dank Putin ging damals in St. Petersburg nicht nur für den Ost-Ausschuss eine ganze Menge, sondern etwa auch für die Dresdner und für die Deutsche Bank. Die Dresdner Bank konnte dort bereits im Dezember 1991 eine Repräsentanz eröffnen; die Deutsche Bank folgte wenig später. Die Dresdner Bank wiederum erhielt 1993 als erstes westliches Kreditinstitut in Russland eine Vollbanklizenz. Schon bald war sie dick im Geschäft, koordinierte beispielsweise 1996 den ersten internationalen Verkauf von Gazprom-Anteilen[90], gewährte dem russischen Erdgasriesen Anfang 1997 an der Spitze eines Bankenkonsortiums einen 2,5-Milliarden-Dollar-Kredit für den Bau einer Pipeline nach Frankfurt an der Oder[91] – und so ging's weiter. Beobachter schreiben die damaligen Erfolge der Dresdner Bank nicht zuletzt dem Geschick von Matthias Warnig zu. Warnig, ein studierter DDR-Ökonom, hatte lange für das MfS gearbeitet, unter anderem in der zweiten Hälfte der 1980er Jahre in Düsseldorf; seit dieser Zeit kannte er sich in der bundesdeutschen Wirtschaft recht gut aus, hatte aber auch dank seiner Verankerung in der DDR den richtigen Riecher, wie man in der zerfallenden Sowjetunion und dann in Russland vorgehen musste, wenn man etwas erreichen wollte. 1990 heuerte ihn Wolfgang Röller, damals Vorstandssprecher der Dresdner Bank, an, um die bevorstehende Expansion seines Kreditinstituts nach Osten zu begleiten.[92] Noch im selben Jahr begann Warnig in St. Petersburg gemeinsam mit Putin, der Dresdner Bank den Boden zu bereiten. Der Mann ist später sehr erfolgreich gewesen, stieg unter anderem in die Aufsichtsräte des Erdölgiganten Rosneft, der mächtigen Bank Rossija und des weltgröß-

---

89 Jüngerkes 2012. S. 285f.
90 Chazan, Guy; Crawford, David: A Friendship Forged in Spying Pays Dividends in Russia Today, www.wsj.com, 23.2.2005.
91 Bell, Imogen (Hg.): Eastern Europe, Russia and Central Asia 2003. London/New York 2002. S. 417.
92 Banse, Dirk; Flade, Florian; Müller, Uwe; Steiner, Eduard; Wetzel, Daniel: Dieser Deutsche genießt Putins Vertrauen, www.welt.de, 3.8.2014.

ten Aluminiumherstellers Rusal auf – und wirkte von Juli 2006 bis Mai 2016 als Geschäftsführer der Nord Stream AG an einer Schnittstelle der deutsch-russischen Wirtschaftskooperation.

Russlands Saudi-Arabien
Apropos Nord Stream: Hoffnungsfroh stimmten das deutsche Establishment in den 1990er Jahren neben der Bankenexpansion vor allem die ersten Erfolge auf dem Erdgassektor. Die Ruhrgas AG war dank des Erdgas-Röhren-Geschäfts ohnehin gut aufgestellt. 1990 gelang es einem zweiten deutschen Konzern, profitable Bande nach Moskau zu knüpfen: Die BASF-Tochtergesellschaft Wintershall leitete – neben dem Öl-Joint-Venture Wolgodeminoil – eine verheißungsvolle Zusammenarbeit mit Gazprom ein. Bei BASF, einem der größten Erdgasverbraucher der Bundesrepublik, hegte man schon seit geraumer Zeit die Absicht, sich nicht auf Dauer von der Ruhrgas AG mit ihrem Marktanteil von gut 70 Prozent die Preise diktieren zu lassen, und war deshalb auf der Suche nach eigenen Bezugsquellen. Dafür zuständig war die zwar noch nicht im Gasvertrieb, aber immerhin bereits in der Erdöl- und Erdgasförderung tätige Wintershall. Nachdem erste Pläne, eigenständig Gas aus Norwegen zu beziehen, gescheitert waren, bot sich als nächste Option die Kooperation mit Russland an. Sie kam tatsächlich zustande – denn Gazprom war seinerseits interessiert, beim Deutschland-Geschäft nicht von einem einzigen Abnehmer abhängig zu sein.[93]

Im Herbst 1990 konnte Wintershall entsprechend trotz erbitterter Machtkämpfe mit Ruhrgas eine erste Vereinbarung mit Gazprom zur Vermarktung russischen Erdgases in der gerade übernommenen DDR schließen. 1993 kam es zur Gründung der gemeinsamen Gashandelsfirma Wingas; 1998 folgten die ersten Gespräche über den Aufbau eines Joint Ventures zur Gasförderung in Sibirien – Wintershall näherte sich dem erhofften direkten Zugriff auf den Rohstoff. Ende der 1990er Jahre konnte dann aber auch Ruhrgas wieder größe-

---

93 Grätz, Jonas: Russland als globaler Wirtschaftsakteur. Handlungsressourcen und Strategien der Öl- und Gaskonzerne. München 2013. S. 271.

re Fortschritte erzielen. 1998 kaufte der Konzern – beraten übrigens von der Dresdner Bank – 2,5 Prozent der Anteile an Gazprom[94]; im Jahr 2000 wurde Ruhrgas-Vorstand Burckhard Bergmann als einziger Nicht-Russe Mitglied im Aufsichtsrat des Erdgasriesen[95]. Last but not least: In den 1990er Jahren kam die Idee auf, Erdgas aus Russland durch die Ostsee direkt nach Deutschland zu leiten. 1997 – noch während der Zeit der konservativ-liberalen Koalition – begann die Arbeit an den ersten Machbarkeitsstudien.

Die Erdgaskooperation ist von Anfang an politisch begleitet worden – und das auf vielen Ebenen. Ein Beispiel dafür, wie sich politische Förderung unterhalb der Aufmerksamkeitsschwelle von Kanzlerbesuchen und Außenministerreisen gestaltet, bietet die deutsche Einflussarbeit in Tjumen. Die sibirische Oblast ist zusammen mit dem Autonomen Kreis der Chanten und Mansen sowie dem Autonomen Kreis der Jamal-Nenzen, die sie beide mitverwaltet, rund viermal so groß wie Deutschland; sie wird oft »Russlands Saudi-Arabien« genannt, weil sie gemeinsam mit ihren beiden Autonomen Kreisen über etwa zwei Drittel der russischen Erdöl- und rund neun Zehntel der russischen Erdgasvorräte verfügt. Wer in der russischen Rohstoffbranche mitmischen will, tut gut daran, die Beziehungen nach Tjumen aufmerksam zu pflegen. Genau dies hat – stellvertretend für die Bundesrepublik – das Bundesland Niedersachsen unter dem im Juni 1990 ins Amt gelangten Ministerpräsidenten Gerhard Schröder (SPD) begonnen. Es hat bereits Ende 1990 – im Rahmen von Hilfslieferungen – erste Kontakte zur Russischen Sozialistischen Föderativen Sowjetrepublik (RSFSR) geknüpft und am 2. Februar 1991 eine Gemeinsame Erklärung über die

---

94 Die Ruhrgas AG stockte ihre Anteile an Gazprom bis 2003 – in jenem Jahr wurde sie von E.ON übernommen – systematisch auf 6,4 Prozent auf; 2009 reduzierte sie ihre Gazprom-Aktien auf 3,5 Prozent und beschloss Ende 2010, auch diesen Anteil komplett zu verkaufen. Ursache war das Bestreben, Schulden zu reduzieren und neue Investitionen zu ermöglichen.

95 Bergmann zog sich 2011 aus dem Gazprom-Aufsichtsrat zurück, wurde aber umgehend zum »Berater« des Gazprom-Vorstandsvorsitzenden Alexej Miller ernannt. 2008 hatte er das Bundesverdienstkreuz I. Klasse erhalten, 2011 überreichte ihm der russische Präsident Dmitri Medwedjew den Orden der Freundschaft.

Aufnahme »partnerschaftlicher Beziehungen« mit ihr unterzeichnet. Als die Sowjetunion Ende 1991 aufgelöst und die RSFSR zum eigenen Staat wurde, präsizierte man die Dinge: Am 21. Mai 1992 signierte der niedersächsische Minister für Bundes- und Europaangelegenheiten, Jürgen Trittin (Bündnis 90/Die Grünen), eine neue »Gemeinsame Erklärung über partnerschaftliche Zusammenarbeit« – diesmal allerdings unmittelbar mit der Oblast Tjumen.

Worum es ging, konnte man in dem Dokument im Detail nachlesen. Darin hieß es neben allerlei Bekenntnissen zu wirtschaftlicher, wissenschaftlicher und sonstiger Zusammenarbeit: »Beide Seiten werden besondere Beachtung der Zusammenarbeit in der Erdöl- und Erdgasindustrie ... widmen, und zwar im Bereich der Förderung, der Verarbeitung und des Vertriebs hergestellter Produkte.«[96] Noch 1992 eröffnete die niedersächsische Erdölindustrie ein Büro in Tjumen[97]; mittlerweile sind – neben Großunternehmen wie Wintershall – diverse niedersächsische Firmen aus der Branche in der russischen Oblast aktiv, etwa die Bohrunternehmen Bentec GmbH und KCA Deutag, beide aus dem niedersächsischen Bad Bentheim. Die TU Clausthal nahm ebenfalls bereits 1992 erste Kontakte zur Staatlichen Öl- und Gas-Universität Tjumen auf, die schon bald in eine stabile, inzwischen von der KCA Deutag unterstützte Zusammenarbeit mündeten. Weitere Schritte, etwa die Gründung einer Städtepartnerschaft zwischen Tjumen und Celle (1994, Schwerpunkt: Stärkung der Wirtschaftsbeziehungen) oder der Aufbau einer Partnerschaft zwischen dem niedersächsischen Landtag und der Duma der Oblast Tjumen (1997), haben die Bindungen weiter konsolidiert. Wie weit die Bemühungen um stabile Beziehungen in die russische Ressourcenregion gehen, zeigt, dass seit 2007 die Landesgruppe Niedersachsen der Landsmannschaft der Deutschen aus Russland mit Unterstützung des Bundesinnenministeriums eine »Partnerschaft« zu dem »Gebietszent-

---

96 Gemeinsame Erklärung über partnerschaftliche Zusammenarbeit zwischen dem Gebiet Tyumen und Niedersachsen. Tyumen, 21. Mai 1992.
97 Khlystova, Tatiana: Integration durch regionale Kooperation? Am Beispiel der Partnerschaft zwischen dem Land Niedersachsen und der Oblast Tjumen. ESH Working Paper No. 3. Hannover 2004. S. 30.

rum für Bildung, Methodik und deutsche Kultur Tjumen« unterhält.[98] In der Oblast leben – trotz spürbarer Abwanderung – immer noch rund 26.000 deutschsprachige Bürger Russlands, die von der Bundesrepublik gern als »Russlanddeutsche« vereinnahmt werden. Sie gehören zum dichten Netz zwischen Niedersachsen und »Russlands Saudi-Arabien« dazu.

Neue alte Grenzen

Die Bemühungen um den Ausbau der Wirtschaftskooperation sind nur die eine Seite der deutsch-russischen Beziehungen in der Ära Jelzin gewesen. Russlands ökonomischer Kollaps in den 1990er Jahren brachte für Moskau eine eklatante außenpolitische Schwäche mit sich. Der »einst stolze Akteur« sei zum »bloßen Beobachter« verkommen, der in der internationalen Politik fast nur noch »symbolische Rollen« spiele, urteilte der US-amerikanische Russland-Experte und spätere Botschafter in Moskau (2012-2014), Michael McFaul, kühl im Mai 1999.[99] Westliche Spitzenpolitiker taten Russland damals in privaten Gesprächen offen »als irrelevant ab«, wie Dmitri Trenin, Direktor des Carnegie Moscow Center, später berichtete – und sie begannen über ein Weltsystem zu diskutieren, das Moskau »ausschließe«[100]. Auch die Bundesrepublik versuchte – ganz wie die Vereinigten Staaten und vollkommen unbeschadet ihrer Bestrebungen, wirtschaftliche Vorteile aus dem Russlandgeschäft zu ziehen –, Moskaus Schwäche zu nutzen, um den eigenen Einfluss so weit wie möglich nach Osten auszudehnen. Dabei ging es nicht zuletzt darum, Russlands Machtverlust unumkehrbar zu machen: Im Geschäft mit schwachen Staaten lassen sich leichter lukrative Profite erzielen als im Handel mit starken Mächten. Eine zeitweise scharfe Konfrontation war neben dem Stre-

---

98 Landesgruppe Niedersachsen der Landsmannschaft der Deutschen aus Russland (Hg.): 20 Jahre Partnerschaft zwischen dem Land Niedersachsen und der Region Tjumen. O. O. 1992. S. 11 f.

99 McFaul, Michael: What Are Russian Foreign Policy Objectives?, http://carnegieendowment.org, 1.5.1999.

100 Trenin, Dmitri: Russia's Post-Soviet Journey. From Europe to Eurasia, www.foreignaffairs.com, 25.12.2016.

ben nach wirtschaftlicher Kooperation die zweite Säule der deutschen Russland-Politik in den 1990er Jahren.

Die Grundlage dafür hat Bonn zunächst mit der schnellen Anerkennung sämtlicher sich von der Sowjetunion abspaltender Staaten geschaffen. In manchen Fällen ist die Abspaltung sogar schon zuvor von Bonn gefördert worden. Teilweise kamen dabei Vorfeldorganisationen der deutschen Außenpolitik zum Zuge. So baute etwa die Paneuropa-Union, eine den Vertriebenenverbänden und den Unionsparteien nahestehende Vereinigung, in den 1980er Jahren Beziehungen in die baltischen Sowjetrepubliken auf. Ihr Präsident, der CSU-Europaabgeordnete Otto von Habsburg, hatte schon 1981 im Europaparlament eine regelmäßige Berichterstattung über das Baltikum vorgenommen. Seinem Sohn Karl etwa gelang es dann im Mai 1990, einen symbolisch wichtigen Hilfstransport in die litauische Hauptstadt Vilnius zu bringen, die seit April – in Reaktion auf die Sezessionserklärung des litauischen Parlaments vom 11. März 1990 – unter einer von Moskau verhängten Wirtschaftsblockade litt. Von 1991 an empfing die Bundesregierung, die sich nun nach der heiklen, aber erfolgreichen Übernahme der DDR freier fühlte und sich deshalb gegenüber sowjetischen Regierungsmitgliedern offen für die baltischen Separatisten einzusetzen begann, führende Politiker baltischer und anderer abspaltungswilliger Sowjetrepubliken in Bonn. Als etwa der ukrainische Parlamentspräsident Leonid Krawtschuk im April 1991 die Bundeshauptstadt besuchte, billigte die Bundesregierung es wohlwollend, dass er auf seinen Fahrten ins Auswärtige Amt und in die Villa Hammerschmidt, den Amtssitz des Bundespräsidenten, provozierend die spätere ukrainische Nationalflagge an seinem Wagen führte. Derlei direkte und indirekte Stellungnahmen verfehlten ihre Wirkung nicht. Über die bundesdeutsche Unterstützung für die Sezession Litauens etwa urteilte rückblickend Joachim Tauber, Direktor des Lüneburger Nordost-Instituts, man müsse konstatieren, dass Bonn »eine gewisse Schutzfunktion« für das sich abspaltende Land übernommen habe.[101]

---

101 Tauber, Joachim: Die deutsch-litauischen Beziehungen im 20. Jahrhundert, www.litauen.info.

Die Bundesregierung machte denn auch, sobald es möglich schien, Nägel mit Köpfen und erkannte, um den sowjetischen Zerfallsprozess unumkehrbar zu machen, die sich abspaltenden Staaten umgehend in aller Form an. Im Falle Litauens, Lettlands und Estlands war das freilich gar nicht nötig: Die Bundesrepublik hatte die Aufnahme der drei Länder in die Sowjetunion stets für illegal erklärt und völkerrechtlich den Fortbestand der baltischen Staaten aus der Zwischenkriegszeit vorausgesetzt. Die Aufnahme diplomatischer Beziehungen mit ihnen erfolgte am 28. August 1991, als sich das Auseinanderbrechen der UdSSR zu beschleunigen begann. Die Anerkennung der Ukraine folgte am 26. Dezember 1991, die Aufnahme diplomatischer Beziehungen mit dem jungen Staat am 17. Januar 1992; die Bundesrepublik war dabei das erste westliche Land, das eine Botschaft in der ukrainischen Hauptstadt eröffnete. Es folgte die schnelle Anerkennung sämtlicher Nachfolgestaaten der Sowjetunion, die bis März 1992 abgeschlossen war. Die Bundesrepublik war dabei das einzige EG-Mitglied, das schon früh Botschaften nicht nur in den drei neuen Staaten des Südkaukasus, sondern auch in allen fünf zentralasiatischen GUS-Republiken eröffnete.[102] Berliner Strategen aus der Zeit des Ersten Weltkriegs wie Paul Rohrbach[103] hätten ihre helle Freude an der Entwicklung gehabt: »Wer die heutige europäische Landkarte ... studiert«, hielt denn auch der Historiker Peter März Anfang 2014 fest, »wird zu dem verblüffenden Ergebnis gelangen, dass die Grenzziehungen unserer Gegenwart im östlichen Europa denen, die der Vertrag von Brest-Litowsk gezeichnet hat, erstaunlich nahekommen«.[104]

Die treibende Kraft
Der nächste Schritt der Bundesrepublik bestand darin, möglichst viele Länder aus dem ehemaligen Hegemonialbereich der Sowjetunion und sogar Teile des einst sowjetischen Territoriums in die EU zu

---

102 Klinnert, Anne: Die Politik Deutschlands gegenüber Zentralasien. Potsdam 2015. S. 31.

103 Vgl. Kapitel 1.1.

104 Zitiert nach: Schmid, Thomas: Die Grenzen von Brest-Litowsk sind ganz aktuell, www.welt.de, 20.3.2014.

übernehmen – und damit in die unmittelbare deutsche Einflusszone. Anfang der 1990er Jahre begannen die Planungen für die Osterweiterung der EU, bei denen, wie Christian Deubner, ein Experte der Stiftung Wissenschaft und Politik (SWP), feststellte, Deutschland stets »die treibende ... Kraft« war.[105] Im Juni 1993 gab der Europäische Rat in Kopenhagen für das Vorhaben grundsätzlich grünes Licht; 1998 starteten offiziell die Verhandlungen; 2004 bzw. 2007 wurde die Erweiterung dann endgültig vollzogen. Damit hatten sich sechs Staaten aus der einstigen Warschauer Vertragsorganisation[106] und drei Staaten, die bis 1991 Teil der Sowjetunion gewesen waren[107], politisch, ökonomisch und militärisch – die EU betreibt schließlich auch eine eigene Militärpolitik – von Moskau getrennt und sich in das deutsche Hegemonialgebiet integriert. Was das konkret bedeutete, wurde schon in den 1990er Jahren besonders auf ökonomischem Gebiet deutlich. Bereits 1996 konstatierte das Institut für Wirtschaftsforschung Halle eine klare »deutsche ... Dominanz im Export der EU nach Mittel- und Osteuropa[108]; von 1991 bis 2004 stieg der deutsche Außenhandel mit der Region auf beinahe das Dreifache. Auch bei den Investitionen im Osten lagen deutsche Unternehmen vorn; sie stellten dort Ende 2000 rund 18 Prozent aller ausländischen Direktinvestitionen. Russland hingegen fiel dramatisch zurück. War die Sowjetunion bis Ende der 1980er Jahre, wie das Statistische Bundesamt im Rückblick berichtete, »regelmäßig mit weitem Abstand der wichtigste Handelspartner« etwa Polens gewesen[109], so lag der Anteil Russlands am polnischen Außenhandel im Jahr 2004 nur noch bei knapp zwei Prozent. Vergleichbare Verluste verzeichnete Moskau in der Mehrzahl aller Länder Ost- und Südosteuropas außerhalb der GUS.

---

105 Deubner, Christian: Frankreich in der Osterweiterung der EU, 1989 bis 1997. In: Politische Studien 363, Januar/Februar 1999, S. 89-121.
106 Polen, Tschechien, die Slowakei, Ungarn, Rumänen, Bulgarien.
107 Litauen, Lettland, Estland.
108 Müller, Uwe: Ost-Export auf Rekordniveau, www.welt.de, 14.8.1996.
109 Kuhn, Andreas: Der deutsch-polnische Außenhandel im Kontext der EU-Osterweiterung. In: Statistisches Bundesamt: Wirtschaft und Statistik 3/2002. S. 201-208. Hier: S. 204.

Auch jenseits des EU-Erweiterungsgebiets drängte Bonn Moskaus Einfluss, wo es ging, energisch zurück. Ein folgenreiches Beispiel bot die von der Bundesrepublik forcierte Zerschlagung Jugoslawiens, die mit Serbien einen traditionell engen Verbündeten Russlands dramatisch schwächte. Vergeblich bemühte sich die russische Regierung, den NATO-Einsatz in Jugoslawien sowie die vom Westen unterstützte kroatische Offensive gegen die bosnischen Serben im Sommer 1995 zu verhindern. Einen »schwindende[n] russische[n] Einfluß« in Südosteuropa diagnostizierte deshalb 1997 das Bundesinstitut für ostwissenschaftliche und internationale Studien (BIOst): Moskau werde es in Zukunft wohl »schwer haben, auf dem Balkan Verbündete zu finden«, da nach der kriegerischen Machtdemonstration der NATO »sogar Serbien und die bosnischen Serben ... wissen, daß eine Hinwendung zu Rußland keine Alternative für eine Kooperation mit dem Westen, mit den USA und der EU, ist«.[110] Hielt das BIOst damals trotz allem noch die Bildung einer »Achse Rußland-Großserbien« für denkbar, »die Rumänien und Bulgarien einzwängt«, so konnte dies nach dem Kosovo-Krieg vom Frühjahr 1999, der gegen das russische Veto im UN-Sicherheitsrat geführt wurde, und nach dem darauf folgenden Sturz des jugoslawischen Präsidenten Slobodan Milošević am 5. Oktober 2000 als ausgeschlossen gelten. Russland habe mit dem Krieg und dem Machtwechsel in Belgrad »seinen letzten Verbündeten im westlichen Balkan« verloren, urteilte rückblickend die SWP: Von Rest-Jugoslawien »durch eine Kette von NATO-Staaten getrennt und ohne politische Partner in der Region war Moskaus Geltung in diesem Teil Europas innerhalb eines Jahrzehnts drastisch gesunken«.[111]

Die Dekolonisatoren
Bonn schreckte damals nicht einmal vor Vorstößen zurück, die das verbliebene Territorium des russischen Staates ins Visier nahmen. Das

---

110 Hoppe, Hans-Joachim: Rußland und der Jugoslawienkonflikt. Bundesinstitut für ostwissenschaftliche und internationale Studien, Bericht 14/1997. S. 17, 36.

111 Reljić, Dušan: Russlands Rückkehr auf den Westbalkan. SWP-Studie. Berlin, Juli 2009. S. 11.

galt nicht nur für Kaliningrad, das einstige Königsberg. Dort könne man ausreisewillige Russlanddeutsche ansiedeln, hatte der Aufsichtsratsvorsitzende der Deutschen Bank, Friedrich Wilhelm Christians, schon Ende der 1980er Jahre vorgeschlagen[112] – und damit de facto einer Art Regermanisierung der heutigen russischen Exklave das Wort geredet. Die Idee wurde in den 1990er Jahren von deutschen Neofaschisten aufgenommen; zum Glück wurde aber nichts daraus. Um die Förderung alter Elemente deutscher Kultur in Kaliningrad haben sich deutsche Organisationen seither allerdings konsequent bemüht.

Ein zweites Gebiet, auf das es Bonn und später Berlin eine Zeitlang abgesehen hatten, ist Tschetschenien gewesen. Es hat den Status einer autonomen Republik, wird aber seit den 1990er Jahren von heftigen Sezessionskämpfen erschüttert. Unterschiedliche deutsche Stellen haben seit Mitte der 1990er Jahre Kontakt zu tschetschenischen Separatisten gehalten und sie teilweise aktiv unterstützt. Wie der Geheimdienstexperte Erich Schmidt-Eenboom im Jahr 2004 berichtete, pflegte etwa der Bundesnachrichtendienst (BND) Mitte der 1990er Jahre über seine Moskauer Residentur solche Beziehungen: Die Bundesregierung wolle, erklärte Schmidt-Eenboom, trotz ihrer damals engen Zusammenarbeit mit Russland »tschetschenische Karten für den zukünftigen Machtpoker am Kaukasus in der Hand haben«.[113] Immer wieder haben sich tschetschenische Separatisten zu Gesprächen mit teils einflussreichen Politikern in der deutschen Hauptstadt aufgehalten; im Januar 2004 etwa war der »Vizepremier« einer tschetschenischen Untergrundregierung, Achmed Sakajew, in Berlin, wo er unter anderem mit dem außenpolitischen Sprecher der CDU/CSU-Bundestagsfraktion, Friedbert Pflüger, und mit ebenfalls hochrangigen Politikern von SPD, FDP und Bündnis 90/Die Grünen zusammentraf. »Russland wird Tschetschenien verlieren«, sagte im Jahr 2002 der Geschäftsführer des an der Hamburger Bundeswehr-Führungsakademie angesiedelten Wissenschaftlichen Forums für

---

112 Vgl. Kapitel 1.2.
113 Tschetschenische Karte, www.german-foreign-policy.com, 11.9.2004.

Internationale Sicherheit voraus.[114] Bereits im Februar 2002 hatte der Paneuropa-Funktionär Karl Habsburg in einem Zeitungsbeitrag gefordert: »Russland muss sich dekolonisieren«.[115] Das gelte, erklärte er, keinesfalls nur für Tschetschenien: »Beispiele für Selbstständigkeitsbestrebungen finden sich in der jetzigen russischen Föderation von Tuwa über Grosny bis nach Joskar-Ola.«

»Putin, der Deutsche«

Nach dem ökonomischen Zusammenbruch und all den schweren außenpolitischen Niederlagen der 1990er Jahre hat das russische Establishment noch im Sommer 1999 die Reißleine gezogen: Die Ernennung des FSB-Direktors Wladimir Putin zum russischen Ministerpräsidenten am 9. August 1999 und sein Wechsel ins Präsidentenamt zum 1. Januar 2000 leiteten eine umfassende politische Wende ein. Schrittweise gelang es Putin, Russland mit harter Hand zu konsolidieren.[116] Das hatte Folgen – nicht zuletzt auch für die deutsche Ostpolitik.

Russlands Konsolidierung unter Putin ermöglichte zunächst deutschen Unternehmern Geschäfte, auf die sie in den 1990er Jahren gehofft, die sie aber wegen des Zusammenbruchs der russischen Wirtschaft nicht hatten realisieren können – und sie waren wild entschlossen, ihre Chance nun zu nutzen. Schon im Lauf des Jahres 1999 hatte sich nach der verheerenden Rubelkrise von 1998 eine Verbesserung der ökonomischen Lage abgezeichnet; dies sowie die Abwertung des Rubel ließen den Aufbau von Produktionsstätten in Russland aussichtsreich erscheinen, und prompt gingen deutsche Firmen daran, Fabriken im Land zu nutzen und neu zu errichten. BMW etwa begann noch 1999, bei Avtotor in Kaliningrad Autos montieren zu lassen; Mittelständler wie die Großmolkerei Ehrmann, die bald zur Nummer zwei auf dem russischen Markt wurde, gründeten eigene Niederlassungen. Die deutschen Investitionen in Russland schnellten

---

114 Zitiert nach: »Russland wird Tschetschenien verlieren«, www.german-foreign-policy.com, 18.10.2005.

115 Habsburg, Karl: Russland muss sich dekolonisieren, www.welt.de, 18.2.2000.

116 Vgl. Kapitel 3.

zum ersten Mal spürbar in die Höhe. Die Delegierte der Deutschen Wirtschaft in der Russischen Föderation, Andrea von Knoop, lobte im Dezember 1999 neue, »seit dem Frühjahr zu beobachtende Erholungstendenzen der russischen Wirtschaft«.[117] Dann stiegen auch noch die Preise für Erdöl und Erdgas, was dem Moskauer Staatshaushalt sehr zugute kam. Die Aussichten für die russische Wirtschaft hellten sich auf; deutsche Unternehmen sahen ihre Stunde gekommen.

Am 13. März 2000, kurz vor der russischen Präsidentschaftswahl (26. März), traf der Vorstand des Ost-Ausschusses der Deutschen Wirtschaft in Moskau zu einem 90-minütigen Gespräch mit dem vor dem Wahlsieg stehenden Interimspräsidenten Wladimir Putin zusammen. Führende Vertreter des Ausschusses kannten ihn noch gut aus seiner Zeit in der St. Petersburger Stadtverwaltung und hatten konstruktive Erfahrungen mit ihm gemacht. Die deutsche Seite hatte Spitzenpersonal zu dem Treffen entsandt: Der Ost-Ausschuss-Vorsitzende Otto Wolff von Amerongen war gemeinsam mit Daimler-Manager Klaus Mangold angereist, der den Verbandsvorsitz am 1. April 2000 übernehmen sollte; begleitet wurden die beiden von Ferrostaal-Vorstandschef Klaus von Menges, vom Vorstandsvorsitzenden der Allianz AG, Henning Schulte-Noelle, von Wintershall-Chef Herbert Detharding, Ruhrgas-Vorstand Burckhard Bergmann und dem Siemens-Manager Volker Jung. Das Treffen sei »in freundlicher Atmosphäre verlaufen«, berichtet der Historiker Sven Jüngerkes: »Putin erklärte, dass ihn die abgekühlte deutsche Haltung gegenüber Russland zwar persönlich schmerze, doch das dürfe die sehr guten deutsch-russischen Wirtschaftsbeziehungen nicht tangieren. Die Bundesrepublik sei der wichtigste wirtschaftliche Partner Russlands in Europa, und das solle auch jenseits von ›kurzfristigen taktischen Erwägungen‹ so bleiben«.[118]

Bald nach seinem Wahlsieg reiste Putin zum Antrittsbesuch nach Berlin. Seine außenpolitischen Präferenzen wurden in der Bundesrepublik recht wohlwollend kommentiert. »Der neue Präsident versteckt nicht, dass Deutschland für ihn ein Tor zur Welt ist«, schrieb *Die Zeit*

---

117 Hartmann, Jens: Neue Perspektiven in Russland, www.welt.de, 6.12.1999.
118 Jüngerkes 2012. S. 291.

stolz unter der Überschrift »Putin, der Deutsche«: »Der russische Präsident verfügt über die klassischen Sekundärtugenden. Deshalb versteht er unser Land so gut.«[119] Dennoch war kurz vor seiner Ankunft tatsächlich keineswegs ausgemacht, dass bei seinem Zusammentreffen mit dem Bundeskanzler, wie deutsche Unternehmer es wünschten, wirtschaftsfördernde Maßnahmen eingeleitet würden, um mit Hilfe des beginnenden russischen Aufschwungs den deutschen Export zu steigern. Gerhard Schröder tickte wohl noch ein wenig im Modus des Kosovo-Kriegs, hatte im Blick, dass man den jugoslawischen Präsidenten Milošević, einen Verbündeten Moskaus, nun aber endlich loswerden wollte, was erst am 5. Oktober 2000 gelang – und als die Spitzenfunktionäre des Ost-Ausschusses sich kurz vor dem deutsch-russischen Gipfel mit dem Kanzler und Vertretern des Auswärtigen Amts zusammensetzten, um ihren Kooperationsbedarf anzumelden, da erklärte sich Schröder, wie es Jüngerkes schildert, zum blanken »Entsetzen« der Manager »anfangs nicht bereit, auf Russland in irgendeiner Weise zuzugehen«. »Es werde weder eine ›Saunafreundschaft‹ ... noch einen Schuldenerlass oder irgendwelche Sonderkredite für Russland geben«, so gibt Jüngerkes Schröders damalige Haltung wieder: »Der Staatsbesuch werde ... ›kühl‹ stattfinden«, kündigte der Kanzler an.[120]

Damit aber fanden sich der frischgebackene Vorsitzende des Ost-Ausschusses, Klaus Mangold, und Ferrostaal-Vorstandschef Klaus von Menges, der als Sprecher des Länderkreises Russland im Ost-Ausschuss firmierte, nicht ab. Es sei ihnen »nach längeren Diskussionen« gelungen, »den skeptischen Bundeskanzler davon zu überzeugen«, dass man künftig »ein vertrauensvolles Klima zwischen beiden Ländern« brauche, schreibt Jüngerkes: »Putins Besuch im Juni 2000 verlief dann dank der Initiative des Ost-Ausschusses auch alles andere als kühl und distanziert, sondern wurde, nicht nur aus Sicht der Wirtschaft, zu einem vollen Erfolg.«[121] Umgehend gewannen die deutsch-

---

119 Schmidt-Häuer, Christian: Putin, der Deutsche, www.zeit.de, 8.6.2000.
120 Jüngerkes 2012. S. 291.
121 Ebd.

russischen Wirtschaftsbeziehungen an Fahrt. Ein Beispiel bot die »Arbeitsgruppe Wirtschaft und Finanzen«, die – von den Regierungen und der Wirtschaft beider Länder eingesetzt – bereits am 26. Juli 2000 zusammenkam, um neue Geschäfte in die Wege zu leiten. Mit Erfolg: Allein bis 2004 hat sie laut Angaben von Susann Heinecke »industrielle Kooperationsprojekte im Wert von mehreren Mrd. Euro vorbereitet«.[122] Und als Putin im September 2001 zum zweiten Mal nach seinem Amtsantritt nach Deutschland reiste, da waren, resümiert Jüngerkes, infolge des Drucks aus der Wirtschaft »die deutsch-russischen Beziehungen atmosphärisch gefestigt«.[123]

Offene Türen
Der Moment ist günstig dafür gewesen. Die ersten großen Schritte, die die Bundesrepublik ab 1990 zur »Neuordnung« Europas gestartet hatte und die nicht zuletzt auf Kosten Russlands gegangen waren, waren entweder im Gange – wie die EU-Osterweiterung – oder, wie die Zerschlagung Jugoslawiens, weitgehend erfolgreich realisiert. Strategen nahmen die nächsten Expansionsschritte zwar bereits in den Blick, darunter die Anbindung der Ukraine, die 2014 zum großen Konflikt mit Russland führen sollte; und punktuell, etwa in Belarus, förderte Berlin auch weiterhin Umsturzversuche, die sich unmittelbar gegen Verbündete Russlands richteten. Alles in allem aber ging es damals vor allem darum, erst einmal die deutschen Positionsgewinne der 1990er Jahre zu konsolidieren. Bis zur nächsten offenen Konfliktrunde mit Moskau hatte man also einige Jahre Zeit – Zeit, die genutzt werden konnte, um der deutschen Wirtschaft in Russland Türen zu öffnen und Geschäfte anzubahnen.

Der deutsch-russische Aufschwung, der im Sommer 2000 begann, konnte sich sehen lassen. Die deutschen Ausfuhren nach Russland kletterten von einem Wert von 10,3 Milliarden Euro im Jahr 2001 auf 32,3 Milliarden Euro 2008 und erreichten nach einem Knick während der globalen Finanzkrise schließlich im Jahr 2012 ein Höchst-

---

122 Heinecke 2011. S. 43.
123 Jüngerkes 2012. S. 292 f.

volumen von über 38 Milliarden Euro. Damit lag Russland auf Platz elf in der deutschen Exportrangliste und schickte sich an, in die Top Ten aufzusteigen. Auch die Investitionen boomten. Hatte der Bestand deutscher Direktinvestitionen in Russland Anfang 1995 noch bei mickrigen 130 Millionen Euro gelegen, so stieg er bis 2013 auf 22 Milliarden Euro. In jenem Jahr waren rund 6.000 deutsche Unternehmen in Russland aktiv, darunter Schwergewichte wie Siemens, Linde und Bayer, aber auch Mittelständler wie der Landmaschinenbauer Claas. VW hatte 2006 die Volkswagen Group Rus gegründet und begonnen, Milliardenbeträge in ein neues Werk in Kaluga südwestlich von Moskau zu investieren; Fraport war mit mehr als einem Drittel der Anteile beim St. Petersburger Flughafen Pulkovo eingestiegen; Metro erzielte mit 70 Cash & Carry-Märkten und 50 Media-Markt Filialen einen Jahresumsatz von rund 5,3 Milliarden Euro – neun Prozent des gesamten Konzernumsatzes –, und der Baustoffkonzern Knauf machte mit rund 6.000 Mitarbeitern in Russland ein stolzes Fünftel seines gesamten Geschäfts.[124]

Sibiriens Reichtum

Machte die Eroberung des russischen Absatzmarktes rasche Fortschritte, so gestaltete sich auch das Bemühen um Zugriff auf die immensen russischen Erdgasvorräte schon bald erfolgreich. Im Jahr 2003 gelang Wintershall der Durchbruch: Die BASF-Tochtergesellschaft gründete in Kooperation mit Gazprom das Joint Venture Achimgaz zur Förderung von Erdgas aus dem Gasfeld Urengoi. Die Lagerstätte, eine der größten weltweit, wurde bereits seit 1978 systematisch ausgebeutet; ihr Rohstoff war nicht zuletzt auch in die Bundesrepublik geflossen – und weil von den gut förderbaren Vorräten schon eine ganze Menge verbraucht war, sollten nun neue Schichten in 4.000 Meter Tiefe angezapft werden, die den Namen Achimow trugen. Dazu konnte Gazprom die technologische Erfahrung von Wintershall gut gebrauchen, und so kam es dazu, dass das Kasseler Unternehmen die Chance zum

---

[124] Deutsche Unternehmen stoppen Investitionen in Russland. Frankfurter Allgemeine Zeitung 25.3.2014.

Einstieg in die russische Erdgasproduktion erhielt. Nach Angaben von Wintershall förderte Achimgaz Anfang 2015 täglich 15 Millionen Kubikmeter Erdgas und hoffte, in den kommenden 30 Jahren insgesamt 200 Milliarden Kubikmeter Erdgas sowie 40 Millionen Tonnen Kondensat aus dem Boden holen zu können. 2007 gelang der Firma dann zusätzlich der Einstieg in die Förderung aus dem Gasfeld Juschno Russkoje, das übrigens – wie Urengoi – im Autonomen Kreis der Jamal-Nenzen und damit im Verwaltungsbereich der Oblast Tjumen, »Russlands Saudi-Arabien«, liegt. Seit 2009 werden dort 25 Milliarden Kubikmeter Erdgas jährlich gefördert. Am Betreiber-Joint-Venture Severneftegazprom hält Wintershall stolze 35 Prozent; 40 Prozent liegen bei Gazprom, 25 Prozent wechselten im Frühjahr 2017 von der deutschen E.ON-Tochter Uniper zur Wiener OMV. Die wiederum wird seit dem 1. Juli 2015 von Ex-Wintershall-Chef Rainer Seele, dem Präsidenten der Deutsch-Russischen Auslandshandelskammer, geführt.

Seit November 2011 fließt Erdgas aus dem Tjumener Feld Juschno Russkoje übrigens ebenfalls in die Bundesrepublik – über die Pipeline Nord Stream. Die Röhre, die russisches Gas durch die internationalen Gewässer der Ostsee unmittelbar nach Deutschland leitet, war bereits Mitte der 1990er Jahre im Gespräch; ab 1997 wurden die ersten Machbarkeitsstudien erstellt. Der politische Nutzen des technologisch durchaus aufwendigen Projekts lag aus deutscher Sicht offen auf der Hand: Die Versorgung der Bundesrepublik und perspektivisch auch weiterer Länder Westeuropas mit Erdgas aus Sibirien wurde durch die auf kein Transitland mehr angewiesene Pipeline zu einer rein deutsch-russischen Angelegenheit. Eine starke Beteiligung an der Erdgasförderung sowie eine exklusive Belieferung auf direktem Wege: Mehr Kontrolle über die eigene Erdgasversorgung sowie über diejenige der Nachbarstaaten geht kaum. Ganz im Sinne deutscher Gaskonzerne nahm die EU Nord Stream im Jahr 2000 in ihre Richtlinien für Transeuropäische Energienetze (TEN-E) auf und erkannte die Röhre damit als Projekt von gemeinsamem Interesse an. Am 8. September 2005 wurde schließlich die Grundsatzvereinbarung zum Bau der Pipeline in Anwesenheit von Kanzler Schröder und Präsident Putin signiert.

Schröder wechselte kurz nach seiner Niederlage bei der Bundestagswahl auf den Posten des Vorsitzenden des Nord Stream-Aktionärsausschusses; Geschäftsführer der Betreibergesellschaft wurde Anfang 2006 übrigens der vormalige Russland-Experte der Dresdner Bank, Matthias Warnig. Neben Gazprom (51 Prozent) sind an dem Projekt Wintershall und E.ON (jeweils 15,5 Prozent) sowie die Nederlandse Gasunie und die französische Engie (ehemals GDF Suez) beteiligt. Im November 2011 wurde der erste Strang der Röhre in Betrieb genommen; im Oktober 2012 folgte der zweite Strang. Seither können bis zu 55 Milliarden Kubikmeter Gas pro Jahr direkt aus Russland nach Deutschland geliefert werden. Das ist mehr als die Hälfte des deutschen Gesamtverbrauchs, der sich 2015 auf 96,4 Milliarden Kubikmeter belief.

Die multipolare Welt
In den Jahren der boomenden deutsch-russischen Wirtschaftskooperation haben Teile des Berliner Polit-Establishments ihre Fühler in Richtung auf eine auch politisch engere Kooperation mit Moskau ausgestreckt, wie sie damals Russlands Präsident Putin entschlossen propagierte – mehr zu seinen Vorstellungen in Kapitel 3. In Berlin stand die – zutreffende – Vermutung im Mittelpunkt, dass die unipolare Weltordnung mit weitgehender Dominanz der USA nicht von Dauer sein werde: Chinas Aufstieg zeichnete sich längst am Horizont ab; zugleich gab es Hoffnungen im deutschen Establishment, mit der EU bald selbst zur Weltmacht aufzusteigen. Unklar war allerdings, wie sich dieser Aufstieg gestalten sollte. Am besten versuche man es in einer »strategischen Kooperation« mit einem »strategischen Partner« Russland, schlug Ende September 2001 Verteidigungsminister Rudolf Scharping (SPD) vor. Gemeinsam mit Moskau könne man eine »neue Weltordnung« begründen, die »multipolar und kooperativ« sei, schrieb Scharping damals in einem Namensartikel in der *Süddeutschen Zeitung*.[125] Andere sagten zur selben Zeit das Ende der NATO vor-

---

125 Scharping, Rudolf: Die Zukunft Europas mit Russland gestalten. Der Westen muss der politischen, wirtschaftlichen und militärischen Zusammenarbeit mit Moskau neue Impulse geben. Süddeutsche Zeitung 29./30.9.2001.

aus: »Die Nato wird an den Rand gedrückt«, mutmaßte im November 2001 der damalige Direktor der SWP, Christoph Bertram.[126] Dass man zumindest ökonomisch auf eine enge Zusammenarbeit mit Russland angewiesen sei, um die erforderliche Stärke für eine führende Rolle in der Weltpolitik zu erlangen, war ein Gedanke, der noch nach der Eskalation des Ukraine-Konflikts offen thematisiert wurde. »Die von Berlin angestrebte künftige Weltordnung ist eine multipolare, in der die EU mit Russland wirtschaftlich eng verwoben ist, um mit den globalen Mächten Amerika und China auf dem Weltmarkt konkurrieren zu können«, hielt im Mai 2014 die *Frankfurter Allgemeine Zeitung* fest.[127] Die Parallelen zum Grundgedanken von Rapallo – mit dem Osten zu kooperieren, um Stärke zu gewinnen und auf Augenhöhe mit dem Westen zu gelangen – waren unverkennbar.

Ansätze zu einer entsprechenden Politik gab es sogar im militärisch-rüstungsindustriellen Bereich. Bevor Scharping in der *Süddeutschen Zeitung* sein Plädoyer für eine engere deutsch-russische Kooperation veröffentlicht hatte, hatte er schon im März 2000 mit seinem russischen Amtskollegen Igor Sergejew eine engere Militärzusammenarbeit vereinbart – darunter die Fortbildung russischer Offiziere in Deutschland.[128] Im Juni 2000 beschlossen Scharping und Sergejew, die Beziehungen zwischen ihren Ministerien auch auf Beamtenebene zu intensivieren. Im Oktober 2003 erteilte die russische Regierung der Bundeswehr die Erlaubnis, den Nachschub für den Afghanistan-Krieg per Bahntransport über russisches Territorium abzuwickeln. Im Juli 2005 weckten deutsch-russische Spezialkräfte-Manöver, die parallel auf Truppenübungsplätzen bei Zweibrücken und bei Pskow abgehalten wurden, die Aufmerksamkeit polnischer Experten. Deutschland sei 2005 »das einzige westliche Land« gewesen, »das mit Russland bilaterale Militärmanöver durchführte«, notierte ein wenig alarmiert das Zentrum für Oststudien (Ośrodek Studiów Wschodnich, OSW)

---

126 Fras, Damir; Tichomirowa, Katja: »Wir brauchen eine europäische Spezialtruppe«, www.berliner-zeitung.de, 5.11.2001.
127 Sattar, Majid: Zweierlei Geopolitik. FAZ 5.5.2014.
128 Heinecke 2011. S. 77f.

in Warschau.[129] Erste Ansätze zu einer deutsch-russischen Rüstungskooperation mündeten dann im November 2011 in den Auftrag an Rheinmetall, in Mulino westlich von Nischni Nowgorod ein neues Hightech-Gefechtsübungszentrum zu errichten. Dort werde nun »die weltweit modernste Trainingsbasis mit simulationsgestützter Ausbildung entstehen, in der pro Jahr bis zu 30.000 Soldaten ausgebildet werden können«, teilte die Düsseldorfer Waffenschmiede damals stolz mit. Das über 100 Millionen Euro teure Projekt sei »von besonderer strategischer Bedeutung«: »Mit ihm ist der deutschen Wehrtechnik erstmals in bedeutendem Umfang der Zugang auf den russischen Markt gelungen. Im Hinblick auf die geplante Modernisierung der Ausrüstung der russischen Streitkräfte bieten sich damit gute Chancen für Folgebeauftragungen aus der Russischen Föderation.«[130]

»Überlappende Integrationssphären«

Freilich war die über das Ökonomische hinausgehende Kooperation mit Moskau nur die eine Seite der deutschen Ostpolitik. Die andere ergab sich aus der stetigen Ostexpansion der kraftstrotzenden deutschen Wirtschaft, die in den 1990er Jahren diejenigen Länder Ost- und Südosteuropas, die 2004 und 2007 in die EU integriert wurden, im Sturm erobert hatte und die in den 2000er Jahren dann weiter nach Osten drängte. Die deutschen Exporte in die Ukraine etwa, die im Jahr 2000 bei gerade einmal 1,4 Milliarden Euro dahindümpelten, erreichten 2004 bereits 3,0 Milliarden Euro und stiegen dann langsam, aber beharrlich weiter, bis sie 2012 5,75 Milliarden Euro erreichten. Auch die deutschen Direktinvestitionen in dem Land, die im Jahr 2000 noch bei mageren 240 Millionen US-Dollar gelegen hatten, nahmen zu – bis 2013 auf 6,3 Milliarden US-Dollar. Die EU begleitete die ökonomische Expansion sorgfältig mit den Mitteln ihrer Politik. Im November 2002 nahmen die EU-Außenminister erste offizielle Verhandlungen über die Anbindung der Ukraine, Belarus' und Mol-

---

129 Ośrodek Studiów Wschodnich / Centre for Eastern Studies: Raport OSW i CSM: Stosunki Rosja-Niemcy w latach 1998 – 2005. Warszawa 2006.

130 Rheinmetall mit Großauftrag erfolgreich in Russland, www.rheinmetall-defence.com, 24.11.2011.

dawiens auf. Am 12. Mai 2004 verkündete die EU-Kommission eine neue »Europäische Nachbarschaftspolitik«, die sich – unter anderem – ebenfalls auf die erwähnten drei Länder zwischen der osterweiterten EU und Russland bezog; am 14. Juni 2004 wurden noch Georgien, Armenien und Aserbaidschan in sie aufgenommen. Die Ukraine, Belarus, Moldawien und die drei Staaten des Südkaukasus: Das waren sämtlich Länder, die einst zur Sowjetunion gehört hatten und zu Russlands unmittelbarer Einflusszone zählten. Nun nahmen Berlin und die EU sie immer schärfer ins Visier.

»Zum ersten Mal sehen sich Russland und die EU der gemeinsamen Herausforderung gegenüber, sich überlappende Integrationssphären zu gestalten« – so umschrieb im Mai 2006 eine Analyse des Centrums für Angewandte Politikforschung (CAP) an der Münchener Universität im sterilen, Machtkämpfe zu »Integration« und »Gestaltung« schönredenden Jargon der Politikwissenschaft die sich verstärkende Konkurrenz zwischen Brüssel und Moskau um die Länder von Belarus bis Aserbaidschan.[131] Und in der Tat: Im März 2007 startete die EU-Kommission die ersten Gespräche über ein »erweitertes Abkommen« mit der Ukraine, die letztlich auf einem EU-Ukraine-Sondergipfel am 9. September 2008 zum Beschluss führten, das Land an die EU zu »assoziieren«. Erweitert wurde dieses Vorhaben mit der »Östlichen Partnerschaft«, die Brüssel am 7. Mai 2009 mit den erwähnten sechs Ländern schloss: »Das Hauptziel der Östlichen Partnerschaft besteht darin«, hieß es im Gründungsdokument, »die notwendigen Voraussetzungen für die Beschleunigung der politischen Assoziierung und der weiteren wirtschaftlichen Integration zwischen der Europäischen Union und interessierten Partnerländern zu schaffen«.[132] Damit war, während öffentlich stets von »Europa«, von Frieden und Freiheit die Rede war, tatsächlich der Machtkampf darum eröffnet, wer denn nun in den Ländern zwischen der EU und Russland in Zukunft die Standards setzen würde. Sollte etwa die ukrainische Wirtschaft

---

131 Kempe 2006. S. 4.
132 Gemeinsame Erklärung des Prager Gipfeltreffens zur Östlichen Partnerschaft. Prag, 7. Mai 2009. 8435/09 (Presse 78) (OR. en).

sich weiterhin an russischen Formaten orientieren? Sollte sie nicht lieber Brüsseler – und damit deutsche – Normen übernehmen? Wie die Entwürfe für das EU-Ukraine-Assoziierungsabkommen zeigen sollten, ging es überdies nicht nur um die ukrainische Ökonomie. Brüssel verlangte darüber hinaus »Dialog und Zusammenarbeit«, ja sogar »Konvergenz« in der »Sicherheits- und Verteidigungspolitik«, also eine auch militärpolitische Anbindung der Ukraine an die EU. Dazu sollten Brüssel und Kiew beispielsweise »regelmäßige Treffen auf der Ebene hochrangiger Beamter und Experten der militärischen Institutionen« abhalten; zudem habe die Ukraine »an EU-geführten zivilen und militärischen Krisenmanagement-Operationen sowie an einschlägigen Übungen und Trainingsaktivitäten« teilzunehmen. Genauso legte es schließlich das Assoziierungsabkommen fest.

Brüssel und vor allem Berlin, das stets die treibende Kraft hinter der »Östlichen Partnerschaft« und vor allem der Assoziierung der Ukraine gewesen war[133], zielten also einfach darauf ab, die Staaten zwischen der EU und Russland der deutsch-europäischen Hegemonialsphäre einzuverleiben und Moskaus ohnehin stark geschrumpfte Einflusszone noch weiter zu minimieren. Kein Wunder war es also, dass die russische Regierung, wie es etwa die Wissenschaftlichen Dienste des Deutschen Bundestags formulierten, »die ›Östliche Partnerschaft‹ als ein vor allem gegen die eigenen Interessen gerichtetes Projekt« erkannte.[134] Harte Auseinandersetzungen waren also vorprogrammiert. Es waren die Auseinandersetzungen, die den Machtkampf um die Ukraine eskalieren ließen und schließlich in einen offenen Konflikt führten, der oft als neuer Kalter Krieg beschrieben wird. Er ist Gegenstand von Kapitel 4.

---

133 Kronauer 2014.
134 Östliche Partnerschaft. Deutscher Bundestag, Wissenschaftliche Dienste, Abteilung W. Nr. 07/09, 22. April 2009.

2.
Puffer schaffen

Die US-amerikanische Russlandpolitik

Das Ergebnis war deutlich: Mit 98 zu zwei Stimmen verabschiedete der US-Senat am 27. Juli 2017 ein neues Sanktionspaket gegen Russland. Man wolle die angebliche russische Einmischung in den US-Wahlkampf bestrafen, hieß es zur Begründung; entsprechend hart waren die Maßnahmen: Sie trafen Schlüsselsektoren der russischen Wirtschaft, darunter den Bergbau, die Eisenbahnen – und vor allem die Energiebranche. Das wiederum führte zu einem lauten Aufschrei in Deutschland. Würden die Sanktionen angewandt, dann gerate die deutsche Erdgasversorgung unter Beschuss, hieß es; insbesondere die Pipeline Nord Stream 2, die russisches Erdgas durch die Ostsee direkt in die Bundesrepublik leiten solle, stehe dann in Frage. Ein solches Störmanöver werde man sich nicht bieten lassen, kündigte Außenminister Sigmar Gabriel offiziell an. Würde es gelingen, Washington umzustimmen? Die Chancen standen nicht gut. Vor dem Senat hatte auch das Repräsentantenhaus die Sanktionsvorlage befürwortet. Das Resultat ließ keinerlei Zweifel an der überparteilichen Entschlossenheit im US-Establishment: 419 Abgeordnete hatten die Strafmaßnahmen befürwortet, dagegen waren gerade einmal drei gewesen.

Die US-Politik gegenüber Moskau folgt gänzlich anderen Prämissen als die deutsche. Seit die Vereinigten Staaten zur weltweit operierenden Macht aufstiegen, ist das ferne Russland stets vor allem eines gewesen: ein potenzieller Rivale. Selbstverständlich haben auch

US-Unternehmen immer wieder die Chance gesucht, einträgliche Geschäfte mit Russland zu machen. Diese haben jedoch nie die herausragende Bedeutung erlangt, die sie für deutsche Firmen zuweilen besaßen. Dafür hat Washington sich stets bemüht, den Einfluss des russischen bzw. sowjetischen Rivalen zu bekämpfen und Moskau selbst zu schwächen. Die Methoden dazu reichen seit je von – zeitweise militärisch unterstützter – Subversion bis zu einer gewissen Kooperation, die vor allem darauf zielt, Russland von innen heraus zu delegitimieren. Exemplarisch zeigt sich dies in der US-Politik gegenüber dem revolutionären Russland gegen Ende des Ersten Weltkriegs und im anschließenden Vorgehen gegen die Sowjetunion bis zum Zweiten Weltkrieg – der, wenn man so will, ersten Phase des Kalten Kriegs (Kapitel 2.1.). Sie gerät oft in Vergessenheit, ist aber fast eine Blaupause für die spätere US-Russlandpolitik. Die damalige Konfrontation ist dabei immer wieder als alleiniger Ausfluss der Systemgegnerschaft missverstanden worden. Wenngleich der Antagonismus zum Sozialismus natürlich eine zentrale Rolle spielte: Von herausragender Bedeutung sind auch geostrategische Motive gewesen. Das zeigt sich nicht zuletzt daran, dass Washington den Konflikt auch mit dem postsozialistischen Russland eskaliert (Kapitel 2.2.).

2.1.
Von Festungen und Brückenköpfen
Die Zeit zwischen den Weltkriegen

Am 23. Oktober 1919 fand sich Halford Mackinder im Londoner Foreign Office ein. Lord Curzon, der britische Außenminister, hatte den bekannten Geographen nach Whitehall gebeten, um ihn in einer heiklen Angelegenheit um seine Mitarbeit zu bitten. Es ging, eröffnete er ihm, um gewisse Operationen im revolutionären Russland. In dessen südlichen Landesteilen, so hatte es die britische Regierung soeben beschlossen, sollte ein eigens entsandter High Commissioner so bald wie möglich die konterrevolutionären Kräfte unterstützen und deren Krieg gegen die Rote Armee politisch begleiten. Nach Curzons Auffassung war Mackinder dafür genau der richtige Mann.

Das Vereinigte Königreich hatte bereits im Sommer 1918 gemeinsam mit anderen Weltkriegs-Alliierten begonnen, Truppen nach Russland zu entsenden – zunächst in die nordrussischen Hafenstädte Murmansk und Archangelsk, dann aber auch in den Südkaukasus und nach Südrussland. Zunächst ging es vor allem darum, zumindest einige strategisch wichtige Orte gegen das deutsche Heer zu sichern, das nach dem Abschluss des Diktatfriedens von Brest-Litowsk am 3. März 1918 mit hoher Geschwindigkeit nach Osten marschierte, um dort – auf der Krim, im Donezbecken, im Kaukasus – ein gewaltiges deutsches Ostimperium zu errichten.[135] Großbritannien, Frankreich und die USA, die im Westen noch erbittert gegen den Weltkriegsaggressor kämpften, wollten dessen unbegrenzte Machtentfaltung im Osten unbedingt verhindern. Nach ihrem Sieg über Deutsche Reich zogen sie ihre Truppen allerdings nicht ab, sondern nutzten sie, um die russische Reaktion in ihrem Kampf gegen die Revolution zu unterstützen. Im Sommer 1919 gelang es den von Südrussland aus operierenden konterrevolutionären Truppen unter Anton Denikin, weit nach Norden vorzustoßen und schließlich am 13. Oktober mit Hilfe britischer Panzer und Kampfbomber die Stadt Orel 250 Meilen vor Moskau zu erobern.[136] In London war Kriegsminister Winston Churchill begeistert; die Regierung beschloss, einen High Commissioner nach Südrussland zu entsenden, der dort – unterstützt von einem größeren Stab an Wirtschaftsberatern – Denikin bei der Verwaltung der von seinen Milizen eroberten Territorien unter die Arme greifen sollte. Außenminister Curzon war nun auf der Suche nach geeignetem Personal. Da kam ihm Mackinder in den Sinn. Der bat sich nach seinem Gespräch in Whitehall einen Tag Bedenkzeit aus und sagte dann am 24. Oktober zu: Er werde, so teilte er Curzon mit, »den großartigen Auftrag annehmen, den Sie mir angeboten haben«.[137]

---

135 Vgl. Kapitel 1.1.
136 Moffat, Ian C. D.: The Allied Intervention in Russia, 1918-1920. The Diplomacy of Chaos. London 2015. S. 253.
137 Blouet, Brian W.: Sir Halford Mackinder As British High Commissioner to South Russia, 1919-1920. In: The Geographical Journal. Vol. 142, 2/1976. S. 228-236. Hier: S. 231.

Heartland

Curzon hatte Mackinder für den sensiblen Auftrag nicht zufällig ausgewählt. Er kannte ihn schon lange. Beide hatten Anfang der 1880er Jahre gemeinsam in Oxford studiert, beide waren bekannte Geographen: Mackinder wirkte an Hochschulen in Oxford, in Reading westlich von London sowie an der London School of Economics; Curzon wiederum war aktives Mitglied der Royal Geographical Society, der er von 1911 bis 1914 sogar präsidierte. Alles spricht dafür, dass der Außenminister zumindest die Grundgedanken eines Vortrags kannte, den Mackinder am 25. Januar 1904 vor der Royal Geographical Society gehalten hatte. Der Vortrag war im April desselben Jahres in der Zeitschrift der Gesellschaft – *The Geographical Journal* – publiziert und anschließend in der Fachwelt mit Interesse diskutiert worden.[138] Er verband eine ausschweifende historisch-geographische Untersuchung mit einer politischen Grundsatzfrage, die Mackinder, einen überzeugten Imperialisten, umtrieb: Würde das britische Empire sich gegen das aufstrebende Deutschland behaupten können, das ökonomisch mächtig erstarkte, das sich Kolonien unterwarf, das mit der Bagdadbahn zielstrebig in Richtung Mittlerer Osten und Indien expandierte und dessen Eliten ganz offen von deutscher »Weltpolitik« schwadronierten? Die Frage bewegte 1904 nicht nur Mackinder, sondern die britischen Eliten allgemein, vor allem, seit Berlin ein Bündnisangebot, das London ihm 1901 unterbreitet hatte, öffentlich auf demütigende Weise zurückgewiesen hatte. Die Machttrunkenheit des Kaiserreichs verstärkte die ohnehin bestehenden britischen Sorgen.

In seinem Vortrag vom Januar 1904 ging Mackinder die Sache sehr grundsätzlich an. Historisch müsse man konstatieren, dass immer wieder Steppenvölker aus Zentralasien, die Mongolen etwa, mit militärischen Vorstößen große Teile Europas, aber auch Ostasiens hätten erobern können, erklärte er. Zentralasien, etwas weiter gefasst: ein Kerngebiet (»pivot area«), das etwa von Moskau bis nach Ostsi-

---

138 Mackinder, Halford John: The Geographical Pivot of History. In: The Geographical Journal. Vol. XXIII. No. 4. April 1904. S. 421-444.

birien, im Norden bis ans Eismeer und im Süden bis Iran reiche, sei für Seemächte wie Großbritannien schwer zugänglich, bilde also für Landmächte eine sichere Basis, um in jede nur gewünschte Himmelsrichtung zu expandieren. Gegenwärtig beherrsche Russland dieses Kerngebiet, und es übe – nach seinen Eroberungen im 18. und vor allem im 19. Jahrhundert – Expansionsdruck nach Westen und Osten, insbesondere aber nach Süden aus. Letzteres hatte Großbritannien im 19. Jahrhundert zu zwei blutigen Kriegen um Afghanistan veranlasst, die den Zuhörern bei der Royal Geographical Society in sehr unangenehmer Erinnerung waren. Russland bilde für die britische Weltmacht keine existenzielle Gefahr, gab sich Mackinder zuversichtlich; doch wenn Deutschland sich mit ihm verbünde, dann verbinde sich der Besitz des Kerngebiets mit gewaltiger militärischer und ökonomischer Stärke; dann könne die deutsch-russische Landmacht nicht nur die britischen Kolonien im Mittleren Osten, in Süd-, Südost- und Ostasien bedrohen, sondern auch zu massivem Flottenbau übergehen: »Dann wäre ein Weltimperium in Sicht.«[139]

Was tun? Angesichts einer drohenden deutsch-russischen Übermacht werde Frankreich sich für ein Bündnis mit der Seemacht Großbritannien empfänglich zeigen müssen, meinte Mackinder. Das war nun keine besonders originelle Idee; während Mackinder sie in den Räumen der Royal Geographical Society im gut betuchten Londoner Viertel Mayfair vortrug, konzipierten Diplomaten eine knappe Meile südöstlich im Foreign Office längst die Entente Cordiale, das Bündnis zwischen Großbritannien und Frankreich, das am 8. April 1904 trotz aller kolonialen Streitigkeiten zwischen den beiden Staaten besiegelt wurde und das bis in den Weltkrieg hinein hielt. Ansonsten fiel Mackinder nur ein, man könne ja prophylaktisch Küstenstaaten im Süden und im Osten des euroasiatischen Kerngebiets, etwa Indien und Korea, zu »Brückenköpfen« ausbauen; die Seemächte – also vor allem Großbritannien – sollten dort »Armeen unterstützen«, um Russland und seine Verbündeten »zu zwingen, Landstreitkräfte zu entsenden«. Das solle die Landmächte ablenken und »davon abhalten, ihre

---

139 Ebd. S. 436.

ganze Kraft auf Flotten zu konzentrieren«.[140] Auf diese Weise lasse sich die Vormacht des britischen Empire, meinte Mackinder hoffnungsfroh, vielleicht konsolidieren.

Mackinder hat an seinem Konzept im Kern Zeit seines Lebens festgehalten. Unter dem Namen »Heartland-Theorie« ist es später für einflussreiche Geostrategen vor allem in den Vereinigten Staaten prägend geworden. »Heartland« (»Herzland«) ist der Begriff, den Mackinder später als eingängigere Bezeichnung für das euroasiatische Kerngebiet (»pivot area«) nutzte, als er Einfluss auf die Londoner Delegation bei den Pariser Friedensverhandlungen zu nehmen suchte. Zu diesem Zweck publizierte er im Februar 1919 eine Schrift (»Democratic Ideals and Reality«), in der er einen zusätzlichen Gedanken in seine Theorie einfügte. Die gefährliche Verbindung zwischen dem Kerngebiet, dem »Heartland«, und dem deutschen Kraftzentrum Europas müsse zwangsläufig über Osteuropa hergestellt werden, hielt er fest; man könne sie also verhindern, wenn man Osteuropa kontrolliere. Dazu aber müsse man ganz einfach »eine Schicht unabhängiger Staaten zwischen Deutschland und Russland« schaffen: Polen, die Tschechoslowakei, Ungarn, Jugoslawien, Rumänien, Bulgarien und Griechenland seien geeignet, eine Art Wall von der Ostsee bis zum Schwarzen Meer zwischen Berlin und Moskau zu legen. Das war nun auch keine wirklich neue Idee: Schon das 14-Punkte-Programm, das US-Präsident Woodrow Wilson am 8. Januar 1918 vorgelegt hatte, sah eine Neugründung des polnischen Staates sowie die »freieste Gelegenheit zu autonomer Entwicklung« für alle nach Abspaltung strebenden Gebiete des Habsburgerreiches vor; faktisch handelte es sich dabei um die Bildung eines Staatengürtels gegen eine etwaige neue deutsche Ostexpansion, der mit Mackinders Vorstellungen weitgehend identisch war. Dieser teilte nun die Forderung, einen »Puffer zwischen Deutschland und Russland«[141] zu schaffen, und presste seine Analyse in einen propagandistisch nützlichen Dreizeiler: »Wer Osteuropa be-

---

140 Ebd.
141 Mackinder, Halford John: Democratic Ideals and Reality. A Study in the Politics of Reconstruction. London 1919. S. 208.

herrscht, gebietet über das Heartland: Wer das Heartland beherrscht, gebietet über die Welt-Insel[142]: Wer die Welt-Insel beherrscht, gebietet über die Welt.«[143]

Als High Commissioner in Südrussland

Mit seiner Entsendung als High Commissioner nach Südrussland erhielt Mackinder nun die seltene Chance, seine Theorie in einem historisch einschneidenden Moment auf die Praxis anzuwenden. Am 4. Dezember 1919 verließ er London in Richtung Osteuropa, machte getreu seiner Strategie in Warschau, Bukarest und Sofia – also in Hauptstädten wichtiger »Pufferstaaten« – Station und warb dort um eine engere Kooperation mit Denikins Weißen Truppen in Südrussland, die ja inzwischen das russische »Heartland« auch von Süden her brandgefährlich bedrängten.[144] Über Konstantinopel und das Schwarze Meer erreichte er schließlich Noworossijsk, von wo er am 10. Januar 1920 zu seinem ersten Treffen mit Denikin aufbrach. Dessen Truppen befanden sich allerdings in einer desaströsen Lage. Hatten sie sich Mitte Oktober noch auf dem Marsch nach Moskau geglaubt, so gerieten sie binnen weniger Tage in die Defensive, mussten sich am 20. Oktober aus dem gerade erst eroberten Orel zurückziehen und Niederlage um Niederlage hinnehmen. Die Rote Armee rückte erfolgreich vor. Am 11. Januar 1920 teilte Churchill dem Leiter der britischen Militärmission bei Denikin, Generalmajor Herbert C. Holman, mit, er sehe keine Chance mehr auf einen Sieg.[145] Mackinder konnte nicht mehr viel ausrichten. Schon am 16. Januar trat er die Rückreise an. Sein Versuch, die »Heartland«-Theorie in Südrussland in praktische Politik umzusetzen, war gescheitert, bevor er überhaupt erst richtig beginnen konnte.

Am 29. Januar 1920 hat Mackinder dann der britischen Regierung am Sitz des Premierministers in Downing Street No. 10 Bericht erstat-

---

142 Unter »Welt-Insel« verstand Mackinder die miteinander verbundenen Kontinente Europa, Asien und Afrika.
143 Mackinder 1919. S. 194.
144 Blouet 1976. S. 232.
145 Moffat 2015. S. 255.

tet. Er sprach sich – ganz gemäß seiner »Heartland«-Theorie – dafür aus, den Staatengürtel westlich von Russland zu stärken und im Norden Finnland, im Südosten Denikins Truppen in Südrussland einzubeziehen. Alles in allem plädierte er für eine Neugliederung Osteuropas und des Kaukasusgebiets, die dort noch deutlich mehr neue Staaten hervorgebracht hätte als die Pufferzone der Pariser Friedensverträge. Wäre es nach Mackinder gegangen, dann hätte man etwa die Ukraine, Südrussland, Georgien, Armenien und Aserbaidschan als eigene Staaten aus Russland herausbrechen müssen, darüber hinaus womöglich noch Belarus und Dagestan. Der »historische Prozess«, in dem Russland seit dem 17. Jahrhundert »aus seiner Kernregion expandiert« war und riesige Territorien erobert hatte, wäre »teilweise rückgängig« gemacht worden, schreibt der Geograph Brian W. Blouet; das hätte laut Mackinders Auffassung »die Gefahr, dass eine große Heartland-Macht vorstoße, um ganz Eurasien zu dominieren, erheblich verringert«.[146] Bei alledem legte Mackinder allerdings auch erheblichen Wert darauf, dass in Russland kein Machtvakuum entstehe: Er fürchtete laut Blouet, in einem solchen Fall könne Deutschland mit einer Politik »friedlicher Durchdringung«, also etwa mit wirtschaftlicher und administrativer Einflussnahme, »den Einfluss und die Ressourcen gewinnen«, die ihm auf dem Wege des Krieges letztlich verwehrt geblieben waren.

Kalter Krieg

An der alliierten Russland-Intervention der Jahre von 1918 bis 1920 waren auch die Vereinigten Staaten von Amerika intensiv beteiligt. Washington ging es zunächst – nicht anders als London – vor allem darum, strategisch wichtige Orte gegen das deutsche Heer zu sichern. Recht rasch kamen jedoch auch für die US-Regierung andere Gründe hinzu. Einer war die Tschechoslowakische Legion. Bei ihr handelte es sich um Soldaten aus der späteren Tschechoslowakei, die im Ersten Weltkrieg auf der Seite der Entente kämpften; ihre Kriegsteilnahme sollte nach dem erhofften Sieg die Basis für die Forderung nach Abtrennung eines tschechoslowakischen Staates vom Territorium

---

146 Blouet 1976. S. 232-234.

Österreich-Ungarns bilden. Als das revolutionäre Russland im März 1918 genötigt war, mit dem Deutschen Reich den Diktatfrieden von Brest-Litowsk zu schließen, standen rund 40.000 Tschechoslowaken bewaffnet in Russland. Sie sollten umgehend an die Westfront verlegt werden, um dort den Kampf fortzusetzen. Dabei einigte man sich, weil den direkten Weg an die Westfront schließlich die Mittelmächte versperrten, darauf, sie über die lange Route durch Sibirien nach Wladiwostok marschieren zu lassen und sie dort nach Europa einzuschiffen. Offiziell, um die hart antikommunistisch ausgerichtete Truppe dabei zu unterstützen, landeten im September 1918 rund 8.000 US-Soldaten in Wladiwostok und rund 5.000 in Archangelsk.

Recht rasch wurde dann klar, was das dritte und wohl wichtigste Motiv hinter der amerikanischen Intervention in Russland war – das Bestreben, die Revolution zu bekämpfen. Die Bolschewiki seien »gefährlich – noch mehr als die Deutschen«, hatte US-Außenminister Robert Lansing schon im Februar 1918 geurteilt: »Sie bedrohen uns mit Revolution.«[147] Wenn »man diesen verdammten Bolschewiken erlaubt, die Kontrolle über das Land zu behalten«, dann werde »die bolschewistische Herrschaft alle Regierungen unterminieren«, schimpfte David Francis, der US-Botschafter in St. Petersburg. Nach dem raschen Abbruch der diplomatischen Beziehungen in Reaktion auf die Oktoberrevolution verließ er im November 1918 das Land.[148] Und schon bald gerieten nicht nur die Tschechoslowakische Legion, sondern auch die US-Interventionstruppen in bewaffnete Auseinandersetzungen mit der Roten Armee. Letztlich konnten sie den Bürgerkrieg allerdings ebensowenig wenden wie die britischen Einheiten in Südrussland und zogen erfolglos bis Juli 1919 aus Archangelsk, bis April 1920 aus Sibirien und Wladiwostok ab. Bleibende Wirkung haben vor allem Maßnahmen an der US-amerikanischen Heimatfront entfaltet, die Washingtons Intervention im revolutionären Russland begleiteten. So sei »Furcht vor der Ausbreitung der sozialistischen Re-

---

147 Foglesong, David S.: America's Secret War against Bolshevism. U.S. Intervention in the Russian Civil War, 1917-1920. Chapel Hill 1995. S. 66.
148 Ebd. S. 226.

volution« geschürt worden (»Roter Schrecken«), es habe harte Repression gegen Kommunisten und gegen kommunistische Organisationen gegeben, ruft etwa der Historiker Michael J. Carley in Erinnerung. Halte man sich die damaligen innenpolitischen Aktivitäten des US-Establishments vor Augen, dann müsse man eigentlich fragen: »Wieso lassen die meisten westlichen Historiker den Kalten Krieg erst nach 1945 beginnen und nicht schon nach 1917?«[149]

All dies hat US-Unternehmen freilich nicht davon abgehalten, in den 1920er Jahren wieder an ihre Vorkriegsgeschäfte in Russland anzuknüpfen. Diese waren längst nicht so umfangreich wie die deutschen gewesen, hatten aber doch gutes Geld in die Kassen gespült; in den Jahren von 1910 bis 1914 hatten US-Firmen immerhin Waren im Wert von durchschnittlich 24,6 Millionen US-Dollar pro Jahr nach Russland exportiert und Güter im Wert von 20,9 Millionen Dollar von dort bezogen. Als Russland nach dem Diktatfrieden von Brest-Litowsk keine Rolle als Verbündeter im Krieg gegen das Deutsche Reich mehr spielte, war zunächst einmal Schluss mit den amerikanisch-russischen Wirtschaftsbeziehungen: Der Versuch, die Revolutionäre zu stürzen, hatte Vorrang; die Ententemächte verhängten – parallel zu ihrer militärischen Intervention – eine Wirtschaftsblockade gegen die Bolschewiki, die sie bis 1920 aufrechterhielten. Mit dem Scheitern von Intervention und Blockade kamen in Washington dann aber Überlegungen über einen Kurswechsel auf. Eingeleitet wurde er 1921 mit Hilfslieferungen. Die Vereinigten Staaten hatten, um die Versorgung im Weltkrieg zu sichern, umfangreiche Nahrungsmittelbestände angehäuft, die sie nach Kriegsende irgendwie loswerden mussten, zumal die Vorräte 1920 die Preise für Weizen und Mais empfindlich zu drücken begannen, sehr zum Unmut US-amerikanischer Farmer. Das war der Zeitpunkt, zu dem Washington den Nutzen humanitärer Hilfe entdeckte: Man konnte mit ihr überschüssige Waren loswerden, dabei generös den Wohltäter geben und, wenn's gut lief, sogar Märkte dauerhaft erobern, also politische und ökonomische Abhängigkeiten für die Zukunft schaffen. Im Sommer 1921 leitete Handelsminister

---

149 Carley, Michael J.: The Early Cold War, www.h-net.org, Juni 1996.

Herbert Hoover entsprechend eine Hilfsaktion für das revolutionäre Russland in die Wege, das unter einer katastrophalen Hungersnot litt. So ließen sich die preisdrückenden Vorräte reduzieren, und zugleich konnte man der russischen Bevölkerung eine angebliche Überlegenheit der kapitalistischen Wirtschaftsweise suggerieren, die sogar noch fähig war, dem am Boden liegenden Feind aufzuhelfen: Hilfe wurde zur »positiven Waffe«, zu einer »Wohlfahrts-Konterrevolution«.[150]

Geschäfte in der Krise
Und sie öffnete der US-Wirtschaft neue Türen. Im Sommer 1921 reiste der 23-jährige Mediziner Armand Hammer in die Sowjetunion, um sich an der Hilfsaktion zu beteiligen; als Gegenleistung erhielt er eine Konzession zum Asbestabbau – die erste US-Konzession in der Sowjetunion. Hammer, ein späterer Erdölmanager, blieb Zeit seines Lebens ein wichtiger Kontaktmann für die USA in Richtung Sowjetunion. 1923 konnten US-Unternehmen mit Exporten in Höhe von 4,5 Millionen US-Dollar wieder vorsichtig Fuß fassen. 1924 erreichten die amerikanischen Ausfuhren bereits ein Volumen von 42,1 Millionen US-Dollar, 1925 stiegen sie auf 68,9 Millionen US-Dollar. In der Weltwirtschaftskrise wuchsen sie weiter, während die sonstigen Geschäfte einbrachen: In den ersten acht Monaten des Jahres 1930 sprang die Sowjetunion mit Einkäufen in den Vereinigten Staaten im Wert von 86,9 Millionen US-Dollar auf der Rangliste der US-Absatzmärkte, auf der sie im Vorjahreszeitraum noch Platz 17 eingenommen hatte, auf Platz sieben – noch vor Mexiko. Auch in der Sowjetunion selbst wurden US-Unternehmer immer stärker aktiv. 1925 erhielt William Averell Harriman, Sohn des Eisenbahnbarons Edward Henry Harriman, späterer US-Botschafter in Moskau (1943 bis 1946), dann Handelsminister (1946 bis 1948), eine Konzession zum Manganabbau im georgischen Tschiatura. Das Vorhaben scheiterte allerdings nach drei Jahren. Am 31. Mai 1929 konnte schließlich Henry Ford einen Vertrag mit der Sowjetunion unterzeichnen. Die Vereinbarung sah vor, eine

---

150 Seppain, Hélène: Contrasting US and German Attitudes to Soviet Trade, 1917-91. Politics by Economic Means. New York 1992. S. 9, 19.

Ford-Fabrik in Nischni Nowgorod zu errichten; Moskau verpflichtete sich im Gegenzug, 72.000 noch nicht montierte Ford-Fahrzeuge für rund 30 Millionen US-Dollar zu kaufen. Die Produktion in Nischni Nowgorod – im Gorkier Automobilwerk (GAZ) – lief 1932 an und half der Sowjetunion nicht zuletzt im Zweiten Weltkrieg. In gewissem Sinne stand dabei Ford allerdings gegen Ford: Auch die Wehrmacht nutzte ja die Produkte der Ford-Werke im Reich.

Der Ford-Deal ist die Grundlage nicht nur für weitere Geschäfte zwischen US-Unternehmen und der Sowjetunion gewesen, sondern auch für die Wiederanbahnung diplomatischer Beziehungen, die schließlich im November 1933 nach gut 16-jähriger Unterbrechung offiziell wieder aufgenommen wurden. Neben außenpolitischen Erwägungen – etwa dem Gedanken, dem expandierenden Japan etwas entgegenzusetzen – war dafür vor allem der Wunsch entscheidend, bessere Voraussetzungen für Geschäfte von US-Firmen in der Sowjetunion zu schaffen. Schließlich verhießen neue Geschäfte nicht nur neuen Profit; sie konnten, so schien es, nachdem Militärintervention, Wirtschaftsblockade und politische Konfrontation nicht zum Kollaps der Sowjetunion geführt hatten, vielleicht den Sozialismus von innen zersetzen helfen. Henry Ford beispielsweise war der Auffassung – so resümiert es der Historiker Ronald E. Powaski –, »dass amerikanisches Know-how die Sowjets veranlassen könne, den Sozialismus hinter sich zu lassen und zum Kapitalismus à la Amerika zu konvertieren«.[151] Letztlich ist das ganz große Geschäft zwischen den Vereinigten Staaten und der Sowjetunion zwar ausgeblieben; doch nahmen die US-Ausfuhren in die UdSSR vor allem nach dem Abschluss eines provisorischen Handelsabkommens im Juli 1935 deutlich zu. Während Moskau den Handel mit Deutschland ab 1933 drastisch herunterfuhr[152], wurden die USA ab 1937 sein wichtigster Lieferant; 1938 stellten sie 28,5 Prozent aller sowjetischen Importe. Washington gestattete der Sowjetunion sogar den Kauf von Rüstungstechnologie – Ausnahme:

---

151 Powaski, Ronald E.: The Cold War. The United States and the Soviet Union 1917-1991. New York/Oxford 1998. E-Book.

152 Vgl. Kapitel 1.1.

Kriegsschiffe –, und hätte es sich nicht geweigert, eine langfristige Kreditfinanzierung zur Verfügung zu stellen, dann wäre vielleicht sogar noch intensiverer Handel möglich gewesen.[153]

Nun darf man Geschäft nicht mit politischer Unterstützung verwechseln. Maxim Litwinow, am 21. Juli 1930 zum Volkskommissar für Auswärtige Angelegenheiten der Sowjetunion ernannt, setzte im Rahmen seiner Politik der »kollektiven Sicherheit« – verstärkt nach dem 30. Januar 1933 – alles daran, parallel zur Ausweitung des Außenhandels zu einem politischen Ausgleich mit den Mächten Westeuropas und den Vereinigten Staaten zu gelangen. Einen gewissen Erfolg konnte er mit der Unterzeichnung des sowjetisch-französischen Beistandsvertrags am 2. Mai 1935 erzielen. Freilich half die Vereinbarung nicht viel: Sie fand in der politischen Praxis keine Anwendung. Nicht anders verhielt es sich in den Beziehungen mit den Vereinigten Staaten. Litwinow erreichte lediglich die Aufnahme diplomatischer Beziehungen im November 1933; eine ernsthafte Zusammenarbeit gegen Nazideutschland gewährte Washington dem Systemfeind in Moskau nicht. Litwinow, politisch gescheitert, wurde schließlich am 3. Mai 1939 entlassen. In der sowjetischen Führung setzten sich diejenigen durch, die – aus der Kooperationsverweigerung Londons, Paris' und Washingtons die Konsequenzen ziehend – nun auf Absprachen mit Berlin orientierten.[154] Sogar noch nach dem deutschen Überfall auf die Sowjetunion blieb die US-Unterstützung für das Land relativ. So stellte Washington Moskau zwar bereits im Juli 1941 in Aussicht, vom Lend-Lease-Act profitieren zu können, der am 11. März 1941 in Kraft getreten war und Staaten, die gegen die Achsenmächte Krieg führten, Zuwendungen gewährte. In signifikantem Umfang setzte die Lieferung von Waffen und Hilfsgütern jedoch erst ein, als die Rote Armee den deutschen

---

153 Schwendemann, Heinrich: Die wirtschaftliche Zusammenarbeit zwischen dem Deutschen Reich und der Sowjetunion von 1939 bis 1941. Alternative zu Hitlers Ostprogramm? Berlin 1993. S. 25-29.

154 Carley, Michael Jabara: Who Betrayed Whom: Franco-Anglo-Soviet Relations, 1932-1939. In: Koch, Christoph (Hg.): Gab es einen Stalin-Hitler-Pakt? Charakter, Bedeutung und Deutung des deutsch-sowjetischen Nichtangriffsvertrages vom 23. August 1939. Frankfurt a. M. 2015. S. 119-137.

Angriff kurz vor Moskau hatte stoppen können. Während Großbritannien Lend-Lease-Leistungen im Wert von mehr als 30 Milliarden US-Dollar erhielt, musste die Sowjetunion, die die Hauptlast des Krieges in Europa trug, sich mit Hilfen im Wert von 10,8 Milliarden US-Dollar begnügen. Die militärische Erleichterung durch die Eröffnung einer Westfront mit der Landung in der Normandie am 6. Juni 1944 musste sie sich innerhalb der Anti-Hitler-Koalition hartnäckig erkämpfen.

Midland Ocean

Im Juli 1943 – die Eröffnung der Westfront sollte noch beinahe ein Jahr lang auf sich warten lassen – meldete sich in Washington Halford Mackinder zu Wort. Mackinder, der – mittlerweile 82 Jahre alt – zurückgezogen in der Nähe von Bournemouth an der südenglischen Küste lebte, hatte seinen unerwarteten Auftritt einem fast skurrilen Missverständnis zu verdanken. Am 26. August 1939 hatte die britische Zeitschrift *New Statesman and Nation*, der Vorläufer des heutigen *New Statesman*, unter dem Eindruck des soeben geschlossenen Deutsch-Sowjetischen Nichtangriffsvertrags einen Beitrag veröffentlicht, dessen Autor mutmaßte, Berlin müsse seine Pläne für den Pakt mit Moskau wohl Mackinders »Heartland«-Konzept verdanken. War der alternde britische Geostratege ein Vordenker der NS-Expansion? Der Gedanke war einigermaßen absurd, umso mehr, als Mackinder sein Konzept im Jahr 1904 ja entwickelt hatte, weil er – in ernster Sorge über das deutlich erkennbare deutsche Weltmachtstreben – nach Mitteln zu seiner Einhegung suchte. Nun hing aber die mediale Aufmerksamkeit für eine Behauptung auch damals weniger davon ab, ob sie zutraf, sondern eher davon, ob sie sich verkaufte; und das war bei der These, Mackinder habe die Nazis inspiriert, zweifelsohne der Fall. Machte sie im Spätsommer 1939 in Großbritannien die Runde, so unterbreiteten sie ab 1941 auch prominente US-Medien wie *Newsweek*, *Reader's Digest* und *Life* ihrem Publikum.[155]

Mackinders »Heartland«-Theorie, die US-Strategen natürlich bekannt war, wurde ab 1941 also in den Vereinigten Staaten breit dis-

---

155 Blouet, Brian W.: Halford Mackinder. A Biography. Austin 1987.

kutiert. Das Interesse an ihr nahm zu; 1942 gab der Princeton-Dozent Edward Meade Earle, der für den im selben Jahr gegründeten CIA-Vorläufer Office of Strategic Services (OSS) tätig war, Mackinders 1919 publizierte Schrift »Democratic Ideals and Reality« neu heraus. Ende 1942 entschloss sich der Chefredakteur der Zeitschrift *Foreign Affairs*, des zentralen, vom Council on Foreign Relations herausgegebenen Debattenorgans der US-Außenpolitik, den Briten um einen Beitrag für sein Blatt zu bitten, in dem er seine Theorie mit Blick auf die aktuelle Weltlage fortschreiben sollte. Mackinder sagte zu und machte sich umgehend ans Werk. Im Juli 1943 erschien in *Foreign Affairs* – neben einem Überblick über die jüngsten Kriegsereignisse sowie einigen konzeptionellen Überlegungen zum Außenhandel in der längst heiß diskutierten Nachkriegsordnung – sein Aufsatz »The Round World and the Winning of the Peace«.[156] Es war sein letztes Werk.

Mackinder bekräftigte darin die Grundzüge seiner Theorie: die Auffassung, dass das »Heartland« – im Wesentlichen das Territorium der Sowjetunion in der Zwischenkriegszeit abzüglich des Gebiets östlich des Flusses Jenissei – eine sichere Basis für einen expandierenden Staat darstelle. Zwischen dem Eismeer und dem zentralasiatischen Wüstengürtel gelegen, im Osten abgeschottet durch die unwirtlichen Weiten Ostsibiriens, bilde es »die größte natürliche Festung auf der Erde«. Die Sowjetunion, die das »Heartland« kontrolliere, könne, wenn sie im Weltkrieg Deutschland erobere, zur »größten Landmacht auf dem Globus« werden. Sie werde dann zugleich diejenige Macht sein, die »die strategisch stärkste Defensivposition« innehabe. Dass dies um jeden Preis verhindert werden musste, das brauchte Mackinder gegenüber der Leserschaft von *Foreign Affairs* nicht eigens zu erwähnen. Daneben schnitt er nun aber auch seine Vorstellungen vom »Midland Ocean« an – dem Nordatlantik. An seinen Ufern gebe es drei Mächte, die unbedingt »eine wirkungsvolle und dauerhafte Zusammenarbeit« anstreben müssten, um der sowjetischen »Heartland«-

---

156 Mackinder, Halford: The Round World and the Winning of the Peace. In: Foreign Affairs. Volume 21, Number 4. July 1943. S. 595 605.

Macht Einhalt zu gebieten: Nordamerika, Großbritannien und Frankreich. Die Vereinigten Staaten und Kanada hielten in diesem Bund die »Reserve an ausgebildetem Arbeitspersonal, Landwirtschaft und Industrie« bereit, »die strategische Tiefe« also, während Großbritannien als »von Wasser geschützter Flugplatz« dienen könne – »ein Malta in größerem Maßstab« – und Frankreich ein wichtiger »Brückenkopf« auf dem Kontinent sei, den die Seemächte benötigten, um sich gegen die »Heartland«-Landmacht zu behaupten.

Das Bündnis über den »Midland Ocean« hinweg – das ist wenig später die NATO geworden. Mackinder ist natürlich nicht ihr Erfinder gewesen, wenngleich er schon in den 1920er Jahren das erwähnte Dreierbündnis skizziert und empfohlen hatte. Mit seiner »Heartland«-Theorie hat er aber in den Jahren ab 1941 die Debatten im US-Establishment stark beeinflusst. Der Gedanke, man müsse gegen die »Heartland«-Macht, also gegen die Sowjetunion, Brückenköpfe in Westeuropa errichten, wolle man nicht auf lange Sicht gegen sie unterliegen, ist unter US-Geostrategen und US-Militärs damals sehr präsent gewesen. Auf ihn konnte nicht zuletzt der US-Diplomat George F. Kennan aufbauen, als er im Juli 1947 – übrigens auch in der Zeitschrift *Foreign Affairs* – erstmals das Containment, die Eindämmung der Sowjetunion forderte.[157] Mackinder, der vier Monate zuvor verstorben war, wäre damit wohl nicht einverstanden gewesen. Er hatte die Hauptaufgabe der Nachkriegszeit darin gesehen, dafür zu sorgen, »dass der Teufel in Deutschland nie wieder sein Haupt erheben kann und an Auszehrung sterben muss«.[158] Dafür sei es notwendig, meinte er, dass die drei nordatlantischen Mächte sich eng mit der Sowjetunion abstimmten und Deutschland auf beiden Seiten, in West und Ost, unerbittlich an einer erneuten Expansion hinderten. Das ist nun aber ein Strang in Mackinders Denken gewesen, den die Debatte im US-Establishment relativ rasch hinweggespült hat. Im Kalten Krieg gegen die Sowjetunion standen die Deutschen nicht einmal am Rand, sie waren binnen kürzester Zeit wieder mitten im Spiel.

---

157 Blouet 1987. S. 196f.
158 Mackinder 1943. S. 602.

2.2.
Natürliche Rivalen
Vom Zerfall der Sowjetunion
bis zum Beginn des Ukraine-Konflikts

Der Sieg des transatlantischen Westens im Kalten Krieg hat mit der Aufspaltung der Sowjetunion ein Resultat hervorgebracht, wie es sich am Ende des Ersten Weltkriegs nicht nur der deutsche Stratege Paul Rohrbach[159], sondern auch der Brite Halford Mackinder gewünscht hatten – wenngleich mit recht unterschiedlichen Motiven. Mackinder wurde nach 1991 von US-Geostrategen und US-Offizieren denn auch wieder mit erheblichem Interesse rezipiert und diskutiert. Die Bedeutung seiner Studie »Democratic Ideals and Reality« sei nach dem Ende der Systemkonfrontation »einmal mehr offensichtlich«, urteilte Ervin J. Rokke, Generalleutnant der US-Luftwaffe und Präsident der National Defense University, im Vorwort zu einer Neuauflage des Buchs, die 1996 im Verlag der US-Militärhochschule erschien.[160] Selbst in der einflussreichsten Riege der US-Geostrategen bezogen sich einige explizit auf Mackinder, Zbigniew Brzeziński etwa, der ihn in seiner bekanntesten Schrift, dem 1997 publizierten Buch »The Grand Chessboard«, ausdrücklich würdigte.[161] Freilich hatten die US-Strategen ihre Konzepte – unbeschadet diverser Anleihen bei der »Heartland«-Theorie – längst weiterentwickelt. »The Grand Chessboard« bietet ein gutes und zudem prominentes Beispiel dafür.

Die Sowjets in der Falle
Zbigniew Brzeziński ist über mehrere Jahrzehnte hin eine der einflussreichsten Persönlichkeiten im außenpolitischen Establishment Washingtons gewesen. Am 28. März 1928 als Sohn eines polnischen

---

159 Vgl. Kapitel 1.1.
160 Rokke, Ervin J.: Foreword. In: Mackinder, Halford John: Democratic Ideals and Reality. A Study in the Politics of Reconstruction. Washington 1996. S. XV.
161 Brzezinski, Zbigniew: The Grand Chessboard. American Primacy and Its Geostrategic Imperatives. New York 1997. S. 38 f.

Diplomaten in Warschau geboren, verlebte er seine Jugend nach eigener Aussage als »ein sehr patriotisches Kind« – »überaus stolz auf die Entwicklung des Landes«, das erst wenige Jahre zuvor nach mehr als einem Jahrhundert preußisch-russisch-österreichischer Besatzung wiedergegründet worden war.[162] Die Familienerinnerung ist, wie sein Neffe Matthew Brzezinski berichtet, stark durch die Karriere von Zbigniews Vaters beeinflusst worden. Tadeusz Brzeziński, ein stolzer Veteran des für Warschau letztlich siegreichen polnisch-sowjetischen Krieges der Jahre 1919 bis 1921, war 1931 zum polnischen Konsul in Leipzig ernannt worden, wo er die Machtübergabe an die Nazis und ihre frühen Verbrechen erlebte. Zbigniews Mutter Leonia Brzezińska hat, so wird erzählt, einen mittleren diplomatischen Skandal verursacht, als sie sich weigerte, Adolf Hitler die Hand zu schütteln.[163] 1936 folgte Tadeuszs nächste diplomatische Station in der Sowjetunion. 1938 wurde er dann – zur Erholung nach sechs äußerst anstrengenden Jahren in den zwei Ländern, die in der polnischen Diplomatie damals als die schlimmsten Gefahrenquellen galten – in das eher ruhige Kanada entsandt. Dort war er tätig, als Polen am 1. September 1939 vom Deutschen Reich überfallen wurde, binnen weniger Wochen vollständig unter deutsche und sowjetische Besatzung geriet und erneut seine staatliche Existenz verlor.

Tadeusz Brzeziński ist nach der Befreiung Europas von der NS-Herrschaft in Kanada geblieben. Er hat dort zeitweise Führungsfunktionen im stark antikommunistisch orientierten Canadian Polish Congress ausgeübt. Zbigniew, der den Übergang zum Sozialismus in Polen als »erneute Besatzung« empfand[164], hat zunächst an der McGill University in Montréal, dann an der Harvard University in Cambridge (Massachusetts) studiert. Sein Schwerpunktthema ist von Anfang an die Sowjetunion gewesen. Seinen Aufstieg im US-Establishment vollendete er schließlich im Jahr 1977, als Präsident Jimmy Carter ihn zu

---

162 Ziolkowska-Boehm, Aleksandra: Untold Stories of Polish Heroes from World War II. Lanham 2018. S. 22.

163 Brzezinski, Matthew: Casino Moscow. A Tale of Greed and Adventure on Capitalism's Wildest Frontier. New York 2002. S. 44-47.

164 Ziolkowska-Boehm 2018. S. 23.

seinem Sicherheitsberater ernannte. In dieser Funktion hat er einen entscheidenden Schritt im Kalten Krieg gegen die Sowjetunion angeregt: die US-Unterstützung für die afghanischen Mujahedin. Als Carter, Brzezińskis Insinuationen aufgreifend, am 3. Juli 1979 seine erste Direktive zur geheimen Förderung der Mujahedin unterzeichnete – diese starteten damals ihren Aufstand gegen die Regierung in Kabul und gegen deren progressive Gesetzgebung, etwa zur Abschaffung des »Brautpreises« –, da sagte Brzeziński zufrieden den baldigen Einmarsch der Roten Armee nach Afghanistan voraus. Als am 25. Dezember 1979 tatsächlich sowjetische Truppen die Grenze in das südliche Nachbarland überschritten, da triumphierte Carters Sicherheitsberater: »Wir haben jetzt die Chance, der UdSSR ihren Vietnam-Krieg zu bereiten.« Als ihn 1998 ein Journalist des französischen *Nouvel Observateur* fragte, ob er es denn nicht bereue, mit der Unterstützung für die Mujahedin, an deren Seite immerhin ein gewisser Usama bin Ladin gekämpft hatte, dem Jihadismus den Weg bereitet zu haben, da fragte Brzeziński erstaunt zurück: »Was bereuen? Diese geheime Operation war eine hervorragende Idee. Sie hat die Russen in die afghanische Falle gelockt, und Sie wollen, dass ich das bereue?«[165]

The Grand Chessboard

Der Zusammenbruch der Sowjetunion hat die Vereinigten Staaten in die Position aufrücken lassen, die Brzeziński in »The Grand Chessboard« beschreibt: die Stellung der in der Weltgeschichte »ersten und einzigen wahrhaft globalen Macht«, die »alle Ozeane und Meere der Welt beherrscht«, ihre militärische Stärke auf sämtliche Kontinente projiziert, ökonomisch als Wachstumslokomotive fungiert und auf dem Feld der modernsten Technologien eine globale Führungsrolle innehat. Die Kombination all dieser Faktoren, urteilte Brzeziński 1997 – und das damals völlig zu Recht –, habe die USA in »die einzige umfassende globale Supermacht« transformiert.[166] Nun gehe es darum,

---

165 Les Révélations d'un Ancien Conseiller de Carter: »Oui, la CIA est entrée en Afghanistan avant les Russes...« Le Nouvel Observateur 15.1.1998.
166 Brzezinski 1997. S. 10 ff.

Strategien zu finden, die es Washington ermöglichten, die »einzige Supermacht« zu bleiben. Dabei müsse man in Rechnung stellen, dass ungeachtet der beispiellosen Stärke der USA die »Tiefe des amerikanischen Einflusses« sowie die US-»Kontrolle über den Ablauf der Ereignisse« durchaus Grenzen hätten. Außerdem werde selbst »Amerikas noch nie dagewesene Macht im Laufe der Zeit unweigerlich abnehmen«. Es gelte daher, klug und weit in die Zukunft hinausschauend zu planen.

Als Hauptschauplatz künftiger Machtkämpfe, auf die Washington sich vorbereiten müsse, hatte Brzeziński »Eurasien« im Blick – den riesigen Landkomplex, den Europa und Asien zusammengenommen bilden. Eurasien, schrieb Brzeziński, sei nicht nur bezüglich der Fläche »der größte Kontinent« überhaupt. Wer es beherrsche, kontrolliere zugleich »zwei der drei fortgeschrittensten und wirtschaftlich produktivsten Regionen« – Westeuropa und Ostasien. In Eurasien lebten rund 75 Prozent der Weltbevölkerung; dort befänden sich rund drei Viertel der bekannten Energievorräte überhaupt; dort würden 60 Prozent des globalen Bruttoinlandsprodukts erwirtschaftet. Entsprechend lägen auch die sechs größten Nationalökonomien nach den USA und die sechs am stärksten aufrüstenden Staaten dort. »Zusammengenommen übertrifft Eurasiens Macht diejenige Amerikas bei weitem«, stellte Brzeziński fest: »Zum Glück für Amerika« sei Eurasien aber »zu groß, um eine politische Einheit zu bilden«. Allerdings müsse man feststellen, dass »alle potentiellen politischen und/oder ökonomischen Herausforderer« für die US-Hegemonie dort angesiedelt seien. Brzeziński folgerte: »Eurasien ist demnach das Schachbrett, auf dem der Kampf um die globale Vorrangstellung geführt wird.«

Zwei zentrale Eckpunkte gab es in Brzezińskis Überlegungen: Europa und das euroasiatische Russland. Europa sei, so schrieb der US-Geostratege, mit all seinen historisch-politischen Bindungen an die Vereinigten Staaten »Amerikas natürlicher Verbündeter«; es sei »Amerikas wesentlicher geopolitischer Brückenkopf auf dem eurasischen Kontinent«. Dass Europa sich eng mit den USA verbündet habe, bringe es mit sich, dass jede europäische Machtausdehnung in

Richtung Osten auch den Einfluss der Vereinigten Staaten mehre. Insofern sei eine Osterweiterung der EU für Washington überaus nützlich. Zugleich sei zur Zeit nicht zu befürchten, dass »ein politisch so stark integriertes Europa« entstehe, dass es »die Vereinigten Staaten in absehbarer Zeit in geopolitischen Angelegenheiten herausfordern« könne, »die anderswo von hoher Bedeutung für Amerika sind, insbesondere im Mittleren Osten«. Aufpassen müsse man hingegen auf Russland. Moskau, Hauptgegner Washingtons im Kalten Krieg, habe zwar dramatisch an Einfluss verloren – so stark, dass es sogar angebracht sei, darauf zu achten, dass das Land nicht weiter zerfalle und in seinem Innern ein »Schwarzes Loch« entstehe, das zersetzende »Anarchie« verbreite. Dennoch könne niemand ausschließen, dass »Russlands schlafende oder sogar sterbende geopolitische Bestrebungen« dereinst wieder erwachten. Insofern sei es sehr sinnvoll, Moskau ein gewisses Maß an Kooperation mit der EU, ja sogar mit der NATO anzubieten, um ihm eine »postimperiale« Rolle an der Seite des Westens schmackhaft zu machen, wobei es natürlich auf eigenständige Machtambitionen zu verzichten habe, schlug Brzeziński vor. Wohlwollend zitierte er eine Äußerung, die Boris Jelzin am 19. November 1990 getätigt hatte: »Russland strebt nicht an, das Zentrum eines wie auch immer gearteten neuen Imperiums zu sein.«

Parallel nahm Brzeziński gezielt Schritte in den Blick, die Russlands Schwäche zur Festigung und zum Ausbau US-amerikanischer bzw. transatlantischer Machtpositionen nutzen sollten. Einer bestand darin, die NATO parallel zu den Kooperationsangeboten an Moskau nach Osten auszudehnen. Dabei dachte Brzeziński sogar an die Ukraine, von der er annahm, »irgendwann zwischen 2005 und 2010« werde sie sich ausreichend an den Westen angepasst haben, um Beitrittsverhandlungen mit dem transatlantischen Bündnis aufnehmen zu können. Die Abspaltung der Ukraine im Jahr 1991, so urteilte er, sei für Russland dramatisch gewesen: Es habe damit nicht nur rund 50 Millionen Menschen sowie ein beachtliches industrielles und agrarisches Potenzial verloren, sondern auch »seine dominante Stellung am Schwarzen Meer«. Ein »Russland, das die Kontrolle über die Ukraine behalten hätte, könnte immer noch versuchen, der Anführer eines durchsetzungsfähigen eurasischen Imperiums zu sein«. Ohne die Ukraine aber sei jeder derartige Versuch zum Scheitern verurteilt, vermutete der US-Geostratege. Also gelte es, Kiew in das transatlantische Bündnis zu bringen.

»The Grand Chessboard« befasst sich darüber hinaus ausführlich mit einer Region, die Brzeziński den »eurasischen Balkan« nennt; dabei handelt es sich um die Länder unmittelbar südlich von Russland, also um die drei südkaukasischen Staaten, die fünf GUS-Mitglieder Zentralasiens und Afghanistan. Den Begriff »eurasischer Balkan« wählte Brzeziński gezielt, um die komplexen Binnenkonflikte der dortigen Staaten ins Gedächtnis zu rufen. Von Bedeutung sei die Region nicht zuletzt wegen der immensen Rohstoffvorräte im Kaspischen Becken, stellte er fest. Doch es gehe den Vereinigten Staaten nicht nur darum, diese »Ressourcen zu entwickeln«, sondern vor allem auch darum, »Russland zu hindern, den geopolitischen Raum der Region exklusiv zu dominieren«. Beide Ziele ließen sich bestens kombinieren. Bislang gebe es keine Transportzugänge zum Kaspischen Becken an Russland vorbei. Gelinge es, sie herzustellen – etwa mit einer Pipeline durch den Südkaukasus und die Türkei bis ans Mittelmeer –, dann werde »keine einzelne Macht« mehr, also auch nicht Moskau, »das Monopol über den Zugang haben«. So könne es gelingen, Russlands noch sehr starke Stellung in seiner unmittelbaren südlichen Umgebung zu brechen. Ordne Moskau sich dem Westen unter, dann solle man es wirtschaftlich ruhig profitieren lassen, schlug Brzeziński vor: »Ein nichtimperiales Russland könnte … Akzeptanz als vorrangiger Wirtschaftspartner der Region gewinnen, auch wenn es nicht mehr ihr imperialer Herrscher ist.«

Erste Schritte nach Osten
Brzeziński hat in »The Grand Chessboard«, wenn man so will, eine geostrategische Einordnung verschiedener Schritte geliefert, die Washington damals längst unternommen oder zumindest in Planung hatte. Einer der wichtigsten davon ist die NATO-Osterweiterung gewesen. Sie wurde vorbereitet durch zwei Zusammenschlüsse, die offiziell den Übergang in eine Ära friedlicher Kooperation nach all den Jahren

2. DIE US-AMERIKANISCHE RUSSLANDPOLITIK

harter Konfrontation im Kalten Krieg ermöglichen sollten. Der erste der beiden wurde am 20. Dezember 1991 als Dialogforum zwischen der NATO, der Sowjetunion und den einst sozialistischen Staaten Ost- und Südosteuropas gegründet: der Nordatlantische Kooperationsrat (North Atlantic Cooperation Council, NACC).[167] Stolz berichtet das westliche Kriegsbündnis noch heute, mitten auf dem Gründungstreffen habe der Vertreter der Sowjetunion plötzlich verkündet, sein Land löse sich soeben auf; er selbst repräsentiere nun »nur noch die Russische Föderation«.[168] Worauf zielte die Gründung des NACC? Nun, es galt, die Staaten Ost- und Südosteuropas vorsichtig an die NATO heranzuführen, ohne Moskau allzusehr zu verschrecken. Eine gewisse Vorsicht war angesagt, denn die Systemtransformation musste erst noch sicher über die Bühne gebracht werden: Noch standen sowjetische Truppen in den Ländern der ehemaligen Warschauer Vertragsorganisation, nicht zuletzt in der ehemaligen DDR; und konnte man sicher sein, dass die Transformation insbesondere in Russland wirklich unumkehrbar war? Ein kooperativer Gestus war also vorläufig angesagt; offiziell war deshalb viel von der »Vision« eines »Systems kooperativer Sicherheit« die Rede, und man nahm Moskau in den NACC mit auf.[169]

Der nächste Schritt war die Gründung der »Partnerschaft für den Frieden« (Partnership for Peace, PfP) im Januar 1994. Ihr traten diejenigen Staaten Ost- und Südosteuropas bei, die dem NACC angehörten, darüber hinaus aber binnen weniger Jahre auch die formal neutralen Staaten Finnland, Schweden, Irland, Österreich und Malta. Sogar die Schweiz wurde assoziiertes Mitglied der PfP. Beschränkte sich die Zusammenarbeit im Nordatlantischen Kooperationsrat auf Dialog und Beratung, so ging – und geht – es bei der »Partnerschaft für den Frieden« auch um Praktisches aller Art – bis hin zu militärischen Ausbildungs- und Trainingsprogrammen und zu Großmanö-

---

167 Der North Atlantic Cooperation Council wurde 1997 in den Euro-Atlantic Partnership Council transformiert.
168 North Atlantic Cooperation Council (NACC) (Archived), www.nato.int, 30.1.2017.
169 »Ein phantastischer Wandel«. Der Spiegel 41/1991.

vern. Faktisch ermöglicht die PfP es damit, die Streitkräfte fremder Staaten langsam, aber sicher an die NATO anzunähern, um irgendwann einmal in gemeinsame Kriegseinsätze zu ziehen. Umso bemerkenswerter ist es, dass auch Russland dem Programm beitrat – im Juni 1994. Moskau stellte ab 1995 sogar Truppen für die NATO-geführte Intervention in Bosnien, an der sich zahlreiche PfP-Staaten beteiligten. Für den Westen war das praktisch, denn er konnte Russland damit in einen Militäreinsatz einbinden, der russischen Interessen klar zuwiderlief. Moskau wiederum hoffte, mit einer Beteiligung an der Intervention Einfluss gewinnen und vielleicht wenigstens das aus seiner Sicht Schlimmste verhindern zu können – Schadensbegrenzung also. Allerdings half das nicht viel.

Die NATO-Erweiterung

Nach der Gründung der »Partnerschaft für den Frieden« trennten sich freilich die Wege. 1995 schloss die NATO die Grundsatzdebatte, die sie seit Anfang der 1990er Jahre über ihre Erweiterung geführt hatte, mit der Veröffentlichung einer Studie ab, die festlegte, unter welchen Bedingungen Staaten dem Bündnis beitreten können sollten. Klar war: Die NATO hatte als künftige Mitglieder Länder der früheren Warschauer Vertragsorganisation im Blick. War das zulässig? Die Frage stellte sich durchaus, denn während der Verhandlungen um die Übernahme der DDR durch die BRD hatte es immerhin heftige Auseinandersetzungen darum gegeben, ob das DDR-Territorium in die NATO aufgenommen werden dürfe oder nicht. Der sowjetische Staats- und Parteichef Michail Gorbatschow hatte damals erklärt, »jedwede Ausdehnung der NATO« sei für Moskau »sicherlich inakzeptabel«.[170] Da er sich die vermeintliche Zustimmung des deutschen Bundeskanzlers Helmut Kohl aber nicht schriftlich geben ließ, gingen die Bundesrepublik und die Vereinigten Staaten einfach über die sowjetischen Einwände hinweg: »Zur Hölle damit. Wir haben uns durchgesetzt, sie nicht. Wir können nicht zulassen, dass die Sowjets

---

170 Sarotte, Mary Elise: A Broken Promise? What the West Really Told Moscow About NATO Expansion. In: Foreign Affairs. Volume 93, Number 5. September/October 2014. S. 90-97. Hier: S. 92f.

die Niederlage in letzter Minute abwenden«, äußerte US-Präsident George H. W. Bush bei einem Treffen mit Kohl am 24./25. Februar 1990.[171] Nun war damals die Warschauer Vertragsorganisation noch nicht aufgelöst, weshalb ein etwaiger Beitritt ihrer Mitgliedstaaten zur NATO offiziell nicht zur Debatte stehen konnte. Klar war jedoch, dass Moskaus Ablehnung gegenüber »jedweder Ausdehnung der NATO« inhaltlich auch eine etwaige Erweiterung des Bündnisses um die Staaten Ost- und Südosteuropas betraf.

Die NATO hat sich davon nicht abhalten lassen. Auf ihrem Gipfeltreffen am 8./9. Juli 1997 in Madrid bot sie Polen, der Tschechischen Republik und Ungarn offiziell Beitrittsverhandlungen an. Um einen ernsthaften Konflikt mit Moskau zu vermeiden, hatte sie sich zuvor darauf eingelassen, die »Grundakte über gegenseitige Beziehungen, Zusammenarbeit und Sicherheit zwischen der Nordatlantikvertrags-Organisation und der Russischen Föderation« zu verabschieden. »Die NATO und Russland betrachten einander nicht als Gegner«, heißt es in dem Dokument, das am 17. Mai 1997 unterzeichnet wurde: »Sie verfolgen gemeinsam das Ziel, die Spuren der früheren Konfrontation und Konkurrenz zu beseitigen und das gegenseitige Vertrauen und die Zusammenarbeit zu stärken.« Neben warmen Worten enthielt das Papier einige Vorschläge für die Zusammenarbeit – etwa im Anti-Terror-Kampf, bei der Rüstungskontrolle sowie im Zivil- und Katastrophenschutz –, bevor Russland dann ein paar windelweiche Zugeständnisse erhielt; sie sollten seinen Sorgen Rechnung tragen, die NATO könne ihre Truppen künftig immer näher an seiner Westgrenze stationieren. Das Kriegsbündnis bekräftigte also, es habe aktuell »nicht die Absicht, keine Pläne und auch keinen Anlass«, »nukleare Waffen im Hoheitsgebiet neuer Mitglieder zu stationieren«; außerdem nehme es »in dem gegenwärtigen und vorhersehbaren Sicherheitsumfeld« seine »kollektive Verteidigung und andere Aufgaben eher dadurch wahr«, dass es auf »Interoperabilität, Integration und Fähigkeit zur Verstärkung« setze, als dass es »zusätzliche Kampftruppen dauerhaft« in Osteuropa stationiere. »Keine Absicht«, »im vorherseh-

---

171 Ebd. S. 94.

baren Sicherheitsumfeld«, »eher durch Interoperabilität«: Das waren schwammige Formulierungen, die nicht trugen. Während die ersten Staaten der einstigen Warschauer Vertragsorganisation den Weg in das Bündnis antraten, erhielt Russland im Kern nur eine Art wässrigen Nichtangriffsvertrag.[172]

Die NATO hat ihre Osterweiterung Schritt für Schritt durchgezogen. Am 12. März 1999 wurden Polen, Tschechien und Ungarn Bündnismitglieder; unmittelbar darauf wurden erste Vorbereitungen für die nächste Beitrittsrunde getroffen. Im Gegenzug durfte Russland im Jahr 2001 eine Ständige Vertretung bei der NATO in Brüssel einrichten; im Mai 2002 wurde der NATO-Russland-Rat geschaffen, der regelmäßige Konsultationen beider Seiten vorsah – vor allem in Krisenzeiten. Das transatlantische Bündnis erweiterte seine kontinentale Basis dann am 29. März 2004 um sieben weitere Staaten (Estland, Lettland, Litauen, Slowakei, Slowenien, Rumänien, Bulgarien) und machte sich dabei im Baltikum erstmals auf einst sowjetischem Territorium breit. Am 1. April 2009 folgte die Aufnahme Albaniens und Kroatiens, am 5. Juni 2017 diejenige Montenegros. Montenegro? Das erstaunt: Die Streitkräfte des Landes umfassen nur knapp 2.000 Soldaten; die militärische Infrastruktur, die Podgorica anbieten kann, ist schwach. Wieso nimmt man ein solches Land in ein Kriegsbündnis auf, zumal dann, wenn erhebliche Teile seiner Bevölkerung gegen den Schritt protestieren und sich laut Umfragen rund die Hälfte der Einwohner dagegen ausspricht? Ganz einfach: Es geht ums Prinzip. »Zwar ist der Beitrag, den Montenegro zur NATO leisten kann, verschwindend gering«, räumte schon im Jahr 2015 Karl-Heinz Kamp, der Präsident der Bundesakademie für Sicherheitspolitik (BAKS), ein; doch sei sein Beitritt zum Bündnis »vor allem ein politisches Signal auch gegenüber Russland, dass man ... kein russisches Veto gegenüber dem Prinzip der freien Bündnis-

---

172 Zu diesem Urteil kommt eine Studie des Bundesinstituts für ostwissenschaftliche und internationale Studien (BIOst), das 2001 in der Stiftung Wissenschaft und Politik (SWP) aufging: Alexandrova, Olga: Die Partnerschaft NATO-Ukraine. Bundesinstitut für ostwissenschaftliche und internationale Studien. Aktuelle Analysen Nr. 44/1997, 25.8.1997.

wahl akzeptiert«.[173] Es ging also in hohem Maße darum, einmal mehr klarzustellen, wer die Geschicke Europas bestimmt.

Kein russisches Veto – das bezog sich vor allem auf den Streit um die Aufnahmewünsche Georgiens und der Ukraine, die in Moskau alle Alarmglocken schrillen ließen. Nähme die NATO auch nur eines der beiden Länder auf, dann rückte sie – nach dem Baltikum – an einer zweiten Stelle direkt an die russische Grenze vor. Dabei handelt es sich um hochsensible Regionen. Georgien grenzt an den notorisch instabilen russischen Nordkaukasus. Für die Ukraine wiederum gilt, wie es im Dezember 2013 der US-Think-Tank Stratfor formulierte: Nach ihrem »Verlust ... aus seinem Orbit wäre Russland nicht mehr zu verteidigen«.[174] Natürlich setzt Moskau alles daran, den NATO-Beitritt der beiden Länder zu verhindern. Der Streit war bereits 2008 eskaliert, als vor allem US-Präsident George W. Bush darauf drang, den zwei Staaten auf dem NATO-Gipfel vom 2. bis zum 4. April in Bukarest die Aufnahme in den Membership Action Plan des Bündnisses zu gewähren; das wäre der erste Schritt in Richtung auf einen förmlichen Beitritt gewesen. Bush wurde damals kühl und entschlossen ausgebremst – allerdings nicht von Moskau, sondern von Berlin. Der Grund: Die Bundesregierung orientierte ihrerseits auf die EU-Assoziierung Georgiens und der Ukraine. Während die Assoziierung Deutschland den Weg zur unangefochtenen Vormachtstellung bahnen sollte, hätte eine Aufnahme in die NATO vor allem den Vereinigten Staaten neuen Einfluss beschert. Entsprechend legte Bundeskanzlerin Merkel trotz wütender Proteste aus Washington ihr Veto ein.

Das neue Great Game
Das hieß nun freilich nicht, dass die USA im südwestlichen und im südlichen Umfeld Russlands untätig blieben – ganz im Gegenteil. Sie hatten sich schon längst im Südkaukasus und in Zentralasien – in Brzezinskis »eurasischem Balkan« also – tatkräftig zu schaffen

---

173 Kamp, Karl-Heinz: Die Agenda des NATO-Gipfels von Warschau. Arbeitspapier Sicherheitspolitik Nr. 9/2015. S. 4.
174 Ukraine's Demonstrations Heat Up. Stratfor Geopolitical Diary 10.12.2013.

gemacht. Eine Vorreiterrolle hatten dabei Erdölkonzerne inne; das lag aufgrund der immensen Erdölvorkommen im Kaspischen Becken durchaus nahe. Chevron etwa hatte das 1979 entdeckte riesige Tengiz-Erdölfeld im Nordosten des Kaspischen Meeres bereits in den 1980er Jahren in den Blick genommen – zunächst freilich ohne Aussicht, dort zum Zuge zu kommen, wenngleich Washington diesbezüglich schon damals immer wieder in Moskau vorsprach.[175] 1990 kam Bewegung in die Dinge: Während eines Besuchs in den Vereinigten Staaten unterzeichnete Gorbatschow eine Absichtserklärung, der zufolge die Sowjetunion das Feld gemeinsam mit US-Firmen entwickeln wolle; Chevron durfte Verhandlungen darüber aufnehmen. 1991 einigte sich der US-Konzern mit Kasachstan, das gerade dabei war, die Sowjetunion zu verlassen, auf die Gründung eines Joint Ventures zur Ausbeutung von Tengiz; am 6. April 1992 wurde die Sache schließlich in der damaligen kasachischen Hauptstadt Almaty in aller Form beschlossen. Chevron war damit der erste westliche Erdölkonzern, der Zugriff auf die kaspischen Ressourcen erhielt. Weitere folgten. Die Branche verfiel in ein regelrechtes Gründerfieber: Die Region sei »die größte noch unerkundete und unterentwickelte Erdölprovinz der Welt«, schwärmte BP-Chef John Browne noch 1998.[176] Es gab viel zu holen, auch wenn, wie der Kaukasus-Experte Uwe Halbach von der Stiftung Wissenschaft und Politik (SWP) im Jahr 2002 konstatierte, Ende der 1990er Jahre viele »anfänglich übertriebene, von politischen Einflüssen verzerrte Schätzungen nach unten korrigiert« werden mussten.[177]

Dass so manche Schätzung in den 1990er Jahren von politischen Einflüssen verzerrt war, das war kein Wunder. Die drei Staaten des Südkaukasus und die fünf Staaten Zentralasiens, die gerade erst aus

---

175 Feddersen, Gustavo Henrique; Zucatto, Giovana Esther: Infrastructure in Central Asia: Energy and Transportation Controversies. In: UFRGS-MUN/UFRGS Model United Nations Journal v1/2013. S. 159-181. Hier: S. 161f.
176 Zitiert nach: Halbach, Uwe: Der Kaspische Raum – Zwischen »Great Game« und Seidenstraße, www.blz.bayern.de (pdf). S. 1.
177 Ebd.

2. DIE US-AMERIKANISCHE RUSSLANDPOLITIK

der zerfallenden Sowjetunion hervorgegangen waren, waren zunächst vor allem bemüht, ihre Eigenständigkeit zu konsolidieren; dazu suchten sie ihre bisher fast ausschließliche Orientierung nach Moskau durch neue Bindungen an andere Mächte zu diversifizieren. Dabei boten sich der Westen und ganz besonders die Vereinigten Staaten an. Deren Motivation, im Kaukasus und in Zentralasien Präsenz zu zeigen, hat im Januar 1996 exemplarisch Ariel Cohen erläutert, ein Experte der Heritage Foundation. Moskau, das Ende 1991 riesige Territorien abgetreten hatte, sei schon Anfang 1992 bestrebt gewesen, seinen verbliebenen Einfluss im Südkaukasus und in Zentralasien zu festigen, erklärte Cohen; südlich seiner neuen Grenzen habe es »fieberhafte Aktivitäten« entfaltet, um die verloren gegangenen Gebiete wenigstens politisch und ökonomisch eng an sich zu binden. Es gehe um nichts Geringeres als darum, behauptete der Heritage-Experte, ein russisches »Imperium wiederzuerrichten«.[178] Das aber durfte nicht sein. Denn wäre, orakelte Cohen, »ein neo-imperialistisches Russland« nicht eine fürchterliche Gefahr für den Mittleren Osten, für Europa und sogar für die USA? Würde »die Dominanz über den Kaukasus« Moskau nicht »näher an den Balkan, an das Mittelmeer bringen«? Mit der Realität des kollabierten, wirtschaftlich vollständig am Boden liegenden russischen Staates hatten derlei Fantasien nicht viel zu tun. Doch immerhin hielt Cohen fest, worum es eigentlich ging: um die machtpolitische Kontrolle der gesamten Region. Der Kampf um die dortigen Erdölvorräte war ein geeignetes Instrument dazu.

Schon früh tauften Beobachter den Machtkampf in Erinnerung an das britisch-russische Ringen um Einfluss in Zentralasien im 19. Jahrhundert (»Great Game«) das »Neue Great Game«. Es fokussierte dabei nicht nur auf die Erdöl- und Erdgasfelder des Kaspischen Beckens, sondern recht bald auch auf den Südkaukasus. Der Grund: Das seit der Sowjetzeit bestehende Pipelinesystem leitete die Rohstoffe des Kaspischen Beckens über russisches Territorium nach Westen ab. Wollte man Moskau aber umfassend entmachten, dann musste man ihm die

---

178 Cohen, Ariel: The New »Great Game«: Oil Politics in the Caucasus and Central Asia. The Heritage Foundation Backgrounder No. 1065. January 25, 1996. S. 8-10.

Kontrolle nicht nur über die Rohstoffquellen, sondern auch über den Ressourcentransport entziehen; man benötigte also neue Transportkorridore am russischen Territorium vorbei. Unter den verschiedenen Varianten, die in den 1990er Jahren im Gespräch waren – darunter auch der Bau einer Pipeline über Afghanistan und Pakistan an den Indischen Ozean –, setzte sich letztlich diejenige durch, die den Bau von Pipelines aus Aserbaidschan über Georgien und die Türkei bis ans Mittelmeer vorsah. Basierend auf Vorschlägen des türkischen Premierministers Süleyman Demirel aus dem Jahr 1992 und einer ersten Einigung zwischen der Türkei und Aserbaidschan im Jahr 1993, kam es am 29. Oktober 1998 zur Unterzeichnung einer Erklärung (»Ankara Declaration«), in der sich die Türkei, Georgien, Aserbaidschan, Kasachstan und Usbekistan grundsätzlich auf die Baku-Tbilisi-Ceyhan-Pipeline (»BTC«) einigten. Anwesend war bei dem Event nicht zuletzt US-Energieminister Bill Richardson, der die entschlossene US-Unterstützung für das Projekt folgendermaßen erklärte: »Wir versuchen diese neuen unabhängigen Länder in Richtung Westen zu bewegen. ... Wir würden sie lieber in Abhängigkeit von westlichen kommerziellen und politischen Interessen sehen als auf einem anderen Weg.« Es gehe bei der BTC-Pipeline eben keineswegs nur ums Öl; man müsse die Röhre vielmehr »in einem breiteren politischen und ökonomischen Kontext« sehen.[179]

Die BTC-Pipeline ist dann – vergleichsweise – rasch gebaut worden. Am 18. November 1999 unterzeichneten die Präsidenten der Türkei, Georgiens und Aserbaidschans in Anwesenheit von US-Präsident Bill Clinton in Istanbul die Regierungsvereinbarung darüber. Am 18. September 2002 fiel der Startschuss für den Bau; am 25. Mai 2005 konnte die Röhre offiziell eingeweiht werden. Am 28. Mai 2006 begann das Betreiberkonsortium unter Führung von BP dann endlich, im türkischen Mittelmeerhafen Ceyhan das erste Tankschiff zu beladen. Seit einer 2009 beendeten Erweiterung ist die Pipeline in der Lage, bis zu 1,2 Millionen Barrel Erdöl täglich zu transportieren; sie

---

179 Karrar, Hasan H.: The New Silk Road Diplomacy. China's Central Asian Foreign Policy since the Cold War. Vancouver 2009. S. 78 ff.

2. DIE US-AMERIKANISCHE RUSSLANDPOLITIK

ist für den Westen ein Erfolg geworden. Allerdings lässt sich das für andere Vorhaben im südlichen Umfeld Russlands nicht sagen. So ist der Plan, auch eine Erdgaspipeline aus dem Kaspischen Becken nach Europa zu bauen, gescheitert. Zwar unterzeichneten Erdölkonzerne aus der Türkei (Botaş), Bulgarien (Bulgargaz), Rumänien (Transgaz), Ungarn (MOL) und Österreich (OMV) im Oktober 2002 eine Vereinbarung zum Bau einer Röhre, die »Nabucco« heißen sollte – benannt nach der berühmten Oper von Giuseppe Verdi, die das Sehnen des antiken jüdischen Volkes nach der Befreiung aus der babylonischen Gefangenschaft schildert. Die Anspielung auf die »Befreiung« des kaspischen Erdgases aus »russischer Gefangenschaft« lag auf der Hand. Der Bau der Nabucco-Pipeline ist jedoch nicht zustande gekommen.[180] Das lag auch daran, dass Russland in den 2000er Jahren wieder erstarkte und sich wehren konnte. Der Misserfolg ist ein Paradebeispiel für den alten politischen Lehrsatz, dass man Nägel mit Köpfen machen soll, solange der Gegner am Boden liegt.

Ist es den Vereinigten Staaten – teilweise gemeinsam mit anderen westlichen Mächten – gelungen, im Kaukasus und in Zentralasien über den Rohstoffsektor einigen Einfluss zu gewinnen, so kam nach dem 11. September 2001 ein weiteres Mittel hinzu: der »Anti-Terror-Krieg«. Im Vorfeld des Afghanistan-Kriegs hatte Washington sich die Genehmigung erteilen lassen, zwei Luftwaffenstützpunkte in Zentralasien zu leasen – die Basis Karshi-Khanabad im Süden Usbekistans und die Basis Manas in Kirgisistan unweit der Hauptstadt Bischkek. Hieß es offiziell zunächst, man benötige die Stützpunkte lediglich für den Krieg am Hindukusch und werde danach wieder abziehen, so setzte sich die US-Luftwaffe auf beiden Flugplätzen fest. Zudem gelang es, Usbekistan in das geheime Programm einzubeziehen, in dessen Rahmen die CIA Terrorverdächtige verschleppen und in Drittstaaten foltern ließ; dies brachte eine enge Zusammenarbeit mit den usbekischen Geheimdiensten und Repressionsbehörden mit sich. Der Versuch, sich auf repressiv-militärischer Ebene fest in Zentralasien zu

---

180 Kronauer, Jörg: Allzeit bereit. Die neue deutsche Weltpolitik und ihre Stützen. Köln 2015. S. 111 ff.

verankern, scheiterte jedoch. Bereits im Jahr 2005 mussten die US-Truppen den Stützpunkt im usbekischen Karshi-Khanabad verlassen; im Juni 2014 zogen sie schließlich nach der Weigerung Bischkeks, den Leasingvertrag zu verlängern, auch aus dem kirgisischen Manas ab. »Das Wiedererstarken des russischen Einflusses in der Region« sei dabei »der Schlüsselfaktor« gewesen, urteilte das auf Asien spezialisierte Portal *The Diplomat*. Moskau stufe »den Abzug der amerikanischen Streitkräfte als geopolitisch signifikant für sein Ziel« ein, »sich wieder als einzige dominante Macht in Zentralasien zu etablieren«.[181]

Farbrevolutionen
War die Hauptursache für den US-Abzug aus Kirgisistan russischer Druck auf Bischkek gewesen, so lagen die Dinge beim Abzug aus Usbekistan anders: Die Entscheidung Taschkents, die US-Truppen aus dem Land zu werfen, war vor allem eine Reaktion auf die damaligen sogenannten Farbrevolutionen. Farbrevolutionen – das waren Umstürze und Umsturzversuche in mehreren Ländern der ehemaligen Sowjetunion, für die die Entmachtung des jugoslawischen Präsidenten Slobodan Milošević am 5. Oktober 2000 das Vorbild war. Das Schema der Farbrevolutionen glich sich: Prowestliche Oppositions-Organisationen schürten breite, anhaltende Proteste, die früher oder später in Massendemonstrationen mündeten; sie wurden dabei von Stiftungen vor allem aus den Vereinigten Staaten, aber auch aus anderen westlichen Ländern wie der Bundesrepublik finanziert, sie erhielten praktische Unterstützung von dort, und sie konnten sich auf politische Rückendeckung durch westliche Regierungen verlassen. Berühmtheit erlangt hat die jugoslawische Organisation Otpor, die bei den Protesten eine führende Rolle spielte, die letztlich zu Miloševićs Sturz führten. Otpor hat Farbrevolutionen auch in anderen Ländern angeleitet; über sie hat sich einmal ein Mitarbeiter des US-Think-Tanks Stratfor in einer internen, von WikiLeaks veröffentlichten E-Mail geäußert. »Nachdem sie Milošević gestürzt hatten, wurden die Kids,

---

181 Pillalamarri, Akhilesh: The United States Just Closed Its Latest Base in Central Asia, https://thediplomat.com, 10.6.2014.

die Otpor geleitet hatten, erwachsen, bekamen Anzüge und entwickelten CANVAS – das Center for Applied Non-Violent Action and Strategies«, schrieb der Mann. Otpor/CANVAS sei »eine ›export-a-revolution‹-Gruppe, die die Saat für eine Anzahl von Farbrevolutionen« ausgebracht habe. »Sie hängen immer noch an US-Finanzierung und reisen im Prinzip um die Welt, um Diktatoren und autokratische Regierungen zu stürzen (welche, die die USA nicht mögen)«, setzte der Stratfor-Mitarbeiter seine Schilderung fort: »Sie gehen und machen einen Laden in einem Land auf und versuchen, die Regierung zu stürzen. Wenn man sie richtig nutzt, sind sie mächtiger als eine Flugzeugträger-Kampfgruppe.«

Selbstverständlich kann keine Organisation in Staaten, in denen alles zum Besten steht, Unruhen oder gar eine Umsturzbewegung aus dem Boden stampfen. Allerdings kann man in Ländern, in denen ohnehin starke gesellschaftliche Spannungen bestehen, Proteste anheizen und sie politisch formieren. Erhebliche soziale Spannungen gab es in den 2000er Jahren in einer ganzen Reihe von Ländern, die einst der Sowjetunion angehört hatten, und das war kein Wunder: Das Ende des Sozialismus hatte eben nicht Frieden, Freiheit und Wohlstand gebracht, sondern weithin Armut und miserable Lebensperspektiven – und mittendrin eine meist dünne Schicht urbaner, prowestlich orientierter Mittelschichten, deren Aufstiegswünsche in vielen Fällen an korrupten Bürokraten und mächtigen Oligarchen scheiterten. Stabile Systeme sehen anders aus. In Georgien traten im Jahr 2003 junge Aktivisten mit ihrer Organisation Kmara, trainiert von Otpor-Aktivisten, finanziert vor allem von US-Organisationen wie dem Open Society Institute des George Soros[182], Unruhen los, die im November kulminierten und schließlich am 23. November 2003 zum Rücktritt von Präsident Eduard Schewardnadse führten. Der georgischen »Rosenrevolution« – der Name war perfekte PR – folgten Ende 2004 die »Orange Revolution« in der Ukraine und im März 2005 in Kirgisistan die »Tulpenrevolution«; beide waren nach dem erfolgreichen georgischen Vorbild modelliert. Bemühungen – wenn

---

182 Vgl. etwa: Die Revolutions-GmbH. Der Spiegel 46/2005. S. 178-199.

auch vergebliche –, eine weitere Farbrevolution zu starten, hatte es außerdem in Belarus gegeben. Die Sache sah nach einer Kettenreaktion aus, bei der jeweils prowestliche Kräfte ans Ruder kamen – und Russland weiter an Einfluss verlor.

Dann kam der Mai 2005. In Usbekistan gärte es. Zwar waren die Unruhen, die dort aufflackerten, nicht prowestlich geprägt, aber für die Regierung war die Lage dennoch ernst – umso mehr, als sich am 10. Mai US-Präsident George W. Bush mit einer Ansprache zu Wort meldete, die selbst die kühl analysierende Stiftung Wissenschaft und Politik (SWP) eine »Brandrede« nannte.[183] Zum Zeitpunkt der Rede hatten die Vereinigten Staaten westlich von Russland die NATO erweitert, teilweise – im Baltikum – bis an die russische Grenze; im Kaukasus und in Zentralasien hatten sie auf dem Energiesektor, dem zentralen Feld der dortigen Wirtschaft, fest Fuß gefasst und zudem zwei Militärstützpunkte in Betrieb genommen. Und nun lobte der US-Präsident in öffentlicher Rede das Georgien der »Rosenrevolution« als »Leuchtfeuer der Freiheit« und schwärmte von »jugendlichem Freiheitsverlangen«, das die politischen Verhältnisse im Kaukasus und in Zentralasien umstürzen werde. An den folgenden beiden Tagen eskalierten die Unruhen nun auch in Usbekistan. Die Reaktion der Regierung war furchtbar: Die Repressionskräfte verübten ein Massaker, bei dem mehrere hundert Demonstranten ums Leben kamen; die genaue Zahl der Todesopfer ist unbekannt. Das Regime hatte jeglichen Umsturzversuchen den brutalstmöglichen Riegel vorgeschoben. Nur wenige Wochen später entzog Präsident Islam Karimow Washington den Luftwaffenstützpunkt Karshi-Khanabad und schickte die US-Truppen heim.

Die deutsche Frage
Washington hat diesen Rückschlag natürlich nur widerstrebend hingenommen. Es ist einer seiner ersten Rückschläge im unmittelbaren Umfeld Russlands gewesen; weitere sind ihm gefolgt. Allerdings ha-

---

183 Halbach, Uwe: Usbekistan als Herausforderung für westliche Zentralasienpolitik. SWP-Studie S26. Berlin, September 2006. S. 21 f.

ben die USA, meist gemeinsam mit anderen westlichen Staaten, immer wieder auch Siege im Machtkampf gegen Moskau erzielt – den vielleicht wichtigsten mit dem Umsturz in der Ukraine Ende Februar 2014, der im Kern eine Neuauflage der altbekannten Farbrevolutionen war.[184] Auf ihn haben US-Strategen in der Tat ganz besonderen Wert gelegt. Ein Grund dafür ist derjenige, den Zbigniew Brzeziński in »The Grand Chessboard« nannte – nämlich, dass Russland es ohne die Ukraine nie wieder schaffen könne, »Anführer eines durchsetzungsfähigen eurasischen Imperiums zu sein«.[185] Einen anderen Grund hat George Friedman betont. Friedman, ein bekannter US-Geostratege, stammt wie Brzeziński aus Osteuropa. Er wurde am 1. Februar 1949 als Sohn zweier Holocaust-Überlebender geboren, die wenig später dem sozialistischen Ungarn den Rücken kehrten und in die Vereinigten Staaten übersiedelten. Nach einem Studium an der renommierten Cornell University betätigte er sich eine Zeitlang als Berater unter anderem beim US-Militär, bis er 1996 den Think-Tank Stratfor mit Sitz in Austin (Texas) gründete, den er bis 2015 leitete. Seit 2015 gibt er die Onlineplattform *Geopolitical Futures* heraus.

2015 hat Friedman unter dem Titel »Flashpoints« ein Buch publiziert, das sich mit der Krise der EU befasst. Die EU sei besonders wichtig für Deutschland, die dominierende Macht auf dem Kontinent, und für die deutsche Exportindustrie, hielt er fest. Was aber, wenn sie kollabiere? Deutschland werde sich dann neu orientieren müssen, konstatierte der US-Stratege. Eine Option habe für das deutsche Establishment bekanntlich immer darin bestanden, sich nach Russland zu wenden – im frühen Kaiserreich etwa oder in der Weimarer Republik mit dem Vertrag von Rapallo.[186] Und heute? Friedman hatte natürlich die immer intensiveren deutsch-russischen Erdgasdeals im Blick. Er hätte auch die Ansätze zu einer deutsch-russischen Rüstungskooperation nennen können und den im November 2011 bei Rheinmetall eingegangenen Auftrag, ein Hightech-Gefechtsübungs-

---

184 Vgl. Kapitel 4.1.
185 Brzezinski 1997. S. 92.
186 Vgl. Kapitel 1.1.

zentrum in Mulino westlich von Nischni Nowgorod zu errichten – jenes Geschäft also, von dem sich die Düsseldorfer Waffenschmiede »Folgebeauftragungen aus der Russischen Föderation«[187] erhoffte, das im US-Establishment aber mit allergrößter Skepsis beobachtet worden war. War da, sämtlichen anderslautenden Bekundungen aus Berlin zum Trotz, wieder ein deutsch-russisches Bündnis im Entstehen? Drohte, wie Friedman es formulierte, das eurasische »Mainland« sich mit der europäischen »Halbinsel« zu verbünden?[188] Bahnte sich also wieder einmal an, wovor schon Halford Mackinder einst in seiner »Heartland«-Theorie gewarnt hatte?

Als Friedman am 3. Februar 2015 nach einem Vortrag vor dem Chicago Council on Global Affairs gebeten wurde, seine Einschätzung zur künftigen Entwicklung Europas mitzuteilen, bekannte er: »Die Frage, auf die wir keine Antwort haben, lautet: Was wird Deutschland tun?«[189] Es sei »die Urangst« der Vereinigten Staaten – und hier meinte man in der Tat Mackinder zu hören –, dass sich Deutschland, »deutsche Technologie, deutsches Kapital« mit Russland, »russischen Rohstoffen«, »russischer Arbeitskraft« verbinde: »Das ist die einzige Kombination, die seit Jahrhunderten die Vereinigten Staaten zu Tode erschreckt hat.« Washington habe »seine Karten offen auf den Tisch gelegt«: Es wolle die Kontrolle über einen Staatengürtel vom Baltikum bis zum Schwarzen Meer erlangen; darum gehe es ihm im Ukraine-Konflikt. Auch das hätte Mackinder, einen verlässlichen Puffer zwischen Deutschland und Russland anstrebend, kaum anders formuliert. Und Berlin? »Wer mir sagen kann, was die Deutschen tun werden, der erklärt mir damit die Geschichte der nächsten 20 Jahre«, fuhr Friedman fort. »Leider« aber hätten sich »die Deutschen ihre Meinung noch nicht abschließend gebildet«. Wollten sie im Westen verankert bleiben? Wollten sie sich mit Russland zu-

---

187 Rheinmetall mit Großauftrag erfolgreich in Russland, www.rheinmetall-defence.com, 24.11.2011.

188 Friedman, George: Flashpoints. The Emerging Crisis in Europe. Melbourne/London 2015. S. 162 ff.

189 Ein Audiomitschnitt findet sich auf: www.thechicagocouncil.org/event/europe-destined-conflict.

sammentun? »Das ist seit 1871 immer die deutsche Frage gewesen«, kommentierte Friedman, der – sich über die Antwort im Unklaren – wohl froh über Washingtons starken Einfluss auf das gewendete Kiew als Faustpfand gegen ein deutsch-russisches Bündnis war. »Die deutsche Frage«, schloss er, »wird die nächste sein, mit der wir uns beschäftigen müssen.«

3.
»Großeuropa kam nicht zustande«

Die russische Westpolitik

Es war eine heterogene Bewegung, die sich da zusammenfand um die Autoren des Buches »Ischod k Wostoku« (»Exodus nach Osten«). Vier junge Männer, russische Emigranten, hatten es 1921 veröffentlicht, in Sofia im bulgarischen Exil, wohin es sie nach der Oktoberrevolution verschlagen hatte. Aufwühlende Fragen trieben sie um, den Linguisten Nikolai Trubezkoj, der einer alten, einflussreichen russischen Adelsfamilie entstammte, den Geographen Pjotr Sawizkij, der an einer Art russischem Gegenstück zu Halford Mackinders Heartland-Theorie[190] arbeitete, den orthodoxen Theologen Georgij Florowskij und den Musikkritiker Pjotr Suwtschinskij, einen Freund des Komponisten Igor Strawinskij: Was war mit Russland eigentlich seit 1917 geschehen, wie hatte es zum Sturz des Zaren, zur Revolution, zur Zerschlagung des russischen Territoriums im Diktatfrieden von Brest-Litowsk[191], zu den mörderischen Wirren des Bürgerkriegs kommen können? Weshalb hatten die alten Eliten, denen die vier Emigranten entstammten, so sehr versagt, welche gewaltige Kraft brach in den aktuellen Umwälzungen durch? Wie war es zur totalen Explosion der Gesellschaft gekommen, in der sie aufgewachsen waren?[192] Und vor

---

190 Vgl. Kapitel 2.1. Zu Sawitzkij vgl. Nicolas, G.; Sériot, P.; Lavroukhin, V.; Vullioud, V.; Wenker, L.: La Russie-Eurasie d'après Savitsky. In: Cahiers de géographie du Québec, vol. 42, no 115 (1998). S. 67-91.

191 Vgl. Kapitel 1.1.

192 Vgl. Laruelle, Marlène: Russian Eurasianism. An Ideology of Empire. Baltimore 2008. S. 17 ff.

allem aber: Wie sollte es mit Russland weitergehen – musste man auf die Konterrevolution setzen, oder bot die Revolution etwa doch eine Chance, und wenn ja, welche?

Trubezkoj, Sawizkij, Florowskij und Suwtschinskij vertraten 1921 in ihrem Sammelband »Ischod k Wostoku« und auch in den folgenden Jahren die These, die alte russische Elite sei mit ihrer Orientierung an Westeuropa, an der dortigen Kultur, Wirtschaft und Politik gescheitert, und das aus einfachem Grund. Stets sei die westeuropäische, die romanisch-germanische Welt als Ideal gelobt worden, immer habe die russische Elite sich an ihr ausgerichtet – und damit habe sie eine Kluft zwischen sich und der breiten Masse der Bevölkerung geschaffen: »Die russischen Menschen und die Menschen der Völker der ›Russländischen Welt‹ sind weder Europäer noch Asiaten«, war in der Einleitung zu »Ischod k Wostoku« zu lesen; weil sie allerdings mit »Kultur- und Lebenselementen« in Ost und West »verschmolzen« seien, »schämen wir uns nicht, uns als Eurasier zu betrachten« – also als etwas Eigenständiges zwischen den großen Polen auf beiden Seiten des russischen Staats.[193] Immer wieder sei in der russischen Geschichte der eurasische Charakter der Bevölkerung, geprägt durch das riesige Reich mit seinen vielfältigen Teilkulturen, in Aufständen gegen die auf Westeuropa fixierten Eliten durchgebrochen, zuletzt in der Oktoberrevolution. In ihr zeige sich vor allem »Russlands Rückzug aus dem Rahmen einer europäischen Existenz«, urteilte der Geograph Sawizkij; sie habe »frische, unverbrauchte Energie« freigesetzt, schwärmte der Musikkritiker Suwtschinskij.[194] Der Marxismus sagte den vier Autoren so gar nicht zu; die Hoffnung aber, er werde sich auf die Dauer nicht halten können und vielleicht doch noch einer »eurasischen« Gesellschaft weichen, für die die bolschewistische Revolution den Boden geschaffen habe, unterschied sie recht klar von anderen, traditionelleren Konterrevolutionären.

---

193 Zitiert nach: Wiederkehr, Stefan: Die eurasische Bewegung. Köln/Weimar/Wien 2007. S. 34.

194 Zitiert nach: Holt, Katharine M.: The Rise of Insider Iconography: Visions of Soviet Turkmenia in Russian-Language Literature and Film, 1921-1935. New York 2013. S. 35.

Um das Autorenquartett aus Sofia scharte sich rasch eine exilrussische Bewegung, die sich dem Vorhaben widmete, die »kulturelle Hegemonie des Westens« zu brechen und ihre vermeintlich »eurasische«, mystisch dem russischen Territorium verbundene Kultur an deren Stelle zu setzen. In ihren Schriften war viel davon die Rede, dass Westeuropa im Niedergang begriffen sei; Oswald Spenglers Untergang des Abendlandes, dessen erster Band 1918 erschienen war, gefolgt 1922 vom zweiten, fiel bei ihnen auf fruchtbaren Boden. Ihr Bezugspunkt waren weniger die Slawen, sondern vielmehr Russen und »Turanen«, die turksprachigen Bevölkerungsgruppen des Russischen Reichs, etwa die Wolga-Tataren. Russen und Turanen seien zu »Eurasiern« verschmolzen, hieß es immer wieder. Was die Verhältnisse in der Sowjetunion betraf, gingen manche davon aus, dass auf den Kapitalismus eben die sozialistische Antithese gefolgt sei; sie werde jedoch früher oder später von einer »eurasischen« Synthese abgelöst werden. Wenn das stimmte, sollte man dann nicht umgehend in die Sowjetunion zurückkehren und sich dort für die eurasische Sache stark machen? Natürlich waren, ihrem Antikommunismus geschuldet, viele strikt dagegen. An Fragen wie dieser zerbrach in den 1930er Jahren die für eine kurze Zeit unter den russischen Emigranten recht starke eurasische Bewegung. Sie lebte erst in den 1990er Jahren in Russland und einigen Ländern der GUS wieder auf – dazu später.

3.1.
Auf der Suche nach Bündnissen
Die Ära der Westorientierung

Zunächst aber zur offiziellen russischen Politik der 1990er Jahre. Was diese betraf, so war 1991, im Jahr des großen Zerfalls, Eurasien als Konzept ganz weit weg. Am 28. Juni 1991 hatte sich der Rat für gegenseitige Wirtschaftshilfe (RGW) in aller Form aufgelöst; am 1. Juli tat es ihm die Warschauer Vertragsorganisation nach. Die einst sozialistischen Staaten Ost- und Südosteuropas verabschiedeten sich damit offiziell und endgültig aus der Moskauer Hegemonialsphäre. Am

6. September 1991 erkannte die Sowjetunion die Abspaltung der drei baltischen Länder sowie deren Eigenstaatlichkeit an; am 26. Dezember löste sie sich vollends auf und zersplitterte in zwölf weitere Teile von Belarus bis Tadschikistan. Moskau, von nun an nur noch Hauptstadt der Russischen Föderation, verlor die Kontrolle über knapp ein Viertel des sowjetischen Territoriums und über rund die Hälfte der sowjetischen Bevölkerung; das Gebiet, das einst die Grundlage für alle Eurasien-Konzeptionen gewesen war, war zerschlagen. Zwar traten bis 1993 alle aus dem Zerfall der Sowjetunion hervorgegangenen Völkerrechtssubjekte bis auf die baltischen Länder dem lockeren Zusammenschluss »Gemeinschaft Unabhängiger Staaten« (GUS) bei, der zumindest eine gewisse Koordination der einzelnen Territorien ermöglichte. Dies konnte jedoch nicht darüber hinwegtäuschen, dass Moskau jetzt nur noch ein Gebiet beherrschte, das sich – so formulierte es beispielsweise der US-Stratege Zbigniew Brzeziński – im Kaukasus auf dem Stand des frühen 19. Jahrhunderts befand, im Westen sogar lediglich auf dem Stand der Zeit »um 1600, wenig nach der Herrschaft Iwans des Schrecklichen«.[195]

In dem beispiellosen Zerfallprozess setzten die Zirkel um den russischen Präsidenten Boris Jelzin darauf, Moskau in die westlichen Strukturen einzubinden – und dabei schlossen sie sogar die NATO nicht aus. Als am 20. Dezember 1991 Vertreter der NATO-Staaten und der Länder der ehemaligen Warschauer Vertragsorganisation in Brüssel zusammenkamen, um den Nordatlantischen Kooperationsrat (North Atlantic Cooperation Council, NACC) zu gründen, da meldete sich Jelzin mit einem Brief zu Wort, den er auf dem Treffen offiziell verlesen ließ. Von einem »Klima gegenseitigen Verständnisses« war darin die Rede, von »Vertrauen« und einer »Stärkung der Stabilität und der Kooperation auf dem europäischen Kontinent«. Man betrachte die Beziehungen zum Westen, bekundete Jelzin, als etwas »sehr Ernsthaftes« und wolle den Dialog in jeder Hinsicht intensivieren – »auf politischer und auf militärischer Ebene«: »Heute werfen wir die Frage nach Russlands Mitgliedschaft in der NATO auf, auch

---

195 Brzeziński 1997. S. 88.

wenn wir sie als ein langfristiges politisches Ziel betrachten.«[196] Das überraschende Bekenntnis löste in Brüssel Bestürzung aus. Glaubte Jelzin wirklich, dass das westliche Kriegsbündnis nur als Instrument für den Systemkampf gegen die Sowjetunion gegründet worden war und nicht als Mittel gegen jede potenziell konkurrierende Macht im Osten?[197] Musste man Russland, auch wenn es ökonomisch gerade am Boden lag, nicht perspektivisch als eine solche betrachten – mit seinen Atomwaffen und seinem Sitz im UN-Sicherheitsrat? NATO-Generalsekretär Manfred Wörner jedenfalls, völlig aus der Fassung geraten, stammelte auf der anschließenden Pressekonferenz, Jelzin habe ja gar nicht um die Mitgliedschaft im Bündnis gebeten, sondern lediglich eine »Frage aufgeworfen«. Selbstverständlich sei künftig »nichts ausgeschlossen« – man konnte das sich endlich für den Westen öffnende Russland ja kaum in aller Öffentlichkeit vor den Kopf stoßen –, es werde allerdings »genug Zeit« geben, »Beziehungen zu entwickeln«. Beziehungen, wohlgemerkt, keine Mitgliedschaft.

Die Regierung in Moskau hat dennoch ein gutes Jahr an der Vorstellung festgehalten, Russland könne Mitglied im westlichen Bündnis werden. Die NATO sei »einer der Stabilitätsmechanismen in Europa und in der Welt insgesamt«, erklärte Außenminister Andrej Kosyrew Ende Dezember 1991: »Unser Wunsch, mit diesem Mechanismus zusammenzuarbeiten und ihm beizutreten, ist deshalb ganz natürlich.«[198] »Die Nordatlantische Allianz ist jetzt der Garant unserer Sicherheit«, äußerte im Januar 1992 Sergej Blagowolin vom renommierten Moskauer Institut für Weltwirtschaft und internationale Beziehungen (IMEMO): »Wenn wir ihr jetzt beitreten könnten, wäre das der beste Weg, diese Sicherheit zu gewährleisten.«[199] Zufrieden und stolz trat Jelzin denn auch am 1. Februar 1992 in Camp David ge-

---

196 Friedman, Thomas L.: Soviet Disarray. Yeltsin Says Russia Seeks to Join NATO, www.nytimes.com, 21.12.1991.

197 Vgl. Kapitel 2.

198 Zitiert nach: Adomeit, Hannes: Inside or Outside? Russia's Policies Towards NATO. Working Paper der Forschungsgruppe Russland/GUS der Stiftung Wissenschaft und Politik. FG 5 2007/01. Berlin, Januar 2007. S. 4.

199 Ebd. S. 5.

meinsam mit US-Präsident George H. W. Bush vor die Presse, um eine neue Ära der »Freundschaft und Partnerschaft« anzukündigen. »Russland und die Vereinigten Staaten betrachten sich gegenseitig nicht als potenzielle Gegner«, hieß es in einer gemeinsamen Erklärung, die beide Seiten anlässlich des Treffens veröffentlichten: Die bilateralen Beziehungen würden von nun an auf »gegenseitigem Vertrauen und Respekt« gründen.[200] Washington ging es mit der Polit-Lyrik darum, die Umwälzungen in Russland durch dessen Anbindung an den Westen unumkehrbar zu machen, die auch für die USA allzu kostspieligen Atomwaffenarsenale zu verkleinern und etwaige russische Widerstände gegen den Umbau Europas gemäß westlichen Interessen vorsichtig abzufedern. Moskaus Wunsch nach mehr, nach engeren Bindungen in einem gemeinsamen Bündnis, teilte man nicht.

Das Bündnis rückt näher
In Moskau sind die Befürworter eines NATO-Beitritts schon recht bald etwas unsanft auf den Boden der Tatsachen zurückgeholt worden. Zum einen bestätigte sich ziemlich rasch, dass die NATO zwar durchaus Erweiterungswünsche hegte, dass aber für Russland dabei kein Platz vorgesehen war: Niemand im Westen hatte Interesse daran, das Bündnis durch die Einbindung eines möglichen Rivalen potenziell handlungsunfähig zu machen; vielmehr ging es darum, jenem Rivalen durch die Aufnahme zahlreicher ost- und südosteuropäischer Staaten möglichst nahe auf die Pelle zu rücken. Das wiederum schmälerte die NATO-Begeisterung in Moskau. Der damalige Außenminister Kosyrew hat sich im Herbst 2016 daran erinnert, wie Polens Staatspräsident Lech Wałęsa im August 1993 russische Widerstände gegen den geplanten polnischen NATO-Beitritt auszuhebeln suchte: Er lud seinen Amtskollegen Jelzin zu einem abendlichen Vier-Augen-Gespräch völlig ohne protokollarische Formalitäten, dafür aber mit dem einen oder anderen Gläschen Wodka ein. Das sei »ein alter Trick« gewesen, den damals zuweilen »Kasachstans Präsident Nursultan Nasarbajew und

---

200 Wines, Michael: Bush And Yeltsin Declare Formal End to Cold War; Agree to Exchange Visits, www.nytimes.com, 2.2.1992.

einige andere GUS-Bosse angewandt« hätten, um von Moskau Geld zu bekommen, berichtete Kosyrew; und tatsächlich, der Trick funktionierte: Weit nach Mitternacht klingelte Jelzin seinen Außenminister aus dem Bett, um ihm zu beichten, dass er sich von Wałęsa im Verlauf des beschwingten Gesprächs hatte breitschlagen lassen, schriftlich Russlands Zustimmung zur polnischen NATO-Mitgliedschaft zu bestätigen.[201] Kosyrew gelang es mit Müh und Not, Jelzins Erklärung nachträglich durch eine unverbindlichere Formulierung zu ersetzen. In Moskau aber sahen sich die Gegner jeglicher NATO-Romantik durch Wałęsas plumpen Vorstoß gestärkt.

Exemplarisch zeigte sich dies bereits im November 1993, als eine 30-seitige Studie des russischen Auslandsgeheimdienstes SWR (Sluschba Wneschnei Raswedki) über die NATO bekannt wurde. Der SWR wurde damals vom späteren Außenminister (1996 bis 1998) und Ministerpräsidenten (1998 bis 1999) Jewgeni Primakow geleitet. Die Studie stellte fest, die NATO sei noch immer »den Stereotypen des Blockdenkens« verpflichtet; anstatt sich an die »Schaffung eines Mechanismus zur Unterstützung der internationalen Sicherheit« zu machen, führe sie ihre Existenz als eine simple militärische Interessenvertretung des Westens fort.[202] Damit scheide sie nicht nur als Ziel russischer Beitrittsbestrebungen aus; es gelte zudem alles daranzusetzen, dass die Aufnahme der Staaten Ost- und Südosteuropas unterbleibe: Eine »direkte Nachbarschaft« der NATO »zur russischen Grenze« werde zur »militärisch-politischen Destabilisierung der Region« führen. Diese Auffassung setzte sich in Moskau durch. Bestärkt wurde sie durch die 1992 gestartete Bosnien-Intervention der NATO, in deren Rahmen ab 1993 Luftangriffe geplant und ab 1994 dann auch durchgeführt wurden. Für Moskau, das in Belgrad und mit diesem auch in den bosnischen Serben Verbündete sah[203], war das eine gravierende Aggression. Die NATO beschwöre »die Flammen eines neuen Weltkriegs in Euro-

---

201 Kozyrev, Andrei: Boris Yeltsin, the Soviet Union, the CIS, and Me, www.wilsonquarterly.com, Herbst 2016.

202 Adomeit 2007. S. 6.

203 Vgl. Kapitel 1.3.

pa« herauf[204], warnte Jelzin im September 1995 und fügte düster hinzu: »Das ist das erste Anzeichen dafür, was geschehen kann, wenn die NATO die Grenzen der Russischen Föderation erreicht.«

Die erste Runde der NATO-Osterweiterung, die am 12. März 1999 mit dem Beitritt Polens, Tschechiens und Ungarns vollzogen wurde, und der zwölf Tage später gestartete NATO-Überfall auf Jugoslawien haben dem russischen Establishment geballt bestätigt, wozu die einst so hoffnungsfrohen Bemühungen um die Annäherung an die NATO geführt hatten: zu nichts. »In der Öffentlichkeit« hätten westliche Spitzenpolitiker Ende der 1990er Jahre stets höflich erklärt, Russland sei »zu groß und zu einzigartig, um ihm irgendetwas jenseits einer Sonderbeziehung anzubieten«, erinnerte sich später Dmitri Trenin, Direktor der Moskauer Außenstelle des Carnegie Endowment. »In Privatgesprächen« hingegen hätten viele begonnen, es offen »als irrelevant abzuschreiben«.[205] Abgesehen von der außenpolitischen Schwäche lag das freilich auch daran, dass das Land unter Jelzin ökonomisch kollabiert war und im Oligarchensumpf versank. 1998, als eine schwere Finanzkrise Russland heimsuchte, lag das Bruttoinlandsprodukt bei gerade einmal 55 Prozent des Volumens von 1990; 24 Prozent der Bevölkerung lebten in absoluter Armut – also von weniger als zwei US-Dollar pro Tag –, 40 Prozent hatten maximal vier US-Dollar pro Tag zur Verfügung. »Das Schlimmste, was uns passieren kann«, ließ sich im August 1999 ein Berater von Bundeskanzler Gerhard Schröder zitieren, »wäre das Chaos in Russland«.[206] Genau dieses Chaos schloss so mancher Beobachter damals nicht mehr aus.

Russland konsolidiert sich

Das war die Lage, als Jelzin am 9. August 1999 Wladimir Putin zum Ministerpräsidenten ernannte. Putin kam aus dem KGB, hatte sich in den 1990er Jahren zunächst in der St. Petersburger Stadtverwal-

---

204 Adomeit 2007. S. 7.
205 Trenin, Dmitri: Russia's Post-Soviet Journey. From Europe to Eurasia, www.foreignaffairs.com, 25.12.2016.
206 Zitiert nach: Der Zar im Zwielicht. Der Spiegel 35/1999.

tung, dann in der Moskauer Präsidialbürokratie und von Juli 1998 bis August 1999 als Leiter des Inlandsgeheimdienstes FSB (Federalnaja Sluschba Besopasnosti) bewährt. Am 1. Januar 2000 übernahm er von dem vorzeitig zurückgetretenen Jelzin übergangsweise das Präsidentenamt, das er nach seinem Sieg in der ersten Runde der Präsidentenwahl vom 26. März 2000 – mit 53,4 Prozent – weiterhin ausüben konnte. Putin ist es im Laufe der Jahre tatsächlich gelungen, Russland mit harter Hand zu konsolidieren. Das trifft zum einen auf die Wirtschaft zu. Das Bruttoinlandsprodukt stieg von desaströsen 279 Milliarden US-Dollar im Jahr 2000 auf 820 Milliarden US-Dollar 2005 und 1,64 Billionen US-Dollar 2010. Parallel nahmen die Einnahmen und die Ausgaben des Staates zu. Die Gesundheitsausgaben etwa stiegen von 96,2 US-Dollar pro Einwohner im Jahr 2000 auf 727,4 US-Dollar pro Einwohner 2010. Die Säuglingssterblichkeit sank von 19,7 pro tausend Lebendgeburten (2000) auf 10,3 (2010); die Armut ging – trotz aller fortbestehenden Probleme – von 42,3 Millionen Menschen bzw. 29 Prozent der Bevölkerung im Jahr 2000 auf 18,5 Millionen bzw. 13 Prozent 2010 zurück.[207] Möglich war dies nicht zuletzt, weil es Putin gelang, die Oligarchen unter die Kontrolle der staatlichen Herrschaft zu zwingen. Dies unterscheide Russland deutlich von Ländern wie der Ukraine, schrieb im Jahr 2012 Sławomir Matuszak vom Warschauer Ośrodek Studiów Wschodnich (Centre for Eastern Studies, OSW). Matuszak urteilte damals, ein wichtiger »Meilenstein« auf diesem Weg sei ein Schritt gewesen, der dem russischen Präsidenten im Westen bis heute angekreidet wird: sein hartes Vorgehen gegen den Milliardär Michail Chodorkowski und dessen Yukos-Konzern.[208]

Auch außenpolitisch hat Putin Russland im Laufe der Jahre erstaunlich erfolgreich konsolidieren können. Zunächst knüpfte er dabei an Bestrebungen an, die Moskau bereits in den 1990er Jahren unter Jelzin in die Wege geleitet hatte: die Annäherung an die EU. Bereits

---

207 Tichonova, Natalja E.: Armut in Russland. In: Russland-Analysen Nr. 222, 17.6.2011. S. 2-5.

208 Matuszak, Sławomir: The Oligarchic Democracy. The Influence of Business Groups on Ukrainian Politics. OSW Studies No. 42, September 2012.

1994 war nach gut zweijährigen Verhandlungen ein Partnerschafts- und Kooperationsabkommen mit Brüssel unterzeichnet worden, das am 1. Dezember 1997 mit einer Laufzeit von zehn Jahren in Kraft trat. Es zielte vor allem auf eine engere Wirtschaftskooperation ab, sah aber – das war Moskau wichtig gewesen – zudem einen regelmäßigen politischen Dialog vor: Zusammenkünfte der EU-Troika mit russischen Regierungsstellen sowie weitere Treffen auf Minister- und Beamtenebene.[209] In der zweiten Hälfte der 1990er Jahre, als Primakow den Posten des Außenministers übernommen hatte, begann Moskau mit Blick auf die immer deutlicher zutage tretenden Konflikte mit der NATO, ergänzend zur Kooperation mit der EU auf bessere Beziehungen auch nach Asien und auf den eigenen weltpolitischen Wiederaufstieg zu setzen – und sich in diesem Zusammenhang auf eine steinalte Strategie zu besinnen: den Gegner, wenn ihm denn nicht schon anders beizukommen war, wenigstens zu spalten. Darauf hatte bereits die Sowjetunion gesetzt. »Die Spaltung im Lager des Imperialismus und die Fesselung des einen Feindes Sowjetrußlands durch die Hände des anderen« – dies sei »der Hauptfaktor der ganzen Geschichte der äußeren Politik Sowjetrußlands«: So hatte sich schon Karl Radek im Sommer 1922 geäußert.[210] Auch nach dem Zweiten Weltkrieg nahm sich Moskau stets aufmerksam der Bruchlinien an, die sich zwischen Westeuropa und Nordamerika auftaten – im Zusammenhang etwa mit gaullistischen Bestrebungen in Paris oder auch mit Bonns sozialliberaler Neuer Ostpolitik.

Aktionspläne ohne Aktionen
Erfahrungen gab's in Moskau also zur Genüge. Wie sich die Spaltungsstrategie in der zweiten Hälfte der 1990er Jahre ausformulierte, das konnte man exemplarisch der »Mittelfristigen Strategie zur Entwicklung der Beziehung zwischen Russland und der Europäischen Union« entnehmen, die die russische Regierung im Oktober 1999

---

209 Deutscher Bundestag, Wissenschaftliche Dienste: Die Beziehungen zwischen der EU und Russland. Ausarbeitung WF XII G – 113/06. Berlin, 31.3.2006.
210 Zitiert nach: Zeidler 1993. S. 29.

publizierte. Darin hieß es beispielsweise, man »begrüße« die Gemeinsame Sicherheits- und Verteidigungspolitik (GSVP) der EU, weil sie »die Vereinigten Staaten und die NATO und ihre Dominanz auf dem Kontinent« sichtlich einschränken könne: »Zur NATO-Zentriertheit in Europa« schaffe sie ein überaus willkommenes »Gegengewicht«.[211] In den folgenden Jahren verband Moskau solche Beobachtungen mit systematischen Versuchen, die Zusammenarbeit mit der EU auf solide Beine zu stellen. Die Bemühungen führten zunächst zu dem Beschluss des EU-Russland-Gipfels vom Mai 2001 in Moskau, eine »privilegierte Wirtschaftspartnerschaft« zu etablieren, sowie zu der Einigung auf dem EU-Russland-Gipfel vom Mai 2003 in St. Petersburg, den geplanten »Wirtschaftsraum« um drei weitere »gemeinsame Räume« zu ergänzen. Im Mai 2005 wurden auf dem EU-Russland-Gipfel in Moskau schließlich Fahrpläne für die vier »Gemeinsamen Räume« angenommen, die sich auf die Wirtschaft, auf Justiz und Inneres, auf die »äußere Sicherheit« und auf Forschung und Bildung erstreckten. Fortschritte ergaben sich vor allem auf wirtschaftlichem Gebiet: Im Jahr 2010 war die EU nicht nur der mit Abstand bedeutendste Investor in Russland, sondern auch der größte Markt für russische Waren; allein die russischen Rohstoffausfuhren in die EU, darunter 88 Prozent der russischen Erdöl- und 70 Prozent der Erdgasexporte, machten gut 40 Prozent der gesamten russischen Haushaltsmittel aus.[212]

Die Politik freilich blieb deutlich dahinter zurück. EU-Erweiterungskommissar Günter Verheugen konstatierte im Oktober 2003: »Wir haben sehr viele Aktionspläne, aber kaum Aktionen. Wir haben große Strategien, aber keine Taten. Wir haben Visionen, aber wenig Praxis.« Zwei Jahre später schrieb der Russlandexperte Peter W. Schulze, der von 1992 bis 2003 die Außenstelle der Friedrich-Ebert-Stiftung in Moskau geleitet hatte, in Brüssel sei man sich nach wie vor nicht einig, »ob man Russland als Rivalen eines entstehenden Wirtschaftsblocks, als eigenständige Großmacht oder als fragiles Ge-

---

211 Zitiert nach: Adomeit 2007. S. 8.
212 Europäische Kommission: Die Partnerschaft EU-Russland – Fakten und Zahlen. MEMO/11/104. Brüssel, 22.2.2011.

bilde am Rande des erweiterten EU-Europa sehen soll«.[213] Auf dem EU-Russland-Gipfel im Juni 2008 im russischen Chanty-Mansijsk wurden Bestrebungen gestartet, mit Blick auf die nun erheblich ausgeweitete ökonomische Zusammenarbeit einen Vertrag zu schließen, der verbindlichere Vereinbarungen vorsah als das alte Kooperationsabkommen aus den 1990er Jahren; sie führten jedoch zu keinem Ergebnis. Der letzte EU-Russland-Gipfel vor der offenen Eskalation des Ukraine-Konflikts – er fand im Juni 2013 in Jekaterinburg statt – sei zwar höflich »als pragmatisch charakterisiert« worden, hielt die stellvertretende Direktorin des Instituts für Europäische Politik (IEP) in Berlin, Katrin Böttger, im Jahr 2015 in einer Analyse der Beziehungen zwischen der EU und Russland fest: »Rückblickend« wirkten die Beteiligten dabei »jedoch eher resigniert, da sie in den ihnen jeweils wichtigen Bereichen keine Fortschritte erzielten«.[214]

Die deutsch-russische Tradition
Der Hebelpunkt, an dem Moskau seit dem Amtsantritt von Präsident Putin stets ansetzte, um seine Beziehungen zur EU zu intensivieren, ist die Zusammenarbeit mit Deutschland gewesen. Das lag nicht nur daran, dass die Bundesrepublik als stärkste Macht des Staatenbundes stets als geeigneter Ansprechpartner galt – und gilt –, wollte ein Drittstaat in der Union etwas erreichen. Die intensiven Ostinteressen der deutschen Wirtschaft schienen zudem geeignete Anknüpfstellen für den Ausbau der Kooperation zu bieten.[215] Vor allem aber entsprach die Orientierung auf Deutschland einer alten Tradition der russischen Westpolitik. Hat nicht Zar Peter der Große, der 1703 die Stadt St. Petersburg als »Fenster nach Europa« gründete und anschließend sein Reich zu einer europäischen Großmacht formte, stets größten Wert auf Russlands Modernisierung mit Hilfe westeuropäischer Technologien und Verwaltungsmethoden gelegt? Hat dabei nicht Fachpersonal

---

213 Zitiert nach: Deutscher Bundestag, Wissenschaftliche Dienste 2006. S. 11f.
214 Böttger, Katrin: Die EU-Russland-Beziehungen: Rückblick und Ausblick im Zeichen der Ukraine-Krise. In: Integration 38 (2015). S. 204-213. S. 207.
215 Vgl. Kapitel 1.3.

auch aus den damaligen deutschsprachigen Kleinstaaten eine wichtige Rolle gespielt? Nicht zuletzt sicherte Peter der Große seine militärische Expansion ab 1713 durch Vereinbarungen mit Preußen ab. Auch die Expansion unter Katharina der Großen, zu deren Regierungszeit beispielsweise die Krim russisch wurde (1783), ist in Kooperation mit Preußen geschehen: In drei Schritten verleibten sich Russland, Preußen und Österreich in den Jahren 1772, 1793 und 1795 Polen ein. Die Erinnerung an die Herrscherin, die auch die ersten Russlanddeutschen ins Land holte, um wenig bewohnte Reichsgebiete sowie frisch eroberte Territorien zu besiedeln, ist im außenpolitischen Establishment durchaus präsent: Das Denkmal für die als Sophie Auguste Friederike von Anhalt-Zerbst geborene Zarin, das am 9. Juli 2010 im anhaltinischen Zerbst eingeweiht wurde – übrigens in Anwesenheit von Cornelia Pieper, Staatsministerin im Auswärtigen Amt –, wurde zur Erinnerung an die Tradition der deutsch-russischen Kooperation vom russischen Staat gestiftet. Apropos Russlanddeutsche: Sie gehören zur Archäologie der deutsch-russischen Beziehungen hinzu. Nicht wenige von ihnen machten Karriere in Verwaltung, Militär und auch Politik des Zarenreichs. Ihr Einfluss in St. Petersburg ist bis in die Zeit vor dem Ersten Weltkrieg durchaus spürbar gewesen.

Tief in die Klamottenkiste deutsch-russischer Traditionsromantik hat denn auch Wladimir Putin gegriffen, als er am 25. September 2001 seine große Rede vor dem Deutschen Bundestag hielt. Nur wenig mehr als ein Jahr zuvor war er zum ersten Mal nach dem Wechsel ins Präsidentenamt nach Berlin gereist, hatte im Juni 2000 Gespräche mit Kanzler Schröder geführt und der deutschen Wirtschaft neue Wege nach Russland zu bahnen geholfen, die diese seitdem eifrig beschritt.[216] Der Handel brummte, und auch sonst war die Lage günstig: Die EU war mit der Einführung des Euro, dem Beginn einer einheitlichen Außen- und dem bevorstehenden Aufbau einer gemeinsamen Militärpolitik dabei, sich als eigenständige globale Macht zu positionieren; man diskutierte in diesem Zusammenhang, wie ein wenige Tage nach Putins Bundestagsrede veröffentlichter Artikel von Verteidigungsmi-

---

216 Vgl. ebd.

nister Rudolf Scharping zeigte, über eine »multipolar und kooperativ« strukturierte »neue Weltordnung« jenseits einer einseitigen Bindung an die USA.[217] War da Platz für ein enges Bündnis zwischen Russland und der deutsch dominierten EU, eines, das sozusagen russische Rohstoffe mit deutsch-europäischer Industrie und Technologie verband? Aus russischer Sicht musste man das nach dem Scheitern der NATO-Option in den frühen 1990er Jahren austesten. Also fuhr Putin nach Berlin – und nahm dankend die Chance wahr, als erster russischer Staatschef vor dem Deutschen Bundestag aufzutreten.

Putin im Bundestag

»Verehrte Kolleginnen und Kollegen, erlauben Sie mir, ein paar Worte zu den deutsch-russischen Beziehungen zu sagen«[218], ließ sich Putin im Reichstag vernehmen – in deutscher Sprache übrigens, eine durchaus ungewöhnliche Geste, die die Ernsthaftigkeit des russischen Bündnisangebots verdeutlichen sollte. »Die deutsch-russischen Beziehungen sind ebenso alt wie unsere Länder«, fuhr Putin fort, den Griff in die Traditionskiste vielleicht ein wenig übertreibend: »Die ersten Germanen erschienen Ende des ersten Jahrhunderts in Russland.« Gegen Ende des 19. Jahrhunderts hätten viele Deutsche in Russland gelebt – Bauern, Kaufleute, Militärs, Politiker, Akademiker – und »im deutsch-russischen Verhältnis« eine wichtige Rolle gespielt. »Wie ein guter westlicher Nachbar«, schmeichelte der russische Präsident, »verkörperte Deutschland für Russen oft Europa, die europäische Kultur, das technische Denkvermögen und kaufmännisches Geschick«. Gleichzeitig seien »die Beziehungen zwischen unseren beiden Völkern … immer durch enge Abstimmung und durch die Dynastien unterstützt« worden. Sollte man eine solche historische Nähe nicht endlich politisch fruchtbar machen? »Zwischen Russland und Amerika liegen Ozeane«, verglich Putin: »Zwischen Russland und Deutschland

---

217 Scharping, Rudolf: Die Zukunft Europas mit Russland gestalten. Der Westen muss der politischen, wirtschaftlichen und militärischen Zusammenarbeit mit Moskau neue Impulse geben. Süddeutsche Zeitung 29./30.9.2001.

218 Wortprotokoll der Rede Wladimir Putins im Deutschen Bundestag am 25.9.2001, www.bundestag.de.

liegt die große Geschichte.« Konnte man es Washington übelnehmen, wenn es, in jeder Hinsicht so weit weg, kein Interesse an einem engen Bündnis mit dem fernen Moskau hatte? Musste Berlin hingegen ein solches Bündnis nicht unbedingt anstreben?

Putin vertiefte das. Was stand eigentlich einem solchen Bündnis zwischen der deutsch dominierten EU und Russland im Wege? Zugegeben – die Zeit der Systemkonfrontation sei »so furchterregend« und zugleich auch so prägend gewesen, »dass wir die heutigen Veränderungen in der Welt immer noch nicht verstehen können, als ob wir nicht bemerken würden, dass die Welt nicht mehr in zwei feindliche Lager geteilt ist«. Alte Trennungslinien – diejenigen zwischen Westeuropa und Russland etwa – bestünden in der politischen Praxis immer noch, »weil wir uns bis jetzt noch nicht endgültig von vielen Stereotypen und ideologischen Klischees des Kalten Krieges befreit haben«. »Heute müssen wir mit Bestimmtheit erklären«, ermunterte der russische Präsident nun aber die Abgeordneten in Berlin: »Der Kalte Krieg ist vorbei.« Mit Blick auf die aufstrebende EU begann Putin wieder zu schmeicheln: »Niemand bezweifelt den großen Wert der Beziehungen Europas zu den Vereinigten Staaten. Aber ich bin der Meinung, dass Europa seinen Ruf als mächtiger und selbständiger Mittelpunkt der Weltpolitik langfristig nur festigen wird, wenn es seine eigenen Möglichkeiten mit den russischen menschlichen, territorialen und Naturressourcen sowie mit den Wirtschafts-, Kultur- und Verteidigungspotenzialen Russlands vereinigen wird.« Die EU – ein »mächtiger und selbständiger Mittelpunkt der Weltpolitik«? Im Reichstag erhob sich lauter Beifall. »Ich bin überzeugt«, schloss der russische Präsident wenig später: »Wir schlagen heute eine neue Seite in der Geschichte unserer bilateralen Beziehungen auf und wir leisten damit unseren gemeinsamen Beitrag zum Aufbau des europäischen Hauses.« »Beifall«, vermerkt das Protokoll erneut.

Keine Modernisierungspartner

Die deutsch-russischen Beziehungen sind in den folgenden Jahren tatsächlich ausgebaut worden – vor allem auf ökonomischer Ebene: Der Handel boomte, die deutschen Investitionen in Russland nahmen vielversprechend zu (vgl. Kapitel 1.3.). Parallel gingen Moskau und Berlin daran, die Kooperation auch gesellschaftlich breiter zu verankern. Im Jahr 2001 wurde dazu der Petersburger Dialog gegründet, der einmal im Jahr abwechselnd in Russland oder in Deutschland tagt und »die Verständigung sowie einen offenen Dialog zwischen allen Bereichen der Zivilgesellschaften beider Länder« fördern soll.[219] Ist der angeblich »zivilgesellschaftliche« Dialog in diesem Fall auf beiden Seiten unmittelbar an die Regierungen angebunden, so werden andere Projekte von der Wirtschaft gefördert, etwa die Stiftung Deutsch-Russischer Jugendaustausch, die 2006 vom Ost-Ausschuss der Deutschen Wirtschaft errichtet wurde – in Zusammenarbeit mit der Robert Bosch Stiftung und dem Bundesfamilienministerium. Der Ost-Ausschuss bemüht sich zudem um die Elitenbindung und hat dazu 2008 gemeinsam mit der Robert Bosch Stiftung und der BMW Stiftung Herbert Quandt die Deutsch-Russischen Gespräche Baden-Baden initiiert; in deren Rahmen treffen jedes Jahr 30 junge Führungskräfte aus beiden Ländern mehrere Tage lang zu ausführlichen Debatten zusammen.

Bei alledem kam allerdings genau das nicht voran, was sich Moskau besonders erhofft hatte – eine intensivere außenpolitische Kooperation: Die »Strategische Partnerschaft«, die Berlin im Jahr 2000 ausgerufen hatte, stand diesbezüglich nur auf Papier. Und all die papierenen Bekenntnisse konnten die Bundesrepublik nicht davon abhalten, in Osteuropa ihre Hände immer stärker nach dem unmittelbarsten russischen Interessengebiet auszustrecken: Ab Mitte der 2000er Jahre wurde in Berlin und Brüssel eine engere EU-Anbindung der Ukraine, Belarus', Moldawiens und der drei Staaten des Südkaukasus auf die Tagesordnung gesetzt.[220] Dass die Östliche Partnerschaft, wie man das Vorhaben ab 2009 offiziell nannte, nicht nur den deutschen Einfluss stärken, sondern auch die Bindung der genannten Länder an Russland schwächen und damit klar zu Lasten Moskaus gehen würde, das war klar.

---

219 Ein Forum für den Dialog der Zivilgesellschaften, www.petersburger-dialog.de.
220 Vgl. Kapitel 1.3.

Nicht einmal auf dem Feld der Ökonomie erfüllten sich die russischen Kooperationswünsche wirklich. Auch wenn Handel und Investitionen boomten: Der Technologietransfer, den Moskau sich von den verbesserten Wirtschaftsbeziehungen erhoffte und der der maroden russischen Industrie ein wenig auf die Sprünge hätte helfen können, fand nur ansatzweise statt. Nach ein paar Jahren vergeblichen Wartens brachte Moskau Berlin immerhin dazu, öffentlich sichtbar mit dem Zaunpfahl zu winken und eine »Modernisierungspartnerschaft« auszurufen. »Deutschland und die EU sind die natürlichen Modernisierungspartner Ihres Landes«, versprach Außenminister Frank-Walter Steinmeier großmütig am 13. Mai 2008 in einer Rede am Institut für internationale Beziehungen der Ural-Universität in Jekaterinburg.[221] Das half nicht viel. Im Mai 2010 kündigten Außenminister Sergej Lawrow und sein deutscher Amtskollege Guido Westerwelle in einem gemeinsamen Zeitungsbeitrag an, man plane nun sogar die »Erweiterung unserer Modernisierungspartnerschaft«.[222] Zwei Jahre später stellte ein Experte der Deutschen Gesellschaft für Auswärtige Politik (DGAP) trocken fest, den Ankündigungen seien nur »begrenzte Resultate« gefolgt; von einer echten Partnerschaft in Sachen Modernisierung könne keine Rede sein – und ohnehin verstehe Berlin die »Modernisierung« vor allem als eine Anpassung struktureller Rahmenbedingungen, nicht aber, wie Moskau, als eine Förderung des technologischen Fortschritts.[223] Klar – die deutsche Industrie wollte in Russland Geld mit Exporten und mit profitabler Niedriglohnproduktion für den russischen Markt verdienen und umgekehrt russische Rohstoffe kaufen. Potenzielle Konkurrenten hingegen durch einen Technologietransfer zu unterstützen – das lag ihr fern.

---

221 »Für eine deutsch-russische Modernisierungspartnerschaft«. Rede des Außenministers Frank-Walter Steinmeier am Institut für internationale Beziehungen der Ural-Universität in Jekaterinburg, www.auswaertiges-amt.de, 13.5.2008.

222 Westerwelle, Guido; Lawrow, Sergej: Die deutsch-russische Modernisierungspartnerschaft, www.faz.net, 30.5.2010.

223 Meister, Stefan: Entfremdete Partner. Deutschland und Russland. In: Osteuropa 6-8/2012. S. 475-484. Hier: S. 475.

3.2.
Zurück zur Eigenständigkeit
Die Ära der Konsolidierung

Moskau hat also andere, eigenständige Initiativen entfalten müssen, um neue Stärke zu gewinnen. Bei manchen dieser Initiativen hat es sich um wirtschaftliche oder politische Einzelprojekte gehandelt, wenn auch um Projekte großen Stils. Eines ist das St. Petersburg International Economic Forum (SPIEF) gewesen, das schon 1997 in kleinerem Rahmen initiiert worden war, nun aber ausgebaut und 2005 durch die erstmalige Teilnahme von Präsident Putin deutlich aufgewertet wurde. Manche nennen es inzwischen das »russische Davos«. Anfang Juni 2017 kamen zu der Veranstaltung mehr als 14.000 Teilnehmer aus 143 Ländern; am Rande des Forums wurden Geschäfte im Wert von rund zwei Billionen US-Dollar abgeschlossen – das SPIEF, in St. Petersburg angesiedelt, um insbesondere westeuropäische Unternehmen nach Russland zu locken, war zu einer Veranstaltung von Weltruf aufgestiegen.

Ein weiteres Einzelprojekt, allerdings auf politischer Ebene, war die Gründung des Waldai-Klubs im Jahr 2004. Der Klub, benannt nach den Waldaihöhen unweit der Stadt Weliki Nowgorod südöstlich von St. Petersburg, in der er sich zum ersten Mal traf, führt einmal pro Jahr eine Tagung durch, die sich in der einen oder anderen Form mit der russischen Politik befasst. Geladen werden jeweils Politiker, Wissenschaftler und Journalisten aus dem In- und Ausland; zumindest zu Beginn kamen sie vorwiegend aus dem Westen. Ziel ist es, Debatten voranzutreiben und Netzwerke zu knüpfen. Ende 2017 konnte der Klub vermelden, es hätten mittlerweile mehr als 1.000 Personen aus über 60 Ländern an der Tagung teilgenommen, darunter ehemalige Regierungsmitglieder diverser Staaten wie zum Beispiel Volker Rühe, Romano Prodi, François Fillon und Václav Klaus. Der Waldai-Klub ist im Laufe der Jahre zu einem echten Think-Tank ausgebaut worden; er führt heute auch zwischen seinen Jahrestagungen Veranstaltungen durch und gibt außenpolitische Fachpublikationen heraus.

Rückkehr nach Südosteuropa

Vor allem aber hat Moskau unter Präsident Putin sein Streben nach innerer Konsolidierung Schritt für Schritt um Maßnahmen zur äußeren Stabilisierung ergänzt – und das durchaus mit Erfolg. Ein frühes Beispiel bieten die Bemühungen, nach dem Rückzug der 1990er Jahre aus Südosteuropa, der vor allem durch die Jugoslawien-Kriege erzwungen worden war, die russischen Positionen dort wieder zu stärken. Dass Moskau nicht bereit war, kampflos aus der Region zu verschwinden, hatte übrigens sogar noch Jelzin demonstriert. Am 12. Juni 1999 – die heiße Phase des Kosovokriegs war beendet, die Waffen schwiegen bereits – besetzten fast 200 russische Fallschirmspringer den militärischen Teil des Flughafens Priština, ohne dies mit der kriegführenden NATO abzusprechen. »Für einen Augenblick schien eine bewaffnete Auseinandersetzung zwischen den anrückenden britischen Einheiten und dem russischen Bataillon bevorzustehen«, kommentierte die staatsfinanzierte Berliner Stiftung Wissenschaft und Politik (SWP): »In letzter Minute fiel auf britischer Seite die Entscheidung, die Konfrontation zu vermeiden.«[224] Die russische Regierung sei »das ungeheure Risiko eines gewaltsamen Zusammenstoßes mit NATO-Truppen ... offenbar eingegangen«. Wieso? Moskau unternahm alles, um seine militärische Verdrängung aus der Region zu verhindern. Allerdings war die übereilte Aktion miserabel durchdacht: »Da zwischen dem Westlichen Balkan und Russland ein Korridor von Staaten entstanden war, die entweder der NATO schon angehörten ... oder ihr beitreten wollten ..., konnte Moskau seine Truppen nicht mit Nachschub versorgen«, berichtet die SWP: »Die schon in der Luft befindlichen Transportflugzeuge mussten, weil ihnen von den Neumitgliedern des Bündnisses die Überflugrechte verweigert wurden, über der Ukraine umkehren.« Moskau blieb nichts anderes, als seine Soldaten auf den deutschen, den französischen und den US-amerikanischen Sektor des Kosovo zu verteilen und sich an der NATO-Besatzung zu beteiligen.

---

224 Reljić, Dušan: Russlands Rückkehr auf den Westbalkan. SWP-Studie S. 17. Berlin, Juli 2009. S. 10.

Immerhin sei man damit noch irgendwie in der Region präsent – so redeten sich manche damals die dramatische geostrategische Niederlage schön.

Präsident Putin hat das zynische Schauspiel schließlich beendet: Zum 1. August 2003 zogen sich sämtliche russische Soldaten aus den Besatzungstruppen im Kosovo und in Bosnien-Herzegowina zurück. Anschließend nahm Moskau seine Rückkehr nach Südosteuropa in den Blick – zumindest jedenfalls in diejenigen Länder, deren orthodoxe Bevölkerungen sich Moskau historisch-kulturell verbunden fühlen. Die notwendige Einflussarbeit vollzog sich vor allem auf ökonomischer Ebene. Die Eröffnung von Lukoil-Tankstellen in Serbien im Jahr 2003, die im siegestrunkenen Westen kaum wahrgenommen wurde, sei »der Startschuss für eine wirtschaftliche Offensive Russlands im gesamten Südosteuropa« gewesen, konstatierte rückblickend die SWP: »Vier Jahre später hatte Lukoil schon 1,5 Milliarden US-Dollar in der Region investiert«, und die jährlichen Gaslieferungen »erreichten 73 Milliarden Kubikmeter, annähernd die Hälfte der Menge, die Russland an die EU lieferte«. Auch die sonstigen Wirtschaftsbeziehungen wurden intensiviert. Zugleich positionierte Moskau sich im Streit um die Abspaltung des Kosovo von Serbien klar gegen den Westen. Putin bestand auf der Einhaltung des internationalen Rechts: Stelle man es in Frage, indem man behaupte, für die klar völkerrechtswidrige Abtrennung der südserbischen Provinz müsse es eine Ausnahme geben, dann öffne man der Willkür Tür und Tor, erklärte der russische Präsident in den Jahren 2006 und 2007 wieder und wieder. »Jetzt wollen diejenigen, die sich als Sieger im Kalten Krieg fühlen, auch nach eigenem Gusto die Welt aufteilen«, kritisierte er im Januar 2007; Russland werde das nicht hinnehmen.[225] Es half nichts: Am 17. Februar 2008 proklamierte das Kosovo seine illegale Sezession – mit tatkräftiger Unterstützung insbesondere Deutschlands und der USA; Russland war nicht stark genug, sie zu verhindern.

---

225 Gespräch der Bundeskanzlerin mit dem Präsidenten der Russischen Föderation am Sonntag, dem 21. Januar 2007, in Sotschi. Mitschrift der Pressekonferenz.

Russland und China

Moskau hat sich natürlich nicht darauf beschränkt, seine Rückkehr nach Südosteuropa anzustreben. Präsident Putin hat zugleich dasjenige Land stärker auf die russische Tagesordnung gerückt, dessen Aufstieg zur Großmacht sich damals bereits abzuzeichnen begann: China. Seit Putins Amtsantritt am 7. Mai 2000 statten die Präsidenten Russlands und der Volksrepublik gewöhnlich ihren ersten offiziellen Staatsbesuch im Amt bzw. in der neuen Legislaturperiode dem jeweils anderen Land ab. Am 16. Juli 2001 schlossen beide Staaten einen Chinesisch-Russischen Freundschaftsvertrag. Diverse bilaterale Treffen und Übereinkünfte folgten. Die Zusammenarbeit schloss nicht zuletzt den Energiesektor ein, wenngleich sich die Dinge nicht ganz reibungslos entwickelten. Schon im Juli 2000 hatten das russische Energieministerium und der Yukos-Konzern eine Rahmenvereinbarung mit der China National Petroleum Corporation (CNPC) über den Bau einer Erdölpipeline aus Sibirien ins nordostchinesische Daqing unterzeichnet. Das Projekt wurde zunächst gestoppt, als Yukos-Chef Michail Chodorkowski im Oktober 2003 inhaftiert worden war und die Zerschlagung seines Konzerns begann. Der Erdölkonzern Rosneft führte es dann nach der Yukos-Übernahme fort. 2004 unterzeichneten Rosneft und CNPC zunächst einen Fünfjahresvertrag über Öllieferungen per Bahn in die Volksrepublik.[226] Bald wurde jedoch auch der Pipelinebau wieder vorangetrieben. Am 1. Januar 2011 konnte ein Sprecher des russischen Pipelinebetreibers Transneft vermelden, man habe begonnen, Öl durch die neue Eastern Siberia – Pacific Ocean (ESPO) Pipeline in Richtung China zu pumpen. Das war insofern eine durchaus historische Nachricht, als das russische Pipelinesystem bis dahin einseitig in Richtung Westen ausgerichtet war. Auch der Bau einer Erdgasröhre nach China wurde intensiv diskutiert. Allerdings dauerte es noch bis 2014, bis das Vorhaben auch praktisch in Angriff genommen wurde. Die Gaspipeline Power of Siberia soll im Jahr 2019 fertiggestellt sein.

---

226 Henderson, James; Mitrova, Tatiana: Energy Relations between Russia and China: Playing Chess with the Dragon. The Oxford Institute for Energy Studies. OIES Paper WPM 67. Oxford, August 2016. S. 14.

Die Verzögerung hatte ihre Gründe – und zwar über die durchaus vorhandenen Differenzen etwa bezüglich des zu zahlenden Erdgaspreises hinaus. Welche Gründe das waren, konnte man an der allgemeinen Entwicklung der russisch-chinesischen Wirtschaftsbeziehungen erkennen. Der Handel boomte; er schoss von einem Volumen von mickrigen acht Milliarden US-Dollar im Jahr 2000 auf 56,8 Milliarden US-Dollar 2008 in die Höhe und stieg – nach einem krisenbedingten Einbruch im Jahr 2009 – weiter an.[227] Dabei verschoben sich allerdings die Gewichte. Hatten die chinesischen Exporte nach Russland 1995 noch zu über einem Viertel aus Agrarprodukten und Nahrungsmitteln bestanden, so machten diese 2011 keine zehn Prozent mehr aus. Dafür hatte sich der Anteil von Maschinen und Fahrzeugen am Gesamtexport von fünf Prozent 1995 auf beinahe 20 Prozent 2011 erhöht, und er stieg noch weiter. Umgekehrt lieferte Russland fast keine Maschinen mehr in die Volksrepublik, während der Anteil der Rohstoffe am russischen Gesamtexport nach China auf fast 40 Prozent gewachsen war. Zugleich bewegte sich der Anteil Chinas am gesamten russischen Außenhandel rasch auf die zehn Prozent zu, während umgekehrt der Anteil Russlands am chinesischen Außenhandel auf zwei Prozent sank – denn der chinesische Handel boomte weltweit, und das in einem Tempo, mit dem der russische Handel trotz seines eigenen Wachstums nicht mithalten konnte. China gewann also für die russische Wirtschaft zunehmend an Gewicht, während Russland für die chinesische Wirtschaft sogar an Bedeutung verlor. Das »Institute for Economies in Transition« der Bank of Finland hat die Lage im September 2016 auf die nicht sonderlich höfliche, aber doch recht zutreffende Formel gebracht: »Russland ist abhängiger von China als China von Russland.«[228]

Genau dies hat Moskau, das gewaltige Potenzial Chinas kühl abwägend, klar kommen sehen, und deshalb hat es die Kooperation mit

---

227 Portyakov, Vladimir: Russian-Chinese Relations: Current Trends and Future Prospects. In: russian analytical digest 73/2010. S. 2-4. S. 3.
228 Simola, Heli: Economic relations between Russia and China – Increasing inter-dependency? Bank of Finland, Institute for Economies in Transition. BOFIT Policy Brief 6/2016. Helsinki, September 2016. S. 8.

Beijing stets auch mit einer gewissen Reserviertheit ausgebaut, immer bemüht, nach Möglichkeit nicht gegenüber der Volksrepublik ins Hintertreffen zu geraten. Putin erklärte zum Beispiel im Juli 2000 in einer Rede in Blagoweschtschensk, einer Großstadt im russischen Föderationskreis »Ferner Osten« an der Grenze zu China, man müsse die eigenständige Entwicklung der Region auch mit Blick auf den regen Grenzhandel energisch fördern: »Wenn Sie keine praktischen Schritte unternehmen, um den Fernen Osten bald zu voranzubringen, dann wird die russische Bevölkerung in wenigen Jahrzehnten Japanisch, Koreanisch oder Chinesisch sprechen.«[229] Wenn Russen nach China blickten, resümierte Dmitri Trenin vom Carnegie Moscow Center im Jahr 2012, dann sähen sie »einen Wirtschaftsriesen, eine Finanzmacht, die sich mit den größten Devisenreserven der Welt ausgerüstet hat ..., eine neue Wissenschaftsmacht und einen Technologieproduzenten« – kurz, ein Land, das letztlich stärker und einflussreicher als Russland sei.[230] »Die Russen sehen die Gefahr, übermäßig abhängig von China zu werden«, fasste Trenin die Lage zusammen. Das Bewusstsein, es mit einem potenziell übermächtigen Staat zu tun zu haben, hat beim Ausbau der russisch-chinesischen Beziehungen für Moskau tatsächlich eine bremsende Rolle gespielt.

Asiatische Allianzen
Vielleicht am wenigsten hat das in dem Bereich gegolten, in dem die Nuklearmacht Russland sich zumindest auf Augenhöhe mit China fühlt – auf dem Feld der Außen- und Militärpolitik. Deutlich wurde das etwa bei der Gründung der Shanghai Cooperation Organization (SCO) am 15. Juni 2001 in Shanghai. Die SCO, der von Anfang an neben Russland und China vier zentralasiatische Staaten angehörten – Kasachstan, Usbekistan, Kirgisistan und Tadschikistan –, ist ein Zusammenschluss, der einen Schwerpunkt auf Außen- und Militärpolitik setzt und sich offiziell vor allem gegen Separatismus,

---

229 Zitiert nach: Hu, Shaohua: Foreign Policies Toward Taiwan. New York 2018. E-Book.
230 Trenin, Dmitri: True Partners? How Russia and China see each other. Centre for European Reform. London, February 2012. S. 8.

Terrorismus – nicht zuletzt jihadistischen – und grenzüberschreitende Kriminalität auf dem Territorium seiner Mitgliedstaaten richtet. Dazu treibt die SCO die Kooperation der Repressionsbehörden, der Geheimdienste und in einem gewissen Maß auch der Streitkräfte der beteiligten Staaten voran. »Russische Falken«, schreibt Trenin, hätten schon Mitte der 2000er Jahre »eine politisch-militärische Allianz mit China und die Umwandlung der SCO in ein geopolitisches Gegengewicht zur NATO befürwortet«.[231] Dazu ist es bislang nicht gekommen. Allerdings dehnt die Organisation sich schrittweise aus. Am 9. Juni 2017 sind ihr Indien und Pakistan als Vollmitglieder beigetreten. Die Mongolei, Belarus, Iran und Afghanistan haben mittlerweile Beobachterstatus. Armenien, Aserbaidschan, Nepal, Sri Lanka, Kambodscha und die Türkei sind der SCO als »Dialogpartner« verbunden. Mit ihr weitet sich Russlands Bündnissystem langsam, aber sicher aus.

Putin hat sich auch jenseits der Kooperation mit China schon früh um eine engere Zusammenarbeit mit Asien bemüht. Im November 2001 reiste er zum Gipfeltreffen des südostasiatischen Staatenbundes ASEAN (Association of Southeast Asian Nations) nach Brunei Darussalam. Im Oktober 2003 nahm er an einer Zusammenkunft der Organisation of Islamic Cooperation (OIC) in Malaysia teil. Im November 2004 trat Russland dem von den ASEAN-Staaten geschlossenen Vertrag über Freundschaft und Kooperation in Südostasien bei. Zudem bemühte Moskau sich um den Beitritt zum Asia-Europe Meeting, einem 1996 gegründeten Format, dem mittlerweile die meisten Staaten Europas, Süd-, Südost- und Ostasiens angehören; aufgenommen wurde Russland dort allerdings erst im Jahr 2010. »Russland«, so kündigte Putin schon im November 2000 seine Asien-Aktivitäten an, »hat sich immer als ein eurasisches Land gefühlt. Nie haben wir vergessen, dass der größte Teil des russischen Territoriums in Asien liegt. Aber es muss in aller Aufrichtigkeit gesagt werden, dass wir diesen Vorteil nicht immer genutzt haben. Ich denke, die Zeit ist gekommen, gemeinsam mit den Ländern der Asien-Pazifik-Region den Worten

---

231 Ebd. S. 4.

Taten hinzuzufügen und ökonomische, politische und andere Verbindungen aufzubauen. Russland verfügt heute über alles, was dafür nötig ist.«[232]

Die Neo-Eurasier

Russland, hatte Putin also erklärt, fühle sich als »eurasisches Land«. War das ein Kurswechsel hin zu den alten Eurasien-Konzeptionen? Die alten »Eurasier« hatten tatsächlich seit den 1990er Jahren einen spürbaren Aufschwung erlebt; ihre Werke waren neu rezipiert, teilweise neu gedruckt worden, manche Ideologen hatten sich daran gemacht, sie weiterzuentwickeln. Die Neo-Eurasier, darauf hat unter anderem die Historikerin Marlène Laruelle immer wieder hingewiesen, eine Professorin am Institute for European, Russian and Eurasian Studies (IERES) an der Elliott School of International Affairs der George Washington University und eine der besten Kennerinnen der Szene – die Neo-Eurasier haben keine einheitliche Strömung geformt, sondern eine Reihe recht unterschiedlicher Doktrinen herausgebildet. Eine von ihnen wird mit dem politischen Philosophen Alexander Panarin verknüpft. Panarin, in den 1980er Jahren ein überzeugter Liberaler, hatte sich in den frühen 1990er Jahren eurasischen Ansätzen zugewandt und für eine Hinwendung Russlands zu seinem »inneren Osten« und zu Asien geworben. Dabei hatte er zwischen unterschiedlichen Formen westlicher Ideologie unterschieden: einer »romanischen«, die er mit wildem Kapitalismus gleichsetzte und ablehnte, und einer »germanischen«, unter der er etwa ein Bekenntnis zu Rechtsstaatlichkeit verstand – für sie hatte er Sympathien.[233] Panarin war ein Anhänger der Politik von Außenminister Primakow, dessen erste Öffnung in Richtung Asien bei gleichzeitiger Kooperation mit der EU er unterstützte. Unter dem Eindruck des NATO-Überfalls auf Jugoslawien 1999 und der teils scharf antirussischen Politik auch der EU rückte Panarin politisch bis zu seinem Tod im Jahr 2003 immer weiter nach rechts.

---

232 Laruelle, Marlène: Russian Eurasianism. An Ideology of Empire. Baltimore 2008. S. 7.
233 Ebd. S. 83 ff.

Weit rechts stand unter den Eurasiern vor allem Alexander Dugin. Der Mann, 1962 geboren, hatte sich bereits Ende der 1980er Jahre mit den alten Eurasiern der 1920er und 1930er Jahre beschäftigt und begonnen, ihre Gedanken in die aktuelle Debatte einfließen zu lassen. Gleichzeitig orientierte er sich jedoch – für einen Eurasier eigentlich untypisch – in noch stärkerem Maße an Westeuropa, nämlich an der deutschen Konservativen Revolution und der französischen Nouvelle Droite.[234] Heraus kam ein faschistisches Gebräu, das Dugin über zahlreiche Buchpublikationen und diverse Zeitschriftenprojekte zu verbreiten suchte. Ergänzend bemühte er sich, politischen Einfluss zu erkämpfen; in den 1990er Jahren bändelte er dazu zunächst mit der Nationalbolschewistischen Partei (NBP) von Eduard Limonow an, dann für eine kurze Zeit mit der extrem rechten Liberaldemokratischen Partei Russlands (LDPR) von Wladimir Schirinowski, bevor er zu Beginn der 2000er Jahre versuchte, sich – die Schlagworte »Eurasien« und »Geopolitik« sozusagen als »Visitenkarten« nutzend[235] – an die Moskauer Machtzentren heranzumachen. Begleitend gründete er dazu seine »Eurasien-Bewegung«. Letztlich sei ihm dies aber nicht gelungen, urteilt Laruelle. Zwar habe Dugin – nicht zuletzt wegen seiner regen publizistischen Tätigkeit und seiner Auslandskontakte – bald eine relativ große Aufmerksamkeit im Westen erlangt; das gelte jedoch weniger für Russland selbst. Dort habe er stets im Schatten einflussreicher Rechter wie etwa Dmitri Rogosin gestanden, der von 2008 bis 2011 als Ständiger Vertreter Russlands bei der NATO tätig war und Ende 2011 zu einem der Stellvertretenden Ministerpräsidenten Russlands wurde.

Wie aber sah es mit Putin aus, der Russland immerhin ein »eurasisches Land« genannt hatte? War er insgeheim »Eurasier«? Ließ er sich gar, wie manche dunkel insinuierten, von Dugin und dessen faschistischen Vorlieben beeinflussen? Laruelle, die eine Weile auch am staatsfinanzierten Wilson Center in Washington tätig war, konnte derlei Andeutungen nie etwas abgewinnen. Zunächst müsse man festhalten, dass der russische Präsident den Ausdruck »eurasisch« nur äußerst selten, oft

---

234 Ebd. S. 107 ff.
235 Ebd. S. 108.

hingegen die Verbindung »euro-asiatisch« verwende, schrieb sie im Jahr 2008. Dabei habe er sich immer klar auf die Geographie, nie jedoch auf ein inneres eurasisches »Wesen« der russischen Bevölkerung bezogen. Zu betonen, dass Russland außenpolitisch andere Interessen habe als die westlichen Mächte, das sei eine strategische Feststellung und beileibe kein Ausdruck eurasischer Ideologie. Die konservativ-nationalistische Wende wiederum, die Putin in der Innenpolitik eingeleitet habe, speise sich aus ganz unterschiedlichen Strömungen in der russischen Gesellschaft; sie als Erfolg der Neo-Eurasier oder gar eines einzelnen Ideologen wie Dugin zu werten – das sei, urteilte Laruelle, schlicht unseriös.[236]

Russland im Anti-Terror-Krieg

Dass Putin sich nicht einmal geostrategisch auf eine exklusive Kooperation mit Asien festlegte, zeigte sich in den 2000er Jahren nicht nur an seinen Bemühungen um möglichst enge Beziehungen zu Deutschland und der EU, sondern auch an seinem Streben nach zumindest einer gewissen Kooperation mit Washington. Deutlich wurde dies an seiner Reaktion auf die Terroranschläge vom 11. September 2001. Der russische Präsident war wenige Stunden nach dem Massenmord der erste Staatschef, der Bush anrief, um ihm sein Beileid auszusprechen. Noch am selben Tag drückte er zudem in einer Fernsehansprache der US-Bevölkerung sein Mitgefühl aus.[237] »Russland weiß unmittelbar, was Terrorismus bedeutet«, und es verstehe »mehr als jeder andere die Gefühle des amerikanischen Volkes«, erklärte er. In der Tat hatten sowjetische Truppen in Afghanistan schon in den 1980er Jahren mörderische Erfahrungen mit dem Wirken Usama bin Ladins und anderer Gotteskrieger gemacht; vor allem aber hatten Jihadisten aus dem Nordkaukasus, insbesondere aus Tschetschenien, inzwischen begonnen, ihren Terror nach Russland zu tragen. Dass nach den Anschlägen vom 11. September ein Vorgehen gegen den Jihadismus auf die internationale Tagesordnung geriet, bot Moskau die Chance, seinen eigenen Kampf gegen jihadistische Strukturen damit zu verbinden. Umgehend

---

236 Laruelle 2008. S. 7 ff.

237 9/11 a »turning point« for Putin, www.edition.cnn.com, 10.9.2002.

sagte Putin Washington zu, russische Geheimdienstinformationen für entsprechende Operationen zur Verfügung zu stellen; bald erklärte er sogar, keine Einwände gegen die Nutzung zentralasiatischer Militärbasen für den US-Krieg in Afghanistan zu haben. Spezialisten sprachen damals sogar von einer »Wende nach Westen«, die der russische Präsident vollzogen habe.[238] Das mag überzogen gewesen sein; Tatsache war jedoch: Im »Anti-Terror-Krieg«, in dem Moskau und Washington zumindest teilweise identische Interessen verfolgten, ging Russland eine punktuelle Kooperation mit den Vereinigten Staaten ein.

Diese Kooperation ist auch dann, als sich die Beziehungen insgesamt deutlich verschlechterten, noch eine ganze Weile erhalten geblieben. Im Jahr 2004 begann Russland, sich mit der NATO im Vorgehen gegen Terrorismus enger abzustimmen. Im Dezember 2005 startete der NATO-Russland-Rat ein umfassendes Ausbildungsprojekt in der Drogenbekämpfung, das klar vor allem auf eines abzielte – auf eine Schwächung der Taliban-Strukturen in Afghanistan.[239] Im April 2008 gewährte Moskau der NATO das Recht zum Transport sogenannter nicht-tödlicher Ausrüstung über sein Territorium nach Afghanistan; im Jahr 2010 folgte eine Genehmigung auch zum Waffentransport. 2012 willigte die russische Regierung darüber hinaus in die Nutzung des russischen Luftraums ein. Sogar den Flughafen in Uljanowsk an der Wolga durfte die NATO jetzt ansteuern, um Nachschub nach Afghanistan zu bringen; erbitterte Proteste aus der Bevölkerung gegen die »NATO-Basis« auf russischem Territorium blieben freilich nicht aus. Dennoch hat Moskau an der Kooperation festgehalten, bis sie wegen der Zuspitzung des Ukraine-Konflikts ganz unerträglich geworden war: Im Mai 2015 stellte die russische Regierung sie ein.[240] Der neue Kalte Krieg hatte ihr nun die letzte Grundlage entzogen.

---

238 O'Loughlin, John; Tuathail, Gearóid Ó; Kolossov, Vladimir: A »Risky Westward Turn«? Putin's 9-11 Script and Ordinary Russians. In: Europe-Asia Studies Vol. 56, No. 1. January 2004. S. 3-34.

239 NATO-Russia practical cooperation. NATO Media Backgrounder. December 2013.

240 Timofeychev, Alexey: Moscow ends Afghanistan military transit deal with NATO, www.rbth.com, 19.5.2015.

»Ohne Höflichkeitsgetue«

Jenseits der Anti-Terror-Kooperation hatten die Spannungen zwischen Moskau und Washington freilich schon bald nach dem 11. September 2001 deutlich zugenommen. Auslöser waren zunächst die »Farbrevolutionen« in Georgien und der Ukraine, dann die US-Bestrebungen, die beiden Länder der NATO anzunähern.[241] Schließlich trugen auch der US-Überfall auf den Irak, die stetigen US-Kriegsdrohungen gegen Iran sowie sonstige US-Alleingänge zum deutlich wachsenden russischen Unmut über die US-Dominanz bei. Überaus deutlich hat Putin in einer Rede auf der Münchner Sicherheitskonferenz am 9. Februar 2007 vor den Folgen gewarnt. »Das Format der Konferenz bietet mir die Möglichkeit, auf ein übermäßiges Höflichkeitsgetue zu verzichten«, begann der russische Präsident recht schroff; es eröffne ihm vielmehr »die Möglichkeit, das zu sagen, was ich wirklich über die Probleme der internationalen Sicherheit denke«.[242] Dann legte er in einer durchaus ungewöhnlichen Offenheit los.

Da gebe es bekanntlich, erklärte Putin, klar auf die USA Bezug nehmend, die Konzeption einer monopolaren Welt. Das heiße? »Wie dieser Begriff auch immer ausgeschmückt werden mag – im Endeffekt bedeutet er in der Praxis nur eines«: dass es nämlich lediglich ein einziges »Zentrum der Macht, ein Zentrum der Kraft und ein Zentrum der Beschlussfassung« gebe. Neben diesem Zentrum könne rein gar nichts eigenständig bestehen. »Das ist die Welt eines Herrschers«, fuhr Putin fort; das habe »mit Demokratie nichts zu tun«. »Das monopolare Modell« sei »für die heutige Welt« deshalb »unannehmbar«. Dabei sei »alles, was sich heute in der Welt abspielt ..., eine Folge der Versuche, gerade diese Konzeption ... der monopolaren Welt in die internationalen Angelegenheiten hineinzupflanzen«. Man sehe, wohin das führe: »Die einseitigen und des öfteren unlegitimen Handlungen« der monopolaren Macht hätten bisher offenkundig »kein einziges Problem gelöst«. »Mehr noch«, fuhr der russische Präsident

---

241 Vgl. Kapitel 2.2.

242 Putins Rede in München im vollständigen Wortlaut, https://de.sputniknews.com, 13.2.2007.

fort: »Sie haben zu neuen menschlichen Tragödien und zu neuen Spannungsherden geführt. Urteilen Sie selbst: Die Kriege sowie die lokalen und regionalen Konflikte sind nicht weniger geworden.« In ihnen kämen zudem »nicht weniger, sondern sogar mehr Menschen als früher« zu Tode. »Heute beobachten wir eine fast durch nichts gezügelte und übertriebene Anwendung von militärischer Gewalt in den internationalen Angelegenheiten«, fasste Putin zusammen: »Wir beobachten eine immer stärkere Vernachlässigung der grundlegenden Prinzipien des Völkerrechts.« Dabei dürfe doch bekanntlich »nur die UNO-Charta der einzige Mechanismus zur Beschlussfassung über die Anwendung militärischer Gewalt« sein.

Putins Rede, eine in ihrer Offenheit wohl einmalige Kritik an der Dominanz des Westens und vor allem der USA, ist im westlichen Establishment – in den Vereinigten Staaten ohnehin, aber auch in Deutschland und der EU – weithin mit Verärgerung, teilweise mit Unverständnis aufgenommen worden. Während sein Sprecher Dmitri Peskow sie als »Alarmruf« klassifizierte, erklärte NATO-Generalsekretär Jaap de Hoop Scheffer, er sei »enttäuscht«; US-Senator John McCain gab sich »besorgt hinsichtlich der Zukunft der russischen Demokratie«. Die meisten fragten, hieß es in Berichten: »Warum macht der das?«[243] Manche erklärten mehr oder weniger offen, man müsse den russischen Präsidenten nicht ernst nehmen: Man habe in der Rede »Verletzung über die verlorene Weltmachtrolle« spüren können, äußerte der CDU-Außenpolitiker Friedbert Pflüger süffisant, während Klaus Naumann, ein ehemaliger Vorsitzender des NATO-Militärausschusses, nur verächtlich schimpfte, Russland sei inzwischen eben »schwach«. Spuren in der Politik der NATO- und der EU-Staaten hat die Rede jedenfalls nicht hinterlassen; der Westen setzte seine expansive Ostpolitik unverändert fort. Schon wenig später ist er dann allerdings zum ersten Mal auf offenen Widerstand gestoßen: Weil Moskau – anders als in den 1990er Jahren – nicht mehr alles mit sich machen ließ, kam es im russisch-georgischen Krieg vom August 2008 zum Konflikt.

---

243 Fischer, Sebastian: Putin schockt die Europäer, www.spiegel.de, 10.2.2007.

Rote Linien

Der Krieg begann, als georgische Truppen in der Nacht vom 7. zum 8. August 2008 Zchinwali, die Hauptstadt Südossetiens, beschossen und anschließend in das Gebiet einmarschierten. Südossetien, formal eine Teilrepublik Georgiens, hatte schon seit dem Zerfall der Sowjetunion seine Abspaltung angestrebt; der Konflikt war festgefahren, zu seiner Kontrolle war eine russische »Friedenstruppe« vor Ort. Bereits 2005 hatte Tbilisi Pläne zur militärischen Rückeroberung des Gebiets entwickelt, sie aber nach Angaben seines damaligen Verteidigungsministers Irakli Okruaschwili auf Druck Washingtons vorerst zurückgestellt. Am späten Abend des 7. August hielt der georgische Präsident Micheil Saakaschwili die Zeit nun offenbar für reif und befahl den Angriff. Schon beim ersten Beschuss der südossetischen Hauptstadt kamen zahlreiche Menschen zu Tode, darunter Zivilisten sowie Angehörige der russischen Friedenstruppe. Entsprechend schlug Russland – damit hatte Saakaschwili wohl nicht gerechnet – zurück. Binnen nur fünf Tagen nahmen russische Truppen Südossetien ein und rückten weiter auf georgisches Territorium vor. Georgiens Militär hatte dem Gegenschlag nichts entgegenzusetzen und erlitt eine schwere Niederlage. Moskau wiederum hatte klargestellt, dass es rote Linien gab, gegen deren Überschreitung es sich mit allen Mitteln zur Wehr setzen würde. Und um das ein für allemal festzuhalten, erkannte Präsident Dmitri Medwedew am 26. August 2008 in aller Form die Eigenstaatlichkeit Südossetiens und Abchasiens, eines zweiten georgischen Sezessionsgebiets, an. Damit hatte Moskau zum ersten Mal etwas getan, was bis dahin die westlichen Mächte für sich reserviert hatten: Es hatte Grenzveränderungen durchgesetzt.

Russland hat nicht nur – mit seinem Vorgehen im russisch-georgischen Krieg – klargestellt, dass es den Anspruch erhebt, auf Augenhöhe mit den westlichen Mächten zu operieren. Es hat zudem seine Bemühungen verstärkt, das dazu notwendige Machtpotenzial zu erlangen. Das galt zunächst einmal für das russische Militär. »Weil der Georgienkrieg große Defizite in den russischen Streitkräften offenbart hatte«, stellte Ende 2013 die SWP fest, »startete Moskau im Oktober

2008 die umfassendste Militärreform seit Jahrzehnten.«[244] Zuvor war ein dramatischer Niedergang zu verzeichnen gewesen. Von 1988 bis 1994 war die Personalstärke der Streitkräfte von fünf Millionen auf eine Million Soldaten reduziert worden; die Militärausgaben waren im selben Zeitraum von 246 Milliarden US-Dollar auf 14 Milliarden US-Dollar jährlich geschrumpft.[245] Seitdem hatte Moskau seine Truppen lediglich mehr oder weniger zu stabilisieren versucht. Nun begann es, das Militär von Grund auf zu überholen. Die Maßnahmen hätten »den Grundstein für die Schaffung moderner Streitkräfte« gelegt, »die sich in lokalen und regionalen Konflikten schnell und flexibel einsetzen lassen«, hielt die SWP im Rückblick fest; mittlerweile hätten die russischen Truppen mehrmals in Manövern demonstriert, »dass sich ihre Leistungsfähigkeit verbessert« habe. Zwar gebe es noch »Probleme im Personalbereich«; doch sei inzwischen ein »ambitioniertes Rüstungsprogramm« gestartet worden: »Genügten 2008 nur 10 Prozent der Waffensysteme modernen Standards, soll ihr Anteil bis 2020 auf 70 Prozent steigen.« Tatsächlich hätten sich die »Fähigkeiten der russischen Streitkräfte« seit dem Beginn der Reform bereits spürbar »verbessert«.

Gleichzeitig begann Moskau, seine Stellung in seinem unmittelbaren geographischen Umfeld so weit wie möglich zu konsolidieren – nicht zuletzt in Reaktion auf die Vorstöße Berlins und der EU in Sachen »Östliche Partnerschaft«. Dazu griff es auf einen Ansatz zurück, den Putin schon in seiner ersten Amtszeit als Präsident in den Blick genommen, aber nicht wirklich weiterverfolgt hatte: auf die am 10. Oktober 2000 gegründete »Eurasische Wirtschaftsgemeinschaft«.[246] Aus dem Bemühen, ein einheitliches Wirtschaftsgebiet zu etablieren, wurde zunächst nicht viel; erst am 6. Oktober 2007 kam es zur Gründung einer Zollunion, an der neben Russland nur Belarus

---

244 Klein, Margarete; Pester, Kristian: Russlands Streitkräfte: Auf Modernisierungskurs. SWP-Aktuell 72. Berlin, Dezember 2013.
245 Trenin, Dmitri: The Revival of the Russian Military. How Moscow Reloaded. In: Foreign Affairs May/June 2016. S. 23-29.
246 Gründungsmitglieder waren Russland, Belarus, Kasachstan, Kirgistan und Tadschikistan.

und Kasachstan beteiligt waren. Echte Fortschritte machte das Projekt erst, nachdem am 27. November 2009 ein Zollkodex unterschrieben worden war, der im folgenden Jahr in Kraft trat. Versuche, die Ukraine zum Beitritt zu bewegen, scheiterten am hartnäckigen Widerstand der EU. Am 29. Mai 2014 unterzeichneten schließlich die Präsidenten Russlands, Belarus' und Kasachstans in der kasachischen Hauptstadt Astana den Vertrag zur Gründung der »Eurasischen Wirtschaftsunion«, die zum 1. Januar 2015 die Arbeit aufnahm. Am 2. Januar 2015 trat Armenien ihr bei, am 12. August 2015 Kirgisistan. Ziel sei es letztlich, eine »Eurasische Union« zu schaffen, schrieb Ministerpräsident Putin am 3. Oktober 2011 in einem Namensbeitrag für die Tageszeitung *Iswestija*, die als »mächtige supranationale Vereinigung« zu »einem der Pole in einer modernen Welt« werden solle.[247]

Erstmals auf Augenhöhe
Russland hat sich nicht auf die Militärreform und den Aufbau der Eurasischen Wirtschaftsunion beschränkt. Es hat seit Putins Amtsantritt systematisch die Beziehungen zu verschiedenen Staaten Lateinamerikas gefestigt, darunter insbesondere die Mitglieder des ALBA-Bündnisses um Venezuela und Kuba; Ende 2008 etwa führten mehr als 2.000 venezolanische und russische Marinesoldaten gemeinsam ein Manöver in der Karibik durch. Moskau hat sich zudem um den Aufbau und die Stärkung des BRICS-Bündnisses bemüht, eines lockeren Staatenbundes, dem bei seinem ersten Gipfel am 16. Juni 2009 Brasilien, Russland, Indien und China angehörten und dem 2010 zusätzlich Südafrika beitrat. Im Juli 2015 haben die BRICS-Staaten die New Development Bank gegründet, die – mit Sitz in Shanghais boomendem Finanzzentrum Lujiazui – als Alternative zur Weltbank auftritt. Der Anspruch, die westliche Dominanz nicht länger zu tolerieren, wurde in Moskau nicht länger verhüllt.

Gestützt auf seine breiten internationalen Aktivitäten, hat Russland sich schließlich ab Anfang 2012 sogar um einen eigenen Beitrag zur Lösung eines internationalen Großkonflikts bemüht – in Syrien.

---

247 Putin plant »Eurasische Union«, www.euractiv.de, 5.10.2011.

Wie alles anfing, hat der ehemalige finnische Staatspräsident Martti Ahtisaari im September 2015 der britischen Tageszeitung *The Guardian* berichtet. Demnach trat der russische UN-Botschafter Witali Tschurkin im Februar 2012 mit einem Vermittlungsvorschlag für den Syrien-Krieg an ihn heran. Moskau werde den syrischen Präsidenten Baschar al-Assad zu Verhandlungen mit der Opposition veranlassen, wenn im Gegenzug der Westen die Aufrüstung der Aufständischen beende, habe Tschurkin damals angeboten, erzählte Ahtisaari; die russische Regierung bestehe nicht darauf, Assad im Amt zu halten, und sei bereit, »für ihn einen eleganten Weg zum Rückzug zu finden«.[248] Ahtisaari schilderte dem *Guardian*, wie er damals – elektrisiert von der Hoffnung auf einen Frieden für Syrien – bei den UN-Botschaftern der Vereinigten Staaten, Großbritanniens und Frankreichs vorgesprochen, aber prompt auf Granit gebissen habe. »Nichts geschah«, klagte er: Im Westen sei man überzeugt gewesen, Assad werde ohnehin »in wenigen Wochen sein Amt verlieren«; man brauche die russische Unterstützung nicht. Die Chance war vertan. Moskau ist allerdings am Ball geblieben – und konnte im September 2013 seinen ersten Erfolg erzielen, als es ihm gelang, Assad zum Verzicht auf Syriens Chemiewaffenbestände zu veranlassen. In den Verhandlungen dazu sei es »zu den ersten Diskussionen auf Augenhöhe zwischen Vertretern der USA und Russlands seit dem Zusammenbruch der Sowjetunion gekommen«, stellte Dmitri Trenin im Jahr 2014 im Rückblick fest.[249]

»Kooperation ja, Partnerschaft nein«
Moskau ist durchaus erfolgreich dabei gewesen, seine Positionen auszubauen – während die Staaten der NATO und der EU, insbesondere auch Deutschland, ihre offen gegen russische Interessen gerichteten expansiven Aktivitäten in Osteuropa immer weiter intensivierten. Möglicherweise unwiederbringlich beschädigt haben die Bundesrepublik und die Vereinigten Staaten das Verhältnis zu Russland mit ihrem

---

248 Borger, Julian; Inzaurralde, Bastien: West »ignored Russian offer in 2012 to have Syria's Assad step aside«, www.theguardian.com, 15.9.2015.

249 Trenin, Dmitri: The Ukraine Crisis and the Resumption of Great-Power Rivalry. Carnegie Moscow Center. Moscow, July 2014. S. 14.

Frontalangriff auf russische Kerninteressen im Ukraine-Konflikt; mehr dazu in Kapitel 4.1. Schon jetzt kann vorweggenommen werden: Russland reagierte auf die westliche Offensive in Kiew, indem es seine fast ein Vierteljahrhundert lang immer wieder bekräftigten Partnerschaftsangebote an den Westen zurückzog – und radikal umsteuerte, nun endlich, wie Trenin es formulierte, die Konsequenzen aus seinen »Erfahrungen mit seinem europäischen Gegenüber in den vergangenen 25 Jahren« ziehend.[250] »Die Ära der erklärten strategischen Partnerschaft ging zu Ende«, bilanzierte Fjodor Lukjanow, ein Mitarbeiter des Waldai-Club und einer der führenden russischen Außenpolitik-Experten, im Februar 2016: »Großeuropa kam nicht zustande.«[251] Selbst wenn es gelinge, die Ukraine-Krise oberflächlich beizulegen, könnten »die Beziehungen nicht mehr umfassend sein«. Zwar sei »eine intensive Zusammenarbeit« auf einzelnen Feldern – etwa »in der Energiewirtschaft« – weiterhin möglich. Doch sei »die wirtschaftliche Zukunft« insgesamt von nun an in »Großeurasien« zu suchen. China habe sich »gen Westen gewandt« und sei »ernsthaft bereit, Wege nach Europa und in den Mittelmeerraum zu bauen«; in diesem Rahmen sei ein »gemeinsamer Wirtschaftsraum und normative Harmonisierung« möglich. Lukjanow überschrieb seine Analyse mit den aussagekräftigen Worten »Kooperation ja«, »Partnerschaft nein«.

Ist das jetzt vielleicht die eurasische Wende der russischen Staatsspitze, gar von Putin persönlich, gewesen? Schließlich bemühten sich wachsende Teile des westlichen Establishments seit Moskaus Gegenschlag auf der Krim eifrig, dem russischen Präsidenten zumindest eine ideologische Vorliebe für ultrarechte Eurasier anzuhängen. Der Neo-Eurasier Alexander Dugin, ein Faschist, sei »Putins Gehirn«, titelte im März 2014 die US-Zeitschrift *Foreign Affairs*[252], und die *Frankfurter*

---

250 Trenin, Dmitri: Russia's Post-Soviet Journey. From Europe to Eurasia, www.foreignaffairs.com, 25.12.2016.

251 Lukjanow, Fjodor: Russland und die EU: Partnerschaft nein, Kooperation ja, https://de.rbth.com, 2.2.2016.

252 Barbashin, Anton; Thoburn, Hannah: Putin's Brain. Alexander Dugin and the Philosophy Behind Putin's Invasion of Crimea, www.foreignaffairs.com, 31.3.2014.

Allgemeine zog im Juni 2014 mit einem Dugin-Porträt unter der Überschrift »Auf diesen Mann hört Putin« nach.[253] War Dugin nicht 2008 zum Soziologieprofessor an der Moskauer Lomonossow-Universität ernannt worden? Prahlte er nicht immer wieder mit Kontakten in die Moskauer Machtzirkel? Nun, mit angeblichen Kontakten zu Putin habe sogar der Wichtigtuer Dugin niemals geprahlt, stellte die Eurasier-Expertin Marlène Laruelle im März 2015 klar; und man könne ja wohl kaum übersehen, dass Dugin seinen Posten an der Lomonossow-Universität im Juni 2014 postwendend verloren habe, als er versucht habe, sich in den ostukrainischen Bürgerkrieg einzumischen.[254] Es sei dem Mann nie gelungen, einen Job im Umfeld des Kreml oder auch nur einen Posten in den Strukturen der Eurasischen Wirtschaftsunion zu erlangen. Deren Funktionäre läsen im Übrigen nicht Trubezkoj, Sawizkij oder gar Dugin, sondern Jean Monnet; ihr strukturelles Vorbild sei die EU.[255]

Und Putin? Wer glaube, der russische Präsident sei so blöde, sich von einem »ideologischen Guru« abhängig zu machen, sei auf dem Holzweg, urteilte Laruelle kühl im März 2017.[256] Wer das meine, »missversteht Putins Strategie«, hatte sie bereits zuvor erläutert: Der russische Präsident nutze nationalistische Rhetorik vielleicht, »um seine Entscheidungen im Nachhinein zu rechtfertigen«; doch sei er »nicht von Nationalismus motiviert«. »Dem Prozess der Entscheidungsfindung« in der Präsidialadministration liege etwas Anderes, Wichtigeres zugrunde: »strategische Interessen, nicht Ideologie«.[257]

---

253 Holm, Kerstin: Auf diesen Mann hört Putin. FAZ, 16.6.2014.
254 Laruelle, Marlene: Scared of Putin's Shadow. In Sanctioning Dugin, Washington Got the Wrong Man, www.foreignaffairs.com, 25.3.2015.
255 Laruelle, Marlene: Eurasia, Eurasianism, Eurasian Union. Terminological Gaps and Overlaps. PONARS Eurasia Policy Memo No. 366. July 2015.
256 Laruelle, Marlene: In search of Putin's philosopher. Why Ivan Ilyin is not Putin's Ideological Guru. http://intersectionproject.eu, 3.3.2017.
257 Laruelle, Marlene: Scared of Putin's Shadow. In Sanctioning Dugin, Washington Got the Wrong Man, www.forcignaffairs.com, 25.3.2015.

4.
»Umstrittene Räume«

Der neue Kalte Krieg

Auf Dauer hat es nicht gutgehen können. Deutschland, seit 1990 gewaltig erstarkt, hatte Kurs auf eine neue Runde seiner Expansion nach Osten genommen und hielt um jeden Preis daran fest (vgl. Kapitel 1). Die Vereinigten Staaten waren trotz erster Rückschläge weiterhin bemüht, sich im unmittelbaren russischen Einflussgebiet festzusetzen (Kapitel 2). Russland wiederum, im Prozess der Konsolidierung begriffen, ließ keinerlei Neigung erkennen, sich von den westlichen Mächten immer weiter schwächen zu lassen (Kapitel 3). Den Funken an die Lunte gelegt haben schließlich Berlin und Washington, als sie im November 2013 alles auf eine Karte setzten, um die Ukraine durch einen Umsturz in Kiew aus ihrer bisherigen Mittelstellung zwischen Ost und West nun komplett auf ihre Seite zu ziehen. Mit dieser Attacke auf grundlegende außenpolitische Interessen haben sie die Eskalation der Spannungen heraufbeschworen, die man seitdem beobachten kann – den neuen Kalten Krieg.

4.1.
Die Doppelstrategie des Kalten Kriegs
Von den Maidan-Protesten zur Ära der Sanktionen

Mittwoch, 4. Dezember 2013. Kiew brodelt. Tausende sind seit Tagen auf den Beinen, haben sich auf dem Maidan zu einem Protestlager zusammengefunden, haben öffentliche Gebäude besetzt und zuletzt sogar versucht, die Zugänge zum Regierungssitz zu blockieren. Ihr Ziel: Die Ukraine soll sich mit der EU assoziieren. Dafür treten sie handfest ein. Eine EU-Assoziierung des Landes befürwortet auch die deutsche Regierung. Außenminister Guido Westerwelle, der zu einem OSZE-Treffen in die ukrainische Hauptstadt gereist ist, nutzt die Gelegenheit, um sich mit Vertretern zweier entschieden auf die EU orientierender Oppositionsparteien zu treffen. Später am Abend macht er sich auf und mischt sich persönlich unter die Demonstranten auf dem Maidan: »Hier schlägt das Herz europäisch«, lobt er.[258] Sein Besuch ist ein starkes Symbol. Die ukrainischen Behörden drohen, die besetzten Gebäude räumen zu lassen; gegen einige Dutzend Demonstranten sind wegen mutmaßlich illegaler Protestaktionen Strafverfahren eröffnet worden. Ist ein hartes Vorgehen der Staatsgewalt gegen sie noch denkbar, nachdem der deutsche Außenminister unmissverständlich seine Solidarität mit ihnen bekundet hat? Russlands Ministerpräsident Dmitri Medwedew ist sauer. Westerwelles Auftritt sei »Einmischung in innere Angelegenheiten«, stellt er fest: Was werde die Bundesregierung tun, wenn ein russischer Außenminister sich in Berlin in eine protestierende Menge mische, die mit ihren Aktionen deutsches Recht breche? »Ich glaube nicht, dass sie das als eine freundliche oder korrekte Handlung ansehen würde«, äußert Medwedew verärgert.[259]

Die Assoziierung der Ukraine mit der EU, die im Mittelpunkt der Maidan-Proteste gestanden hat, ist ein strategisch wichtiges Ziel des deutschen Establishments gewesen. Nach dem erfolgreichen Abschluss der EU-Osterweiterung ging es darum, die eigene Hegemonialsphäre ein weiteres Stück in Richtung Osten auszudehnen.[260] Daran hatten sowohl die deutsche Wirtschaft wie auch die Politik ein ganz erhebliches Interesse. Die Wirtschaft zielte darauf ab, den ukrainischen Markt an den EU-Binnenmarkt anzuschließen und ihn nach EU-Normen zu formen, um neue Vorteile für ihren Außenhandel zu erlangen. Wie weit die Anpassung gehen sollte, zeigt die Tatsache,

---

258 Westerwelle wehrt sich gegen russische Kritik, www.spiegel.de, 5.12.2013.
259 Russland kritisiert Westerwelle-Auftritt in Ukraine, www.spiegel.de, 6.12.2013.
260 Vgl. Kapitel 1.3.

dass das Assoziierungsabkommen unter anderem Produktschutz für Thüringer Leberwurst und Odenwälder Frühstückskäse in der Ukraine vorsieht.[261] Politisch war klar, dass Kiew mit der Ratifizierung des Assoziierungsabkommens unter anderem zusagen würde, sich in seiner Außen- und Militärpolitik immer enger mit der EU abzustimmen und in zunehmendem Maß an EU-Militärmanövern und -einsätzen teilzunehmen.[262] Faktisch lief all dies darauf hinaus, die Ukraine von Russland abzukoppeln. Berlin ging dabei aufs Ganze. Die Bundesregierung wies sämtliche Bitten aus Kiew und Moskau, zwecks Vermeidung von Brüchen die EU-Assoziierung mit der russischen Regierung abzustimmen, brüsk zurück: »Mit Russland wurde schlicht nicht darüber geredet, was die Assoziierung der Ukraine ... politisch und wirtschaftlich bedeutet«, kritisierte rückblickend im Mai 2014 der ehemalige EU-Kommissar Günter Verheugen.[263] Als der ukrainische Präsident Wiktor Janukowitsch am 20. November 2013 erklärte, wenn Berlin und Brüssel sich weiterhin sämtlichen Verhandlungen verweigerten, könne er das Assoziierungsabkommen nicht unterzeichnen, da brach, von der Gesprächsblockade der Bundesregierung provoziert[264], der Protest auf dem Maidan los.

Die Formierung der Opposition

Die Bundesregierung ist auf einen offenen Machtkampf in Kiew damals gut vorbereitet gewesen: Sie hatte in der Ukraine nach der Abwahl des prowestlichen Präsidenten Wiktor Juschtschenko Anfang 2010 eine ganze Reihe von Schritten in die Wege geleitet, die sich in den bisherigen Farbrevolutionen als nützlich erwiesen hatten. So hat sie sich um

---

261 Association Agreement between the European Union and its Member States, of the one part, and Ukraine, of the other part. Annex XXII-C to chapter 9.

262 Association Agreement between the European Union and its Member States, of the one part, and Ukraine, of the other part. Title II, Article 10.

263 Verheugen zur EU-Russlandpolitik: Warum Helmut Schmidt irrt, www.spiegel.de, 19.5.2014.

264 Kronauer, Jörg: »Ukraine über alles!« Ein Expansionsprojekt des Westens. Hamburg 2014. S. 124 ff.

den Aufbau einer verlässlich mit ihr kooperierenden Oppositionspartei bemüht. UDAR, die Partei des Ex-Boxweltmeisters Witali Klitschko, ist von der Konrad-Adenauer-Stiftung (CDU) systematisch gefördert worden; Klitschko selbst hat mehrmals zu politischen Absprachen das Auswärtige Amt besucht. Er ist damals machtpolitisch als Geheimtipp gehandelt worden: Aufgrund seiner erfolgreichen Boxkarriere war er sehr populär, hatte aber mit den verhassten Oligarchen nichts zu tun, was seine Wahlchancen deutlich verbessert hat.[265] Abseits der öffentlichen Wahrnehmung hat Klitschko dann zwar bald doch Kontakt zu einigen Oligarchen aufgenommen, die sich – wie etwa Petro Poroschenko – von der EU bessere Geschäfte als von Russland erhofften. Das ließ sich allerdings noch eine Weile unter dem Deckel halten und hat den Einfluss Berlins und Brüssels in Kiew weiter gestärkt. Zudem hat die Bundesregierung sich intensiv um die prowestlichen Mittelschichten der Ukraine bemüht. Diese sind, am Aufstieg gehindert von den korrupt-repressiven Machenschaften der ukrainischen Oligarchen, eine leichte Beute gewesen; Berlin hat sie – oft über parteinahe Stiftungen wie die Konrad-Adenauer- oder die Heinrich-Böll-Stiftung (Bündnis 90 / Die Grünen) – mit Projekten zur Demokratisierung, zur Pressefreiheit und zu Menschenrechten für sich gewonnen.[266] Als am Abend des 21. November 2013 die Demonstrationen für die EU-Assoziierung des Landes begannen, fanden sich ebenjene Milieus – UDAR-Politiker, prowestliche Mittelschichten – auf dem Kiewer Maidan zusammen. Allerdings musste Berlin in Rechnung stellen, dass die Mittelschichten auch von den USA angebunden wurden: Die für Europa zuständige Abteilungsleiterin im State Department, Victoria Nuland, bestätigte im Frühjahr 2014, Washington habe seit 1991 rund fünf Milliarden US-Dollar in der Ukraine ausgegeben – für Projekte zur Demokratieförderung, ein klassisches Mittelschichts-Betätigungsfeld.[267]

Dass es den westlichen Mächten letztlich nicht so sehr um die Förderung der Demokratie, sondern vielmehr um die Förderung gesell-

---

265 Ebd. S. 134 ff.
266 Ebd. S. 130 ff.
267 CNN's Amanpour 21.4.2014, http://transcripts.cnn.com.

schaftlicher Spektren ging, die jeden russischen Einfluss in der Ukraine bekämpften und für die Anbindung des Landes an die EU eintraten, das zeigt sich daran, dass sie ab 2012 auch mit offen antidemokratischen Milieus zu paktieren begannen: mit Anhängern des in der Westukraine sehr populären NS-Kollaborateurs Stepan Bandera. Durfte man im Kampf gegen Moskau mit Faschisten zusammenarbeiten, nur weil diese zu Russlands erbittertsten Feinden in der Ukraine gehörten? Diese Frage wurde im Frühjahr 2012 in Teilen der ukrainischen Mittelschichten intensiv diskutiert. Gefördert hatte die Debatte die Konrad-Adenauer-Stiftung, die am 24. Februar 2012 in Kiew gemeinsam mit den beiden parteinahen US-Organisationen International Republican Institute (IRI) und National Democratic Institute (NDI) ein »Expertengespräch« zur Zukunft der Opposition in der Ukraine durchgeführt hatte. Dazu eingeladen hatte sie auch Oleh Tjahnibok, den Leiter der Banderistenpartei Swoboda. Gegen die Einbindung von Faschisten in das im Entstehen begriffene breite Oppositionsbündnis gab es damals noch warnende Proteste.[268] Sie verstummten allerdings im Laufe der Zeit, als erkennbar wurde, dass EU und USA den Pakt mit den Bandera-Anhängern unterstützten: Wenige Tage nach einem Überfall von Swoboda-Aktivisten auf eine schwullesbische Kundgebung in Kiew (8. Dezember 2012) lud der Botschafter Litauens in der Ukraine den Swoboda-Chef zum Gespräch (23. Dezember 2012); es folgten Treffen von Swoboda-Funktionären mit den Botschaftern der USA (11. Januar), weiterer EU- und NATO-Staaten und schließlich auch der Bundesrepublik (29. April). Weshalb? Nun, es kann als durchaus ungewiss gelten, ob die prowestlichen Mittelschichten alleine genügend Masse und vor allem auch Durchschlagskraft gehabt hätten, um die Regierung in Kiew zu stürzen. Auf dem Maidan jedenfalls reihten sich bald zahlreiche Bandera-Anhänger ein; sie vergrößerten die protestierende Menge erheblich und sorgten für den nötigen Krawall.

Das politische Dispositiv, das die Mächte Europas und Nordamerikas mit alledem aufbauten, hat sich als überaus erfolgreich erwiesen. Da förderten EU und USA in der Ukraine die prowestliche Opposi-

---

268 Kronauer 2014. S. 139 ff.

tion, banden sie – auch finanziell – eng an sich an, formierten sie nicht zuletzt durch die Einbeziehung von Faschisten in ein breites Oppositionsbündnis und stärkten diesem auf dem Maidan durch demonstrative Akte wie den Auftritt des deutschen Außenministers inmitten der Proteste den Rücken. Ziel war zunächst die Durchsetzung des EU-Assoziierungsabkommens mit Kiew ohne jegliche Rücksicht auf russische Belange; bald kam dann als zweites Ziel die Hoffnung auf einen prowestlichen Umsturz in der ukrainischen Hauptstadt hinzu. Medial begleitet wurde diese Politik durch die großen, weltweit verbreiteten Sender von *CNN* bis *BBC* und, wenngleich auf kleinerer Flamme, von *Radio Free Europe* bis zur *Deutschen Welle*; das positive internationale Echo hat die Demonstranten in Kiew noch zusätzlich befeuert. Und nicht zuletzt intervenierten die westlichen Regierungen natürlich auch direkt mit diplomatischen Aktivitäten in Kiew.

Transatlantischer Führungsstreit
Dabei hat es in der Ukraine seit den Maidan-Protesten, anders als bei früheren Farbrevolutionen, kein wirklich einheitliches Vorgehen der westlichen Mächte mehr gegeben. Konsens bestand noch darin, Präsident Janukowitsch aus dem Amt zu jagen und zu diesem Zweck das breite ukrainische Oppositionsbündnis zu unterstützen. Streitigkeiten gab es allerdings in der Frage, welche oppositionellen Kräfte in den Vordergrund gerückt werden sollten. Berlin und Brüssel setzten vor allem auf Klitschko und gemeinsam mit ihm auf Poroschenko, während Washington zu dem späteren Ministerpräsidenten Arsenij Jazenjuk tendierte. Sehr gut belegbar sind diese Differenzen durch zwei Telefonmitschnitte, die im Februar 2014 online publiziert wurden. »Fuck the EU«, schimpfte die State-Department-Abteilungsleiterin Nuland demnach im Gespräch mit US-Botschafter Geoffrey Pyatt – und wies verärgert den Gedanken zurück, der von Berlin und Brüssel protegierte Klitschko könne in eine künftige ukrainische Regierung eintreten.[269] Während Nuland ihrerseits Jazenjuk pries, beschwerte sich die deutsche Diplomatin Helga Schmid, stellvertretende General-

---

269 Ukraine crisis. Transcript of leaked Nuland Pyatt call, www.bbc.co., 7.2.2014.

sekretärin des Europäischen Auswärtigen Diensts, telefonisch bei Jan Tombiński, dem EU-Botschafter in der Ukraine, dass »die Amerikaner herumgehen und die EU an den Pranger stellen, wir seien da zu soft«. »Wir wollen jetzt hier nicht in ein Wettrennen gehen«, meckerte Schmid weiter, »aber das ist wirklich sehr unfair, wenn sie das verbreiten.«[270] Echte Einigkeit sieht anders aus.

Tatsächlich sind die transatlantischen Differenzen dem Ukraine-Konflikt erhalten geblieben. Dabei ist immer wieder das deutsche Bestreben zu erkennen, in der Beilegung des Konflikts als Führungsmacht aufzutreten. Das war bereits vor dem Umsturz der Fall, etwa, als Außenminister Frank-Walter Steinmeier am 20. und 21. Februar 2014 Verhandlungen mit Präsident Janukowitsch und der Oppositionsspitze leitete; mit dabei waren seine Amtskollegen aus Frankreich und Polen, nicht jedoch derjenige aus den USA. Steinmeiers Resultat, die Einigung auf vorgezogene Wahlen und eine Verfassungsänderung, hatte allerdings nicht lange Bestand: Nach einer erneuten Gewalteskalation seitens einer Truppe von Maidan-Aktivisten floh Janukowitsch noch am 21. Februar aus Kiew.[271] Das Bestreben Berlins, seine Hegemonie über die Ukraine durchzusetzen, zeigte – und zeigt – sich auch in den Verhandlungen zum Minsker Abkommen vom 12. Februar 2015 und in weiteren Gesprächen im sogenannten Normandie-Format, bei denen jeweils die Bundeskanzlerin und der französische Präsident mit den Präsidenten Russlands und der Ukraine zusammentrafen und -treffen: Sie fanden und finden ebenfalls ohne einen US-Vertreter statt. Allerdings ist es Berlin bisher nicht gelungen, die Gespräche zu einem echten Erfolg werden zu lassen und damit zugleich seine Führungsmacht zu demonstrieren. Washington wiederum sichert sich seinen Einfluss indirekt: Mit seiner Unterstützung für die ukrainischen Streitkräfte kann es jederzeit die aggressivsten Kräfte im Land befeuern und etwaige Kompromisse torpedieren. Damit halten die Vereinigten Staaten im Ukraine-Konflikt einen mächtigen Hebel in der Hand.

---

270 Noch ein heikler Telefonmitschnitt aufgetaucht, www.faz.net, 7.2.2017.
271 Lauterbach, Reinhard: Bürgerkrieg in der Ukraine. Geschichte, Hintergründe, Beteiligte. Berlin 2014. S. 99 f.

Die Russland-Sanktionen
Eines schweißt den Westen allerdings weiterhin zusammen: seine erbitterte Gegnerschaft zur Übernahme der Krim durch Russland. Moskau hat sie im März 2014 vollzogen, unmittelbar nach dem Umsturz in Kiew, und zwar vor allem aus strategischen Gründen (vgl. Kapitel 4.3.). Der Schritt hat heftige Reaktionen ausgelöst. »In Europa darf kein Land einem anderen gegen seinen Willen Gebiete wegnehmen«, dozierte am 21. März etwa der FDP-Europaabgeordnete Alexander Graf Lambsdorff: »Das ist in Europa eine Sache, die wir längst überwunden geglaubt hatten.«[272] Man müsse »ganz klar machen«: »Eine solche Verletzung des Völkerrechts in Europa geht nicht.« Nun, eine Verletzung des Völkerrechts ging in Europa völlig problemlos, als es deutschen Interessen entsprach – etwa, als die Bundeswehr sich 1999 am völkerrechtswidrigen Angriffskrieg gegen Jugoslawien beteiligte, dann erneut, als die Bundesregierung 2008 die illegale Abspaltung des Kosovo gegen den Willen Serbiens durchsetzte. Bis Anfang 2014 besaßen die Mächte der EU und Nordamerikas faktisch das Monopol, zur Neuordnung des Kontinents gemäß ihren Interessen völlig ungestraft zum Rechtsbruch zu greifen. Mit der Übernahme der Krim brach Russland, durch den Umsturz in der Ukraine in die Enge getrieben, dieses Monopol. Wäre es Berlin im Streit um die Krim um das Völkerrecht gegangen, dann hätte man – als Vorleistung sozusagen – die rot-grüne Bundesregierung des Frühjahrs 1999 wegen Führung eines illegalen Angriffskrieges vor Gericht stellen können, um anschließend die russische Staatsspitze auf die Anklagebank zu setzen. Natürlich aber ging es nicht ums Recht, sondern um die Macht. Und so begannen die westlichen Staaten nicht nur, kräftig gegen Russland aufzurüsten (vgl. Kapitel 4.2.); darüber hinaus gaben Lambsdorff und manch anderer deutscher Politiker die nun ebenfalls auf die Tagesordnung drängende Parole aus: »Sanktionen« – gegen Russland, versteht sich – »sind unausweichlich«.

Als Lambsdorff Sanktionen forderte, da waren die ersten Einreise- und Kontensperrungen der EU gegen Amtsträger in Russland und

---
272 Es geht um die europäische Friedensordnung, www.liberale.de, 21.3.2014.

auf der Krim schon seit vier Tagen in Kraft; weitere wurden soeben verhängt. Danach kamen unweigerlich Wirtschaftssanktionen ins Gespräch, umso mehr, als nun auch der Bürgerkrieg in der Ostukraine aufflackerte und Moskau den Führungsanspruch der westlichen Mächte einmal mehr ignorierte, indem es die Rebellen in Donezk und Lugansk in der einen oder anderen Form unterstützte – wenngleich die Vorwürfe, da habe eine russische »Invasion« stattgefunden, ganz und gar unbewiesen und vollkommen überzogen sind. Wirtschaftssanktionen waren für Berlin jedoch ein heikles Thema, denn es war klar, dass auch deutsche Unternehmen darunter leiden würden: Die Bundesrepublik war – nach China – Russlands zweitwichtigster Lieferant. Hinzu kam, wie die Stiftung Wissenschaft und Politik (SWP) im März 2014 konstatierte: »Etwa 30 Prozent der EU-Gasversorgung und 35 Prozent der EU-Ölimporte kommen aus Russland. Deutschlands Abhängigkeit liegt mit 36 Prozent bzw. knapp 39 Prozent noch höher.«[273] Ein Boykott, das musste man also annehmen, würde die Bundesrepublik wohl weit überdurchschnittlich belasten. Die Bundesregierung verzögerte die Maßnahmen deshalb.

Als EU und USA dann Ende Juli tatsächlich Wirtschaftssanktionen gegen Russland verhängten, die zum 1. August 2014 in Kraft traten, war der Aufschrei dementsprechend groß: »Wir schaden uns ... zunehmend selbst«, protestierte im September der Vorsitzende des Ost-Ausschusses der Deutschen Wirtschaft, Eckhard Cordes.[274] In der Tat brach das deutsche Russland-Geschäft in den folgenden Monaten und Jahren dramatisch ein; der Russland-Export etwa fiel von 36,1 Milliarden Euro im Jahr 2013 auf 21,6 Milliarden Euro im Jahr 2016. Vor allem kleinere und mittlere Unternehmen wurden hart getroffen. Dennoch lohnt ein detaillierter Blick auf das Sanktionsregime. Denn während es etwa den Maschinenbau und damit deutsche Unternehmen durchaus hart traf, wurde die Erdgasbranche komplett ausgespart, die für die Bundesrepublik in Russland strategisch zentrale

---

273 Westphal, Kirsten: Russlands Energielieferungen in die EU. SWP-Aktuell 11, März 2014. S. 2.

274 »Wir schaden uns zunehmend selbst«, www.handelsblatt.com, 14.9.2014.

Bedeutung besitzt. Dafür wurden explizit Schritte zur Erdölförderung im russischen Polarmeer untersagt. Das traf ExxonMobil: Der US-Konzern hatte gerade gemeinsam mit Rosneft ein Förderprojekt in der russischen Arktis vereinbart, das als Pioniervorhaben von strategischer Bedeutung war. Ende 2015 bezifferte ExxonMobil seine sanktionsbedingten Verluste bereits auf eine Milliarde US-Dollar. Natürlich war das weniger als die deutschen Exporteinbußen; doch konnten deutsche Unternehmen, während sie Einbrüche in Russland hinnehmen mussten, ihre Lieferungen in die USA vom 88,3 Milliarden Euro (2013) auf 107 Milliarden Euro (2016) steigern. Besonders profitierte davon übrigens der von Verlusten in Russland hart getroffene Maschinenbau. In der Gesamtbilanz ist es der Bundesregierung ungeachtet aller Beschwerden aus der Wirtschaft also gelungen, die Sanktionen in Abstimmung mit den Vereinigten Staaten einigermaßen ausgewogen und für die deutsche Wirtschaft tragbar zu gestalten.

Warum das wichtig ist? Weil es einen Einblick in die Geschäftsgrundlage der transatlantischen Beziehungen verschafft. Diese Geschäftsgrundlage haben US-Senat und -Repräsentantenhaus im Sommer 2017 in Frage gestellt – mit ihrer Entscheidung, die Russland-Sanktionen im Alleingang auszuweiten, und zwar einseitig zu Lasten der Bundesrepublik. Das mit 98 zu zwei Stimmen gefällte Votum des Senats vom 27. Juli 2017 richtete sich nicht zuletzt gegen den Bau der Pipeline Nord Stream 2, die Erdgas aus Russland nach Deutschland leiten soll. Bereits vor der Abstimmung in Washington hatte die Bundesregierung ungewöhnlich deutlich Position bezogen. Berlin werde »die Drohung mit völkerrechtswidrigen extraterritorialen Sanktionen gegen europäische Unternehmen, die sich am Ausbau der europäischen Energieversorgung beteiligen«, »nicht akzeptieren«, teilte Außenminister Sigmar Gabriel Mitte Juni 2017 mit: »Europas Energieversorgung ist eine Angelegenheit Europas. Wer uns Energie liefert und wie, entscheiden wir«.[275] War das nur die Stellungnahme eines vormaligen SPD-Wirtschaftsministers, den man mit Blick auf

---

275 Außenminister Gabriel und der österreichische Bundeskanzler Kern zu den Russland-Sanktionen durch den US-Senat. Pressemitteilung des Auswärtigen Amts 15.6.2017.

seine Partei und seine Firmenklientel einer gewissen Russlandfreundlichkeit verdächtigen konnte? Auf gar keinen Fall. Gabriels Stellungnahme war – das bestätigte umgehend ein Regierungssprecher – ausdrücklich mit der Kanzlerin abgestimmt.

Der deutsch-russische Energie-Machtblock

Nord Stream 2 – das ist ein wichtiger Baustein im deutsch-russischen Energie-Gesamtkonzept. Die Röhre soll im Wesentlichen parallel zu Nord Stream[276] verlaufen und die Lieferkapazität auf bis zu 110 Milliarden Kubikmeter Erdgas pro Jahr verdoppeln. Formal ist Gazprom Alleineigentümer des Betreiberunternehmens; das liegt allerdings nur daran, dass die eigentlichen Mit-Anteilshaber Wintershall, Uniper (Ex-E.ON), OMV, Shell und Engie (vormals GDF Suez) aufgrund komplexer juristischer Schwierigkeiten in Polen offiziell nur noch als Nord-Stream-2-»Finanzinvestoren« auftreten können. Nord Stream 2 wird, sofern die Röhre zustande kommt, den Hauptknoten beim Export russischen Erdgases in die EU nach Deutschland verschieben; damit erhielte die Bundesrepublik eine zentrale Stellung in der Erdgasversorgung des Kontinents. Zugleich würde die Ukraine, ein bislang bedeutendes Transitland, weitgehend entmachtet und darüber hinaus Transitgebühren in Milliardenhöhe einbüßen. Die drohende Schwächung der Ukraine ist – neben dem Entstehen eines deutsch-russischen Energie-Machtblocks – einer der Gründe, weshalb antirussische Kräfte vor allem in Polen und den baltischen Staaten, aber eben auch in den USA Nord Stream 2 mit aller Macht bekämpfen.

Unabhängig davon bauen deutsche Energiekonzerne ihre Zusammenarbeit mit russischen Firmen auch an anderer Stelle aus. Das stärkt wiederum die Position russischer Unternehmen in Deutschland. So hat ein Asset-Tausch im Jahr 2015, der Wintershall neue Anteile an der lukrativen Förderung aus den Achimow-Schichten des sibirischen Erdgasfeldes Urengoi einbrachte, Gazprom Germania zur Alleinbesitzerin des Kasseler Erdgashändlers Wingas gemacht. Seitdem hält Gazprom über seine Berliner Tochtergesellschaft rund 20 Prozent am

---

276 Vgl. Kapitel 1.3.

deutschen Markt. Rosneft wiederum, inzwischen einer der größten Erdölkonzerne der Welt, hat seine Aktivitäten in Deutschland ebenfalls ausgeweitet, lieferte 2017 bereits ein gutes Viertel der deutschen Rohölimporte und war an drei der zwölf großen deutschen Raffinerien beteiligt. Damit im Besitz von zwölf Prozent der deutschen Verarbeitungskapazitäten, war Rosneft die Nummer drei in der Mineralölverarbeitung der Bundesrepublik. Am 18. Mai 2017 eröffnete der Konzern in Berlin die Hauptniederlassung der Rosneft Deutschland GmbH, kündigte an, seine Investitionen in der Bundesrepublik auf rund 600 Millionen Euro verdoppeln zu wollen, und stellte darüber hinaus in Aussicht, den Einstieg ins deutsche Tankstellengeschäft zu prüfen. Mit ihrer zunehmenden Deutschland-Präsenz verbindet das Unternehmen allerdings auch die Einbindung von Deutschen in Führungsposten: So wurde am 29. September 2017 der Vorsitzende des Gesellschafterausschusses von Nord Stream, Ex-Kanzler Gerhard Schröder, zusätzlich zum Aufsichtsratsvorsitzenden von Rosneft ernannt.

»Congagement«

Wird die immer intensivere Energiekooperation dem neuen Kalten Krieg zumindest etwas von seiner Schärfe nehmen und vielleicht sogar eine neue Phase der Zusammenarbeit einleiten können? Nun, diese Hoffnung hegt zumindest Moskau, und auch einige Deutsche, die an der Kooperation beteiligt sind, teilen sie wohl. »Es ist politisch unsinnig und ökonomisch gefährlich, Russland zu isolieren«, erklärte Schröder Mitte Oktober 2017 auf dem 10. Eurasian Economic Forum im norditalienischen Verona: »Wir müssen auf ein Ende der Sanktionen hinarbeiten, denn wir brauchen den Markt und die vielfältigen Ressourcen«.[277] Die Befürworter wirtschaftlicher Zusammenarbeit können für ihre Bemühungen geltend machen, dass Russland heute Alternativen hat und man sich nicht unendlich Zeit nehmen kann, um Zugriff auf die ersehnten Ressourcen zu erlangen. Tatsächlich ist China längst zu Russlands wichtigstem Lieferanten aufgestiegen – mit

---

277 Krieger, Regina: »Ich kann mit der Kritik leben«, www.handelsblatt.com, 19.10.2017.

20,9 Prozent der russischen Importe des Jahres 2016, fast doppelt so viel wie Deutschland (10,7 Prozent); es investiert zunehmend in dem Land und bezieht längst Erdöl per Pipeline von dort. Ab Ende 2019 soll eine weitere Pipeline (»Power of Siberia«) russisches Gas in die Volksrepublik transportieren; über den Bau einer zweiten Röhre (»Power of Siberia 2«) wurde Ende 2017 bereits diskutiert. Bundespräsident Frank-Walter Steinmeier suchte bei einem Arbeitsbesuch in Moskau am 25. Oktober 2017 denn auch Brücken zu bauen. Es müsse nun darum gehen, »Wege aus der Negativspirale von Konfrontation, Vertrauensverlust und gegenseitigen Vorwürfen zu finden«, erklärte er in einem Interview mit der russischen Tageszeitung *Kommersant*; allerdings müsse man zugleich die weiterhin ungebrochen bestehenden »Differenzen ... klar ... benennen«, etwa »die völkerrechtswidrige Annexion der Krim«.[278]

Die Verbindung von kooperativen und konfrontativen Elementen – kooperativ, wo ökonomische Interessen bedient werden wollen, konfrontativ, wo es um die Machtfrage geht – ist das klassische Merkmal des Kalten Kriegs gewesen, wobei – je nach Konjunktur – mal das eine, mal das andere Element überwog. Eine in beide Richtungen flexible »Doppelstrategie« auch für die Gegenwart hat unter anderem Wolfgang Ischinger gefordert. Ischinger, einer der einflussreichsten deutschen Diplomaten, war von 1982 bis 1990 enger Mitarbeiter des damaligen Außenministers Hans-Dietrich Genscher, wirkte in den 1990er Jahren unter anderem als Chef des Planungsstabs sowie als Politischer Direktor im Auswärtigen Amt und amtierte dort von 1998 bis 2001 unter Joseph Fischer als Staatssekretär, bevor er – 2001 bis 2006 – als Botschafter nach Washington ging. Seit 2008 leitet er die Münchner Sicherheitskonferenz. Im Sinne einer »Doppelstrategie« müsse man einerseits gegenüber Moskau eine »Position der Stärke« demonstrieren, andererseits aber auch die »Idee des Gemeinsamen Europäischen Hauses« fördern, schlug Ischinger Anfang 2015 in der Fachzeitschrift *Internationale Politik* vor: »Im Kern dieser neuen Dop-

---

278 Interview mit der russischen Tageszeitung Kommersant, www.bundespraesident.de, 24.10.2017.

pelstrategie steht die Idee von ›congagement‹ – eine Mischung aus Einhegung (›containment‹) und Einbeziehung (›engagement‹)«.[279] Ganz wie im ersten Kalten Krieg also, fügte Ischinger im Oktober 2015 hinzu: »Wir sollten der vor Jahrzehnten aus dem Harmel-Bericht erwachsenen Doppelstrategie folgen: Einerseits die robuste Verteidigung des Bündnisgebiets ..., andererseits aber das Offenhalten der Tür, wenn und falls Moskau sich für eine Wiederzuwendung gen Westen entscheiden sollte«.[280]

Moskauer Farbenspiele
Worauf läuft eine solche Doppelstrategie hinaus? Blickt man auf den ersten Kalten Krieg zurück, dann muss man damit rechnen, dass ein gewisses Maß an profitbringender Wirtschaftskooperation auf Dauer von einer massiven Aufrüstung begleitet wird. Gleichzeitig wird man sich auf Versuche des alten Westens einstellen müssen, mit subversiven Aktivitäten in Russland prowestliche Kräfte zu stärken; auch das ist schließlich eine altbewährte Methode aus der Zeit des Systemkonflikts. Dabei haben die Versuche, in Moskau eine prowestliche Opposition zu stärken, eigentlich nie aufgehört – wenn, dann allenfalls in den Jahren, in denen mit Boris Jelzin ohnehin ein dem Westen gegenüber handzahmer Präsident am Ruder war. Methodisch gehen die westlichen Mächte dabei ähnlich vor wie in der Ukraine. Zum einen setzen sie auf die urbanen Mittelschichten. Diese seien dank des Aufschwungs seit Beginn der Ära Putin rasch gewachsen, berichtete im Juli 2011 der Präsident der Moskauer Stiftung »Zentrum für strategische Analysen«, Michail Dmitriew; sie näherten sich »in ihrem Lebensniveau und den sozialen Merkmalen zielstrebig der Mittelschicht in den Ländern der Europäischen Union an«.[281] Dmitriew bezifferte ihren Anteil an der Bevölkerung der russischen Metropolen recht

---
279 Ischinger, Wolfgang: Eine Aufgabe für Generationen. Internationale Politik. Januar/Februar 2015. S. 30-35. S. 33f.
280 Ischinger, Wolfgang: Deutschland, Russland: Neubeginn nach dem Scheitern? Frankfurter Allgemeine Zeitung. 23.10.2015.
281 Dmitriew, Michail: Neue Entwicklungstendenzen im politischen System Russlands. In: Russland Analysen Nr. 224. 15.7.2011. S. 2 5. S. 3f.

hoch – in Moskau mit »fast 40%«, in anderen Großstädten mit »20 bis 30%«. Dabei zeichneten sich die russischen Mittelschichten »durch Misstrauen gegenüber dem Staat«, aber auch durch »wachsenden politischen Aktivismus und gesellschaftliche Selbstorganisation« aus. »Ihre Einstellung wird ... immer kritischer, und ihre Neigung zu Protest steigt«, meinte Dmitriew beobachtet zu haben – »besonders aus Unzufriedenheit mit der hohen Korruption, der Schwäche des Rechtsstaats und den wachsenden Hindernissen für eine aufsteigende Mobilität«. In Moskau könne man interessanterweise beobachten, dass »die Protestbereitschaft« proportional mit dem Einkommen zunehme.

Bereits wenige Monate später sollte sich zeigen, wie recht Dmitriew gehabt hatte. Im Dezember 2011 gingen in Moskau Zehntausende auf die Straße, um gegen vermutete Fälschungen bei der soeben abgehaltenen Parlamentswahl zu demonstrieren. Ganz überwiegend waren es Angehörige der urbanen Mittelschichten, der klassischen Zielgruppe etwa deutscher parteinaher Stiftungen also oder US-amerikanischer Organisationen wie der Open Society Foundation des US-Milliardärs George Soros. Anfang Mai 2012 wiederholten sich die Proteste, diesmal wegen vermuteter Fälschungen bei der Präsidentenwahl. Medialer Unterstützung im westlichen Ausland konnten sich die Mittelschichts-Demonstranten sicher sein, politischer Sympathien selbstverständlich auch. Schwierig war es lediglich mit der parteipolitischen Präferenz, denn eine starke, perspektivisch vielleicht einmal mehrheitsfähige prowestliche Partei war – und ist – in Russland nicht in Sicht. Alternativ nahmen viele im Westen schon damals Alexej Nawalny in den Blick, einen Juristen, der sich als Kämpfer gegen die grassierende Korruption einen Namen gemacht hat und seitdem eine gewisse Popularität genießt. Bei den Moskauer Oberbürgermeisterwahlen am 8. September 2013 erreichte er satte 27 Prozent. Das sympathisierende Interesse breiter westlicher Kreise an Nawalny zeigt übrigens, dass die Hoffnung, Präsident Wladimir Putin vielleicht einmal stürzen zu können, sich durch harte rechte Positionen des Hoffnungsträgers nicht abschrecken lässt: Der russische Lieblingsoppositionelle auch vieler Deutscher hat sich nie von seiner Teilnahme am »Russischen Marsch« der extremen Rechten im Jahr 2011 distanziert; er spricht zwar öffentlich nicht mehr von »Kakerlaken«, wenn er Kaukasier meint, hetzt allerdings weiterhin gegen Muslime und »illegale Migranten«. Nicht ohne Grund orakelte der am 27. Februar 2015 ermordete liberale russische Oppositionspolitiker Boris Nemzow im November 2011: »Eine Revolution in Russland wäre nicht orange und demokratisch wie 2004 in der Ukraine, sondern braun«.[282]

East StratCom Task Force
Sanktionen, Aufrüstung, Subversion – zum neuen Kalten Krieg fehlt schließlich noch die Propaganda. Sie wird in den Staaten der EU und Nordamerikas spätestens seit 2014 noch gezielter als zuvor betrieben. Die EU hat am 19. März 2015 ihrer Chefaußenpolitikerin Federica Mogherini den Auftrag erteilt, eigens einen »Aktionsplan für die strategische Kommunikation« mit Stoßrichtung gegen Moskau zu entwickeln. Mogherini hat das getan und, darauf aufbauend, eine Arbeitsgruppe namens East StratCom Task Force eingerichtet, die formal dem »Referat für strategische Kommunikation« des Europäischen Auswärtigen Dienstes eingegliedert ist und zehn Mitarbeiter beschäftigt. Die Bundesregierung hat im Oktober 2015 darauf hingewiesen, dass sie »Arbeitskontakte zu allen Mitarbeitern« der Arbeitsgruppe unterhält.[283] Die Task Force hat im September 2015 die Arbeit aufgenommen und konzentriert sich bei ihrer PR gegen »russische Propaganda« vor allem auf die Länder der »Östlichen Partnerschaft« – also auf die drei Staaten zwischen der EU und Russland (Belarus, Ukraine, Moldawien) sowie die drei Staaten des Südkaukasus (Georgien, Armenien, Aserbaidschan), um die der Einflusskampf zwischen Brüssel und Moskau besonders heftig tobt. Sie befasst sich vor allem damit, tatsächliche oder angebliche Falschbehauptungen über die EU aufzudecken und zu »korrigieren«. Darüber hinaus soll sie auch – so formuliert es die Bundesregierung – eigenständig »Kommunikationskampagnen« entwickeln, die in den erwähnten sechs Ländern,

---

282 Arbeiter und Bandit. Der Spiegel 48/2011. S. 86-88. Hier: S. 87.
283 Antwort der Bundesregierung auf eine Kleine Anfrage der Abgeordneten Dr. Alexander Neu, Andrej Hunko, Wolfgang Gehrcke, Inge Höger, Niema Movassat u. a. und der Fraktion Die Linke. Berlin, 22.10.2015.

womöglich aber auch darüber hinaus jeweils auf ein »Schlüsselpublikum« ausgerichtet sind und es gezielt ansprechen, darunter übrigens auch urbane Mittelschichten. Nicht zuletzt zählt es zu den Aufgaben der East StratCom Task Force, Netzwerke zu Multiplikatoren in Osteuropa aufzubauen, insbesondere zu Journalisten; das sei notwendig, um »die Wirkung und die Effizienz ihrer [der Task Force, J. K.] Kommunikationsaktivitäten zu maximieren« und »die EU-Politik besser zu vermitteln«, erläutert die Bundesregierung. Darüber hinaus sei den Netzwerken, die die Task Force aufbauen solle, eine zusätzliche Aufgabe zugedacht: die Aufgabe, nicht näher definierte »Reformbestrebungen vor Ort zu unterstützen«.

Wer sich selbst einen Eindruck von den konkreten Aktivitäten der East StratCom Task Force verschaffen will, kann das inzwischen ganz einfach bei Facebook tun, wo die Arbeitsgruppe den Account »EU vs Disinfo« betreibt. Dort erfährt man zum Beispiel, »was Pro-Kreml-Medien über Deutschland sagen: Angela Merkel ist Tochter von Adolf Hitler«. Oder: »Die Ukraine, die USA und die EU haben in den meistgesehenen Talkshows der vergangenen Woche fast sechsmal mehr Aufmerksamkeit erhalten als Russland«. Am 25. Oktober gab's eine Jubelmeldung: »Die *Deutsche Welle* startet eine russische Satire-Show!« Die Sendung werde »wöchentlich in russischer Sprache ausgestrahlt« und »die führenden Politiker der Welt« aufs Korn nehmen, »darunter Wladimir Putin«. Am 28. Oktober folgte die nächste frohe Botschaft mit einem Aufruf zur Tat: »Twitter hat jegliche Werbung von *Russia Today* und *Sputnik* gestoppt. Teile dieses Video, wenn du meinst, Facebook sollte dasselbe tun!« Das erwähnte Video klärte über *Russia Today* und *Sputnik* auf, natürlich unter Bezug auf objektive, unverdächtige Quellen: »Sind sie wirklich Medien? Frankreichs Präsident Macron sagt: Nein.«

Die brisanteste Enthüllung hatte freilich schon im März 2016 die *Disinformation Review* geleistet, eine wöchentlich von der East StratCom Task Force herausgegebene Online-Publikation, die sich – wie »EU vs Disinfo« – mit angeblicher oder tatsächlicher Desinformation aus Russland befasst. Sie gab damals aufgeregt einen Artikel des britischen *Guardian* wieder, der mit der Erkenntnis aufwarten konnte,

Moskau versuche, Bundeskanzlerin Angela Merkel zu stürzen – und zwar mit einem heimtückischen »Informationskrieg«. Glücklicherweise sei dieser Versuch noch rechtzeitig aufgedeckt worden und habe deshalb verhindert werden können; doch seien andere Länder nicht so umsichtig und deshalb in großer Gefahr. Der *Guardian* und mit ihm die *Disinformation Review* nannten natürlich – man ist ja seriös – ihre Quelle: Jānis Sārts. Der lettische Historiker hatte von 2008 bis 2015 als Staatssekretär im Rigaer Verteidigungsministerium gearbeitet, bevor er Leiter des Strategic Communications (StratCom) Center of Excellence der NATO wurde, das in der lettischen Hauptstadt angesiedelt ist. Einen Propagandaverdacht gegenüber dem obersten PR-Experten der NATO hatten der *Guardian* und die *Disinformation Review* natürlich nicht.[284]

4.2.
Baltische Manöver
NATO-Aufrüstung gegen Russland

Die Panzer rollen. Im Morgengrauen haben die Grenadiere aus dem bayrischen Oberviechtach den Gegenangriff gestartet. Mit höchstmöglicher Geschwindigkeit brettern die Schützenpanzer durch das litauische Flachland, durch ein Waldgebiet, jetzt über eine riesige Lichtung, schnurstracks in Richtung Feind. Plötzlich versperren hohe Erdwälle den Weg. Der Vormarsch stockt. Da: Eine Lücke! Der erste Panzer bricht energisch durch, die übrigen folgen. Doch der Feind bleibt nicht untätig, er feuert aus der Ferne, er trifft, vernichtet das Fahrzeug mit dem deutschen Zugführer. Ein schwerer Schlag! Doch unerschütterlich führt die Bundeswehr-Kampftruppe ihren Gegenangriff fort, setzt sich durch, erreicht nach heftigen, erbittert geführten Gefechten ihr Ziel. Erfolg! Der Feind ist zurückgeschlagen.

»Iron Wolf«, »Eiserner Wolf«, hieß die Kriegsübung, die vom 12. bis zum 23. Juni 2017 unter führender Beteiligung deutscher Trup-

---

284 Boffey, Daniel: Russia »stoking refugee unrest in Germany to topple Angela Merkel«, www.theguardian.com, 5.3.2016. Wiedergegeben in: Disinformation Review, eeas.europa.eu, 8.3.2016.

pen in Litauen stattfand. Gut 5.300 Soldaten aus zehn NATO-Staaten nahmen daran teil. Ziel war es, die Einsatzbereitschaft des westlichen Kriegsbündnisses zu testen und gleichzeitig verschiedene Operationen, etwa einen Gegenangriff deutscher Panzergrenadiere gegen einen attackierenden Feind, zu proben. »Iron Wolf« war dabei nur ein Teil einer noch umfassenderen Übung. »Saber Strike«, »Säbelhieb«, hieß das Großmanöver, das insgesamt gut 11.000 Soldaten aus 19 NATO-Staaten und Finnland vom 28. Mai bis zum 24. Juni 2017 in Polen und den baltischen Staaten durchführten. Das Szenario: Es hatte Unruhen in Estland gegeben; ein Feind namens »Bothnia« bedrohte die estnische und die lettische Bevölkerung. »Bothnia« war unschwer als »Russland« zu entziffern, zumal in Estland und Lettland, deren Bevölkerung das Szenario als »bedroht« beschrieb, jeweils eine zahlenstarke russischsprachige Minderheit lebt. Die NATO probte im Juni 2017 mit »Iron Wolf« und »Saber Strike« also einmal mehr den Krieg gegen Russland. Dazu konnte sie das gesamte militärische Dispositiv nutzen, über das sie mittlerweile in Osteuropa verfügt.

Die NATO-Vornepräsenz

Kern des gegen Russland gerichteten militärischen Dispositivs, das die NATO seit 2014 in Ost- und Südosteuropa errichtet hat, ist ihre sogenannte Enhanced Forward Presence (eFP) – vier in Estland, Lettland, Litauen und Polen stationierte multinationale Bataillone. Jedes von ihnen wird von einer schlagkräftigen NATO-Rahmennation geführt – im estnischen Tapa von Großbritannien, im lettischen Ādaži von Kanada, im litauischen Rukla von Deutschland und im polnischen Orzysz von den Vereinigten Staaten. Die insgesamt gut 4.500 Militärs werden mit ihrem schweren Gerät alle sechs Monate gegen ein neues Kontingent ausgetauscht; dabei handelt es sich um ein Zugeständnis an die NATO-Russland-Grundakte, die eine dauerhafte Stationierung von NATO-Truppen in den ost- und südosteuropäischen Mitgliedstaaten für nicht wirklich vorgesehen erklärt.[285] Die eFP besteht entsprechend nicht aus fest stationierten, sondern aus rotierenden Kampf-

---

285 Vgl. Kapitel 2.2.

truppen, was zwar den Wortlaut der NATO-Russland-Grundakte wahrt, ihrem Geist aber zuwiderläuft. Die Bataillone, die die NATO auch Battlegroups nennt und die am 29. Juni 2017 bei einem Treffen der NATO-Verteidigungsminister offiziell für einsatzfähig erklärt wurden, führen Kriegsübungen wie »Iron Wolf« sowie Ausbildungsmaßnahmen durch, wobei sie eng mit den jeweiligen einheimischen Streitkräften kooperieren. Im Fall der Bundeswehr handelt es sich dabei zumeist um die litauische Mechanisierte Infanteriebrigade »Geležinis Vilkas« (»Eiserner Wolf«) mit Sitz in Rukla.

Für ihre gegen Russland gerichteten Aktivitäten in Osteuropa verfügt die NATO inzwischen über eine eigene militärische Führungsstruktur. Am 3. Juli 2017 ist im polnischen Elbląg rund 50 Kilometer südlich der Oblast Kaliningrad das neue Headquarters Multinational Division North-East (HQ MND-NE) offiziell eingeweiht worden.[286] Mit rund 300 Soldaten aus 14 Staaten, darunter Deutschland, führt es die vier Bataillone der eFP. Seinerseits ist es dem Headquarters Multinational Corps North-East (HQ MNC-NE) im nordwestpolnischen Szczecin unterstellt. Dieses wiederum wurde schon am 18. September 1999, nur ein halbes Jahr nach Polens NATO-Beitritt, gegründet. Neben den drei Führungsnationen Deutschland, Polen und Dänemark sind inzwischen 22 weitere Staaten involviert. Teile der mehr als 400 Soldaten starken, abwechselnd von einem deutschen und einem polnischen Kommandeur geleiteten Einheit haben ihre Fähigkeiten dreimal (2007, 2010, 2014) in Afghanistan erprobt. Heute hat das HQ MNC-NE als einziges unter den NATO-Hauptquartieren eine fest definierte regionale Zuständigkeit: für Estland, Lettland, Litauen, Polen, die Slowakei und Ungarn. Zwar ist es auf die Führung von Landstreitkräften spezialisiert, unterhält daneben aber auch ein Koordinierungszentrum für Luftoperationen (Air Operations Coordination Centre). Seit dem 14. Juni 2017 ist es offiziell als Hauptquartier auch für High Readiness Forces zertifiziert.

---

286 General Farina Attends Inauguration Ceremony for Multinational Division North-East, www.jfcb3.nato.int, 1.7.2017.

Die NATO-Speerspitze

Letzteres bezieht sich insbesondere darauf, dass das HQ MNC-NE in Szczecin nicht nur dem HQ MND-NE in Elbląg – und damit der eFP – übergeordnet ist, sondern auch die NATO-»Speerspitze« führt, sobald diese nach Osteuropa verlegt wird. Die »Speerspitze« bzw. Very High Readiness Joint Task Force (VJTF), die rund 5.000 Soldaten umfasst, ist in der Lage, binnen 48 bis 72 Stunden an jedem beliebigen Ort zu intervenieren. Die Eingreiftruppe ist Teil der NATO Response Force (NRF), die alles in allem ungefähr 40.000 Soldaten zählt und die VJTF im Einsatzfall kurzfristig mit weiteren Einheiten unterstützen kann – nicht zuletzt mit Luft- und Seestreitkräften und vor allem auch mit Spezialkommandos. Um die Interventionsfähigkeit der VJTF sicherzustellen, führt das HQ MNC-NE in Szczeczin sechs sogenannte NATO Force Integration Units (NFIU) – »kleine multinationale Hauptquartiere«, wie es die Bundeswehr formuliert, die in Osteuropa »die Sicherheitslage beobachten« und im Einsatzfall »für die reibungslose Aufnahme der schnellen Einsatzkräfte vor Ort zuständig« sind.[287] NFIUs sind – im Kommandobereich des HQ MNC-NE – in Tallinn (Estland), Riga (Lettland), Vilnius (Litauen), Bydgoszcz (Polen), Székesvehérvár (Ungarn) und Bratislava (Slowakei) eingerichtet worden. Sie sind jeweils mit ungefähr 40 Militärs besetzt; das Standortland und die NATO entsenden jeweils 20.

Eine parallele Struktur baut die NATO in Südosteuropa auf. Analog zu den multinationalen Hauptquartieren in Polen hat das Bündnis im Juni 2017 ein Headquarters Multinational Division South-East (MND-SE) in Bukarest für einsatzfähig erklärt. Das HQ MND-SE, dem ungefähr 280 Soldaten angehören, führt Einsätze der NATO-»Speerspitze« in Südosteuropa; dazu sind ihm zwei NFIUs in Bukarest (Rumänien) und Sofia (Bulgarien) unterstellt. Parallel zur baltisch-polnischen eFP baut die NATO zudem eine Multinationale Brigade in Craiova (Rumänien) auf. Die NATO-Aktivitäten in Südosteuropa werden – im Unterschied zu denjenigen im Nordosten – nicht vom Allied Joint Force Command im niederländischen Brunssum, sondern vom Allied Joint Force Command in Neapel betreut.

---

287 Auftrag, www.deutschesheer.de, 27.1.2017.

Vom Frontstaat zur Transitzone

Zusätzlich zur NATO forcieren die Vereinigten Staaten auf nationaler Ebene die militärische Formierung Ost- und Südosteuropas gegen Russland. Im Juni 2014 hat Washington die European Reassurance Initiative (ERI) gestartet, in deren Rahmen US-Truppen nach Ost- und Südosteuropa entsandt, gemeinsame Manöver mit den dortigen Streitkräften durchgeführt und die militärische Infrastruktur vor Ort ausgebaut werden. Stellte Washington im Haushaltsjahr 2015 zunächst 985 Millionen US-Dollar, für 2016 dann 789 Millionen US-Dollar bereit, so stieg der Betrag für 2017 rapide auf 3,4 Milliarden und für 2018 weiter auf 4,8 Milliarden US-Dollar. Hintergrund ist zum einen, dass die US-Streitkräfte seit Januar 2017 regelmäßig eine komplette Brigade mit rund 4.000 Soldaten und schwerem Gerät nach Ost- und Südosteuropa entsenden (Operation Atlantic Resolve, OAR); auch sie wird – wie die eFP-Bataillone – mit formaler Rücksicht auf die NATO-Russland-Grundakte alle neun Monate ausgetauscht. Dabei wird sie jeweils zunächst nach Polen transportiert, wo sie sich sammelt, um zu Ausbildungsmaßnahmen und Manövern weiter nach Estland, Lettland, Litauen, Rumänien und Bulgarien auszuschwärmen. Manche Kriegsübungen hält die Brigade auch auf deutschen Truppenübungsplätzen ab, etwa im bayrischen Grafenwöhr. Für die OAR hat die Bundesrepublik eine besondere Bedeutung: Teile des An- und Abtransports der jeweils per Schiff aus den USA nach Europa verlegten Brigade werden über norddeutsche Häfen abgewickelt und von der Bundeswehr unterstützt; in der Logistikkette spielen etwa das Anlanden der US-Transportschiffe in Bremerhaven und Hilfsaktivitäten der Bundeswehr-Logistikschule in Garlstedt zwischen Bremen und Bremerhaven eine bedeutende Rolle. Die Bundesrepublik sei vom »Frontstaat« des Kalten Kriegs zur »Transitzone« im neuen Kalten Krieg geworden, konstatierte Anfang 2017 aus Anlass der ersten Verlegung einer US-Brigade nach Ost- und Südosteuropa der stellvertretende Inspekteur der Bundeswehr-Streitkräftebasis, Generalleutnant Peter Bohrer.[288]

---

288 Atlantic Resolve – bald geht es los, www.streitkraeftebasis.de, 7.1.2017.

Die zweite Ursache dafür, dass die US-Ausgaben für ERI 2017 und 2018 dramatisch in die Höhe schnellten, sind der Aufbau und die Bestückung mehrerer Lager mit sogenanntem Army Prepositioned Stock (APS) gewesen. Das kostspielige APS-Konzept sieht vor, US-Kriegsgerät – Panzer, Haubitzen, Militärtransporter und vieles mehr – weitgehend einsatzfähig in Europa zu deponieren, um im Ernstfall nur noch die zugehörigen Soldaten einfliegen zu müssen. Binnen kürzester Zeit könnten die Einheiten dann zum Einsatzort aufbrechen. Mittels APS werde – verdeckt – »eine amerikanische Armeedivision in Europa stationiert«, ließ sich der US-Botschafter bei der NATO, Douglas Lute, bereits im Februar 2016 zitieren.[289] Dabei handle es sich um eine Einheit mit rund 15.000 bis 20.000 Soldaten. APS-Lager sind im niederländischen Eygelshoven unweit Aachen, im belgischen Zutendaal bei Genk, in Miesau nahe der Air Base Ramstein sowie in Dülmen bei Münster eingerichtet worden. Die Stationierung recht weit im Westen sichert für etwaige Einsätze in Ost- und Südosteuropa größere Flexibilität: Der Transport an dortige Kriegsschauplätze wäre jederzeit recht problemlos möglich, während eine Verlegung von Material zum Beispiel aus Rumänien ins Baltikum wegen der vergleichsweise schlecht ausgebauten östlichen Infrastruktur im Ernstfall viel schwieriger zu bewerkstelligen wäre.

Drei Wellen

Wie würden die NATO-Truppen im Ernstfall vorgehen? Komme es zu militärischen Auseinandersetzungen, dann müsse deren »erste Welle« von denjenigen Einheiten getragen werden, die kontinuierlich in den östlichen und südöstlichen NATO-Staaten präsent seien, heißt es in einer Analyse der Stiftung Wissenschaft und Politik (SWP) – also »von den Kräften der eFP, den Armeen der regionalen Staaten und anderen Präsenzkräften«.[290] Unter »anderen Präsenzkräften« wird

---

289 February 9, 2016: Ambassador Lute's Pre-Ministerial Press Briefing, https://nato.usmission.gov, 9.2.2016.

290 Glatz, Rainer L.; Zapfe, Martin: Ambitionierte Rahmennation: Deutschland in der Nato. SWP-Aktuell 62, August 2017. S. 5.

man wohl vor allem die US-Einheiten zu verstehen haben, die im Rahmen der Operation Atlantic Resolve zwischen dem Baltikum und Rumänien pendeln. Die »zweite Welle« etwaiger Kämpfe werde – mit Hilfe der NFIUs – von der binnen 48 bis 72 Stunden einzufliegenden NATO-»Speerspitze« und in deren Kielwasser von der NRF geführt, erläutert die SWP. Für die »dritte Welle«, die danach beginne, gebe es allerdings noch »keine designierten Einheiten«; man werde nehmen müssen, was man aus den NATO-Mitgliedstaaten bekomme. Genau hier setzten aber die Pläne Berlins für die Zukunft der Bundeswehr an, erläutert die SWP. So sei vorgesehen, dass deutsche Einheiten Heeresteile anderer europäischer Staaten aufnähmen; tatsächlich sind bereits rund zwei Drittel der niederländischen Heeresverbände in Bundeswehr-Divisionen integriert, einige tschechische, rumänische und polnische Einheiten stehen vor diesem Schritt. Damit werde »die Grundlage für kampfstarke multinationale Divisionen um die Rahmennation Deutschland gelegt«, bilanziert die SWP. Dies geschehe auch »mit Blick auf mögliche Einsatz-Szenarien (etwa im Osten der Allianz, aber nicht nur) ..., um so Folgekräfte verfügbar zu machen«. Das sei »neu und politisch wie militärisch sehr ambitioniert«. Dabei wäre »die Rolle Deutschlands in diesen Verbänden und Strukturen signifikant«.

Ganz so einfach, wie sie klingen, liegen die Dinge mit der »zweiten« und der »dritten Welle« aber möglicherweise nicht. Denn die NATO-»Speerspitze«, die NRF und die um einen Bundeswehrkern gruppierten multinationalen Divisionen müssten an etwaige Kriegsschauplätze im Osten oder im Südosten Europas erst eingeflogen werden. Das aber könnte sich deutlich schwieriger gestalten als gedacht – denn Russland hat, wie Militärstrategen konstatieren, eine »A2/AD«-Zone an seiner Westgrenze errichtet. »AD« steht für »area denial« – dafür, dass Operationen feindlicher Kräfte in einem bestimmten Gebiet schwer durchführbar, vielleicht sogar unmöglich gemacht werden: So erläutern es die drei Ex-NATO-Generäle Wesley Clark (USA), Egon Ramms (Deutschland) und Richard Shirreff (Großbritannien) sowie der mehrmalige estnische Außen- und Verteidigungsminister Jüri Luik in einem Papier, das sie im Mai 2016 veröffentlichten.[291] »A2« wiederum steht für »anti-access«, also dafür, dass es Land-, See- und Luftstreitkräften sehr schwer gemacht wird, überhaupt erst in dieses Gebiet einzudringen. Die A2/AD-Zone, die Russland durch die Stationierung unter anderem von hochwirksamen S-300- und S-400-Luftabwehrsystemen, von Iskander-Raketen und anderem Gerät in seinem Westlichen Militärbezirk und der Exklave Kaliningrad, aber auch durch die Koordination seiner Abwehrsysteme mit der belarussischen Verteidigung errichtet hat, erstreckt sich den NATO-Generälen zufolge auf die baltischen Staaten sowie auf Teile Polens und Finnlands. Die Mobilität der russischen Abwehrsysteme hat zur Folge, dass sie nicht so einfach auszuschalten sind; hinzu kommt die Schlagkraft der russischen Luftwaffe und der Marine. Durch den gesamten russischen Abwehrkomplex würden »die meisten, wenn nicht sogar alle Flugzeuge«, die in den Luftraum über der östlichen Ostsee einzudringen suchten – etwa um Verstärkung zu bringen –, »in Gefahr gebracht«, bemerken Clark, Ramms, Shirreff und Luik.

Mit Drohnenschwärmen gegen Russland
Selbstverständlich arbeiten die NATO und ihre Streitkräfte an Optionen, die russische Luftabwehr bei Bedarf auszuschalten, um die Verlegung eigener Truppen ins Baltikum durchsetzen zu können. Einen Eindruck davon bietet ein Thesenpapier, das das Kommando Heer mit Sitz in Strausberg bei Berlin im September 2017 vorgelegt hat.[292] Das Heereskommando verfolgt mit dem Papier durchaus eigene Zwecke. So soll das Dokument zum einen die Erstellung eines »Operationskonzepts für Landstreitkräfte« vorbereiten, das in Zukunft als militärisches Grundlagendokument dienen kann. Zum anderen soll es erklärtermaßen als »Anregung zur Diskussion« dienen; dabei zielt es ganz besonders auf den Deutschen Bundestag, der ja schließlich

---

291 Clark, Wesley; Luik, Jüri; Ramms, Egon; Shirreff, Richard: Closing NATO's Baltic Gap. International Centre for Defence and Security, Tallinn, May 2016. S. 17f.

292 Autorenteam Kdo H II 1 (2): Thesenpapier: Wie kämpfen Landstreitkräfte künftig? Strausberg 2017.

4. DER NEUE KALTE KRIEG

kostspielige Aufrüstungsprojekte genehmigen muss.[293] Um bei den Abgeordneten Eindruck zu schinden, hat ein Autorenteam des Kommandos Heer für das Thesenpapier verschiedene Kriegsszenarien entworfen, denen man zumindest in Ansätzen entnehmen kann, wie sich die Militärs die Waffengänge der Zukunft vorstellen. Interessant ist dies nicht zuletzt, weil die Rahmenangaben recht deutlich machen, wo die Szenarien angesiedelt sind und was sie darstellen: Es handelt sich um Kämpfe gegen russische Truppen im Baltikum.

Was also tun, wenn Russland eine kaum zu durchdringende A2/AD-Zone im Baltikum errichtet hat? Es gelte ganz einfach, die geplante Truppenverlegung dorthin »durch den massiven Einsatz von Täusch-UAV zu tarnen«, heißt es in dem Thesenpapier aus dem Kommando Heer. UAV (Unmanned Aerial Vehicle) sind Drohnen; relativ billige Minidrohnen kann man elektronisch so konfigurieren, dass sie von feindlicher Luftabwehr als Hubschrauber wahrgenommen werden.[294] Schickt man Truppentransporter mit großen Minidrohnenschwärmen auf den Weg, dann kann man »der gegnerischen Luftverteidigung eine Vielzahl von Einsatzverbänden vortäuschen«, heißt es weiter in dem Papier. Der Gegner wäre überlastet, weil ihm »mehr Ziele geboten werden«, als er »bekämpfen kann«; er verschösse seine kostbaren Abwehrwaffen auf nutzlose Minidrohnen, während die Truppentransporter der Bundeswehr sicher an den Einsatzort gelangten. »Parallel« müsse man die Operation freilich durch »Angriffe auf das Luftverteidigungsnetzwerk des Gegners in mehreren Dimensionen« unterstützen, erklärt das Autorenteam aus dem Heereskommando; dabei würden »Cyber-Angriffe, Angriffe aus der Luft, vom Boden und von See« mit einer »gezielte[n] Störung« durch elektronische Waffen und mit »Einsätze[n] von Spezialkräften gegen Führungseinrichtungen kombiniert«. Szenarien dieser Art listet das Thesenpapier für sehr unterschiedliche Operationen auf – nicht nur für die Verlegung von Truppen und für Defensivmaßnahmen, sondern auch für

---

293 Müller, Björn: Wie die Bundeswehr den Landkrieg der Zukunft gewinnen will, www.pivotarea.eu, 22.9.2017.

294 Autorenteam Kdo H II 1 (2) 2017. S. 14 f.

eigene Angriffe, etwa für Vorstöße mit gepanzerten Fahrzeugen. Der Sache nach handelt es sich dabei um etwaige Angriffe auf russisches Territorium.

Die Lücke von Suwałki

Bei ihren Planungen nehmen die NATO-Strategen seit 2015 ein spezielles Gebiet besonders in den Blick: die »Suwałki Gap« (»Lücke von Suwałki«). Suwałki ist eine Stadt im äußersten Nordosten Polens nahe der Grenze zu Litauen; die Grenze ist relativ kurz, sie erstreckt sich über rund 65 Kilometer Luftlinie bzw. rund 100 Kilometer Grenzverlauf zwischen der russischen Exklave Kaliningrad und belarussischem Territorium. Die NATO hat sie als ihre vielleicht empfindlichste Schwachstelle identifiziert; denn, so heißt es, sollten die Spannungen zwischen Russland und dem Westen einmal bewaffnet eskalieren, dann sei es für die russischen Streitkräfte ein Leichtes, in einem Blitzvorstoß die Grenze zu besetzen und damit die baltischen Staaten vom NATO-Hauptgebiet abzuschneiden. Sie seien dann kaum zu verteidigen. Die polnisch-litauische Grenzregion sei also, was die Region um das nordhessische Fulda (»Fulda Gap«) im Kalten Krieg gewesen sei: der wahrscheinlichste Schauplatz eines etwaigen russischen Angriffs. Nun gibt es keinen Beleg dafür, dass Moskau einen derartigen Angriff überhaupt in Betracht zieht – und: Russlands Exklave Kaliningrad ist schon heute vom russischen Hauptterritorium abgeschnitten, deshalb trotz der hohen Militärpräsenz dort im Konfliktfall schwer zu verteidigen und der eigentliche Schwachpunkt im Ostseeraum. Das hält die NATO freilich nicht davon ab, die Suwałki Gap zu einem Schwerpunkt ihrer Aktivitäten in der Region zu machen. Das militärische Vorgehen in dem Gebiet wird zuweilen in Manövern geprobt; dies war etwa im Rahmen der Großübung »Saber Strike 2017« der Fall: US-Panzer fuhren in der Grenzregion herum, um, wie die U.S. Army es formulierte, »die Freizügigkeit in Osteuropa zu demonstrieren«.[295] Nebenbei: Die US-Streitkräfte führen »Saber Strike« gemeinsam mit

---

295 Capers, Shiloh: NATO allies bridge the Suwalki Gap, www.army.mil, 21.6.2017.

den NATO-Verbündeten jedes Jahr im Baltikum durch, und dies schon seit 2010 – ein Beleg dafür, dass das westliche Kriegsbündnis sich nicht erst seit 2014 gegen Russland in Stellung bringt.

Kurz bevor »Saber Strike 2017« zu Ende ging, kam es am 21. Juni 2017 übrigens zu einem bemerkenswerten Zwischenfall: Der russische Verteidigungsminister Sergej Schoigu wurde Ziel eines NATO-Abfangmanövers. Russische wie auch NATO-Kampfjets fliegen seit 2014 deutlich öfter als zuvor hart an der Luftraumgrenze zwischen Russland und den baltischen Staaten. Dabei handelt es sich um eine Art symbolisches Kräftemessen, das gleichwohl alles andere als ungefährlich ist: Regelmäßig steigen Flugzeuge des Gegners auf, um die Kampfjets abzudrängen; dabei kommt es immer wieder zu äußerst riskanten Momenten. Involviert sind zuweilen auch Flugzeuge der deutschen Luftwaffe. Der Grund: Als Estland, Lettland und Litauen 2004 der NATO beitraten, reichten die Kapazitäten ihrer Luftstreitkräfte nicht aus, um eine Luftraumüberwachung nach NATO-Standards durchzuführen. Deshalb nahm sich das Kriegsbündnis dieser Aufgabe an. Die Chance, an den baltischen Außengrenzen Tuchfühlung mit Russland aufnehmen zu können, wird so manchem westlichen Militär dabei keineswegs unwillkommen gewesen sein. Zunächst ist das »Air Policing«, an dem sich in regelmäßigen Intervallen auch die deutsche Luftwaffe beteiligt, von der litauischen Basis Šiauliai aus durchgeführt worden; seit 2014 starten NATO-Flieger zur Luftraumüberwachung auch vom estnischen Stützpunkt Ämari. Als an jenem 21. Juni 2017 ein NATO-Kampfjet aufstieg, um einen russischen Flieger abzufangen, da handelte es sich nun aber nicht um ein gewöhnliches Militärflugzeug, sondern um die Maschine des Verteidigungsministers. Sofort schob sich ein russischer Flieger dazwischen und jagte den NATO-Jet davon. Eine mögliche Kollision in dieser Situation hätte den Konflikt wohl unkontrollierbar eskalieren lassen.

Ostseekriege

Planungen für einen etwaigen Landkrieg gegen Russland, gefährliche Rangeleien in der Luft – und das ist noch nicht alles, denn der neue Kalte Krieg hat selbstverständlich auch eine maritime Dimension.

Zum Hintergrund hat sich im März 2017 exemplarisch Heinz Dieter Jopp geäußert, ein Kapitän zur See a. D., der unter anderem in verschiedenen Verwendungen an der Hamburger Führungsakademie der Bundeswehr tätig war, zeitweise als Stabschef und als Leiter ihres Fachbereiches Sicherheitspolitik und Strategie. Russland sei zwar primär kontinentale Landmacht, heißt es in einem Artikel, den Jopp gemeinsam mit Klaus Mommsen, einem Redakteur des Fachblattes *MarineForum*, im März 2017 publizierte.[296] Doch gehöre zu seinem Anspruch, in der internationalen Politik als bedeutende Macht anerkannt zu werden, »zwangsläufig auch ungehinderter Zugang zu den Weltmeeren« hinzu. Der sei »am Pazifik und im äußersten Norden des Atlantik«, in Wladiwostok und in Murmansk, gesichert; in der Ostsee und im Schwarzen Meer sähen die Dinge jedoch weniger günstig aus, denn dort beherrschten NATO-Staaten die Zugänge, nämlich die dänischen Meerengen sowie den Bosporus. »Im Konfliktfall sah und sieht das NATO-Konzept eine sofortige und effektive Sperrung dieser Meerengen vor«, hielten Jopp und Mommsen fest. Hinzu komme, dass Moskau mit dem Zerfall der Warschauer Vertragsorganisation und der Sowjetunion »in beiden Randmeeren ... nicht nur frühere Vasallen, sondern auch den weitaus größten Teil seiner früheren Küsten« verloren habe. Es könne deshalb, komme es zum Äußersten, nicht mehr – wie einst noch die Sowjetunion – »möglichst weit ›vorne‹ ... handeln«.

Wie sich die NATO und ihre Mitgliedstaaten gegen das geschwächte Russland in Stellung bringen, dazu hat sich im Mai 2017 der Dezernatsleiter »Weiterentwicklung, Wirkung, Querschnitt« in der Planungsabteilung des Marinekommandos, Peter Korte, geäußert. Es sei »denkbar, dass z. B. die östliche Ostsee zum maritimen Austragungsort von Interessenkonflikten und Provokationen wird«, schrieb Korte; für einen solchen Fall müsse man sich wappnen, und dazu sei eine »regelmäßige und dauerhafte Präsenz einsatzfähiger Kräfte« un-

---

296 Jopp, Heinz Dieter; Mommsen, Klaus: Ostsee und Schwarzes Meer im Fokus. Russland und die NATO in den Randmeeren auf Konfrontationskurs? MarineForum 3/2017. S. 32-35.

erlässlich.[297] Dabei müsse man sich nicht nur »um die Wiedererlangung regionaler Fachexpertise« bemühen, sondern auch »den Willen« haben, den See- und Luftraum »gemeinsam mit unseren Partnern zu beherrschen«. Korte lobte, die Bundesregierung habe beschlossen, fünf neue Korvetten zu beschaffen: Diese besäßen »das Potenzial zur Erbringung wesentlicher Beiträge« zur Kriegsführung in der Ostsee. Allerdings reiche das nicht aus; Berlin müsse sich auch um die »Fertigentwicklung und Integration von Waffensystemen neuer Technologien« – etwa um Laser – und um die »weitere Intensivierung der Entwicklung und Nutzung unbemannter Systeme auf, über und unter Wasser« bemühen. Zusätzlich zur Aufrüstung treibt die Bundesregierung den Aufbau eines neuen multinationalen NATO-Hauptquartiers für den Seekrieg in der Ostsee voran. Es wird im Marinekommando Rostock errichtet und Baltic Maritime Component Command (BMCC) heißen. Ab 2023 werden dort bis zu 170 Soldaten tätig sein, um im Kriegsfalle die taktische Führung der NATO-Schiffe in der Ostsee zu übernehmen. Der Kern der Besatzung wird von der deutschen Marine gestellt.

Das Ende der Neutralität
Auch der Krieg auf der Ostsee wird regelmäßig in Manövern geprobt. So fand etwa, während sich 11.000 NATO-Soldaten im Rahmen von »Saber Strike 2017« auf einen etwaigen Landkrieg in der »Suwałki Gap« oder in anderen Regionen des Baltikums vorbereiteten, vom 2. bis zum 16. Juni 2017 auf der Ostsee die Seekriegsübung »BALTOPS 2017« statt. Beteiligt waren rund 4.000 Militärs, mehr als 50 Schiffe und U-Boote sowie über 50 Flugzeuge und Helikopter aus zwölf NATO-Staaten, Finnland und Schweden. »Das Bündnis demonstrierte damit seine Solidarität mit den Partnern in Estland, Lettland und Litauen sowie die Fähigkeit zur Bündnisverteidigung auch an seiner Nordflanke«, teilte die deutsche Marine mit, die ihrerseits fünf Schiffe stellte.[298]

---
297 Korte, Peter: Randmeerkriegsführung. Wiederaufbau einer Fähigkeit. Teil 1. In: MarineForum 5/2017. S. 6-9. Hier: S. 8.
298 BALTOPS: Brennpunkt Ostsee, www.marine.de, 29.6.2017.

Im Rahmen von »BALTOPS 2017« wurden übrigens – wie auch schon im Vorjahr – US-amerikanische B-52-Bomber eingesetzt; die Flieger können prinzipiell für den Abwurf von Atomwaffen genutzt werden. Und: Die BALTOPS-Manöver werden jährlich abgehalten, und dies schon seit 1971. Damit zeigen sie überdeutlich die militärischen Kontinuitäten vom alten zum neuen Kalten Krieg.

Dass Schweden und Finnland an NATO-Manövern wie BALTOPS 2017 teilnehmen, ist einerseits nichts Neues, andererseits aber doch bemerkenswert. Beide Staaten sind offiziell – noch – neutral, weshalb ihre Einbindung in eine NATO-Kriegsübung durchaus festgehalten zu werden verdient. Andererseits haben sie schon in den 1990er Jahren begonnen, sich dem westlichen Kriegsbündnis systematisch anzunähern. Seit 1996 nehmen sie an NATO-geführten Militäreinsätzen teil, zunächst in Bosnien-Herzegowina, dann ab 1999 im Kosovo und ab 2002/2003 in Afghanistan. Schweden zog 2011 sogar mit acht Gripen-Kampfflugzeugen in den Libyen-Krieg. Der neue Kalte Krieg gegen Russland erleichtert es nun, die Kooperation mit der NATO zu legitimieren und perspektivisch sogar die Mitgliedschaft im Bündnis anzustreben. Am Rande des NATO-Gipfels im britischen Newport unterzeichneten beide Länder am 4. September 2014 bereits ein »Host Nation Support«-Abkommen, das der NATO das Recht zur Nutzung schwedischen und finnischen Territoriums bei Manövern und bei anderen Truppenbewegungen zuspricht. Damit ist das Kriegsbündnis nun auch im äußersten Norden der russischen Westgrenze bei Bedarf unmittelbar präsent.

Tote Erinnerung

Auch wenn angesichts der aktuellen Kriegsvorbereitungen die Erinnerung – leider – eine schwindende Rolle spielt: Deutsche Truppen sind nicht zum ersten Mal im Baltikum präsent. Bereits im Ersten Weltkrieg operierten sie dort, besetzten etwa im Frühjahr 1915 Litauen, um es aus dem Russischen Reich herauszulösen. Dabei siegten sie unter anderem in der Schlacht bei Šiauliai, dem Ort also, in dem seit 2004 gelegentlich deutsche Luftwaffensoldaten stationiert sind, um am Air Policing im Baltikum teilzunehmen. Im Zweiten Weltkrieg gelang es der Wehrmacht, Litauen binnen weniger Tage zu okkupieren. Sofort begannen die Deutschen damals mit der Vernichtung der jüdischen Bevölkerung, die, wie der Historiker Wolfram Wette konstatiert, in Litauen »rascher, radikaler und vollständiger betrieben« wurde als anderswo zuvor.[299] Das Land sei »so etwas wie ein Testgelände« gewesen, schreibt Wette, »auf dem SS-Einsatzkommandos, Polizeiverbände und Zivilverwaltung in Komplizenschaft mit der Wehrmacht und einheimischen Kollaborateuren erprobten, wie weit sie bei ihren Mordaktionen gehen konnten, ohne auf Widerstand in den eigenen Reihen oder bei der Bevölkerung ... zu stoßen, und wie schnell und gründlich sie bei ihrem grausamen Vernichtungswerk vorgehen konnten«. Es zeigte sich: Im Windschatten der Wehrmacht mussten sie keinerlei Hemmungen haben. Am 1. Dezember 1941 hielt der Leiter des Einsatzkommandos 3, SS-Standartenführer Karl Jäger, penibel fest, es seien seit Ende Juni 1941 exakt 137.346 Jüdinnen und Juden ermordet worden: »In Litauen gibt es keine Juden mehr, außer den Arbeitsjuden incl. ihrer Familien.« »Arbeitsjuden« – das waren rund 34.000 Jüdinnen und Juden, die in den Ghettos von Vilnius, Kaunas und Šiauliai für die Deutschen schuften mussten. Insgesamt brachten die Deutschen und die litauischen Kollaborateure rund 95 Prozent der mehr als 200.000 litauischen Juden um; der Prozentsatz ist höher als derjenige in jedem anderen von den Deutschen okkupierten Land. Und so konnte die *Frankfurter Allgemeine Zeitung* Anfang Februar 2017, als die ersten deutschen Soldaten zum Aufbau ihres eFP-Bataillons in Rukla einrückten, berichten, »auf den Deutschen« liege in dem Ort ein »mildes Licht«.[300] Schon die Wehrmacht sei 1941 »freudig empfangen« worden; die NS-Okkupation sei dann zwar »grausam«, aber doch immerhin »kürzer als die der Sowjetmacht« gewesen. »Zudem waren ihre Opfer meist Juden«, notierte die *Frankfurter Allgemeine*: »Und weil kaum einer übrig blieb, um zu erzählen, ist unter den Menschen von Rukla ... die Erinnerung« an die deutschen Mordtaten »tot«.

---

299 Wette, Wolfram: Karl Jäger. Mörder der litauischen Juden. Frankfurt a. M. 2011.

300 Schuller, Konrad: Seesäcke voller Erinnerungen. FAZ 2.2.2017.

4.3.
Mit gleicher Münze
Russlands Gegenschlag

Anfang Juli 2014 holte Mark Galeotti zum großen Schlag aus. Ob man's nun »hybriden Krieg« nenne, schrieb der Russland-Experte vom Center for Global Affairs der New York University; ob man den Begriff »nicht-linearer Krieg« verwende, den er selbst vorziehe, oder ob man, wie andere es täten, von einem »Special War« spreche: Das russische Vorgehen auf der Krim und in der Ostukraine habe deutlich gezeigt, dass Moskau im Kampf gegen den Westen immer stärker auf »neue Operationsformen« setze. Mit einem Gegner konfrontiert, der über »größere militärische, politische und ökonomische Macht« verfüge, sei es auf »neue Taktiken« angewiesen, die auf »die Schwächen des Feindes« zielten und »direkte und offene Konfrontationen« vermieden. Die NATO habe das richtige Mittel dagegen noch nicht gefunden. Nun aber liege in Form eines Textes aus der Feder des russischen Generalstabschefs Waleri Wassiljewitsch Gerassimow, auf den ihn sein Kollege Rob Coalson von *Radio Free Europe/Radio Liberty* (RFE/RL) hingewiesen habe, die Blaupause für Moskaus neue Art der Kriegführung vor, triumphierte Galeotti: Der Text, ein gutes Jahr vor der Übernahme der Krim durch Moskau veröffentlicht, belege, dass Russland die Ukraine nach einem schon lange ausgearbeiteten Plan attackiere. Galeotti sprach von einer »Gerassimow-Doktrin«.

Galeottis »Gerassimow-Doktrin« hat in westlichen Medien rasch Karriere gemacht. Sie beweise, dass »die russische Invasion« auf der Krim »von langer Hand geplant« gewesen sei, erklärte am 7. September 2014 die *Frankfurter Allgemeine Sonntagszeitung*.[301] Das sollte wohl heißen, der russische Präsident habe nur auf einen Anlass zum Zuschlagen gewartet. Von einer »Gerassimow-Doktrin« raunten anschließend dunkel *Die Welt*, der *SWR* und weitere deutsche Medien. Die »Annexion« der Krim gelte »als Paradebeispiel für die Gerassimow-Doktrin«, schrieb Ende Februar 2017 ein Team von gleich fünf Au-

---

301 Gutschker, Thomas: Putins Schlachtplan, www.faz.net, 7.9.2014.

toren in der *Zeit*.[302] Im September 2017 konnte man im US-Magazin *Politico* erfahren, die »Gerassimow-Doktrin« sei »die nützlichste Artikulation von Russlands moderner Strategie«, »eine Vision totaler Kriegführung, die Politik und Krieg im selben Aktivitätsspektrum verortet«.[303] Ende 2016 wurde an der Bundeswehr-Führungsakademie in Hamburg die Befassung mit »hybride[r] Machtprojektion am Beispiel der russischen ›Gerassimow-Doktrin‹« angekündigt.[304] Im Februar 2017 teilte der langjährige *Focus*-Korrespondent Boris Reitschuster, Autor mehrerer modischer Anti-Putin-Bücher (»Putins Demokratur«, »Putins verdeckter Krieg«), die »Befürchtung« mit, »dass Deutschland Putins hybriden Attacken nicht gewachsen ist«, obwohl man die russische Strategie doch längst kenne – siehe »die Gerassimow-Doktrin: Da steht doch alles, schwarz auf weiß!«[305]

Nun, schwarz auf weiß steht da tatsächlich etwas auf den Seiten zwei und drei der Ausgabe des Fachblattes *Militärisch-Industrieller Kurier (Woenno-Promyschlennyi Kur'er)* vom 27. Februar 2013, und schon das hätte eigentlich die Herren Reitschuster, Gutschker *(Frankfurter Allgemeine Sonntagszeitung)* und Kollegen doch ein wenig nachdenklich machen müssen: Es gehört nicht zur traditionellen Praxis eines führenden Militärs, sensible Kampfstrategien schon vor ihrer praktischen Erprobung der internationalen Öffentlichkeit umfassend darzulegen. Gerassimow hat das auch gar nicht getan. Der Mann, der erst kurz zuvor – am 9. November 2012 – zum Generalstabschef der russischen Armee ernannt worden war, hatte Ende Januar 2013 auf der Jahrestagung der Allgemeinen Militärakademie der Russischen Streitkräfte eine Rede halten müssen, die wenig später in der erwähnten Ausgabe des *Militärisch-Industriellen Kurier* abgedruckt wurde. Anstatt nur die üblichen Phrasen zu dreschen, entschloss er sich jedoch, die Gelegenheit zu nutzen und dem einflussreichen Publikum den Ernst der aus

---

302 Beuth, Patrick; Brost, Marc; Dausend, Peter; Dobbert, Steffen; Hamann, Götz: Krieg ohne Blut, www.zeit.de, 26.2.2017.
303 McKew, Molly K.: The Gerasimov Doctrine, www.politico.com, 5.9.2017.
304 Strategisches Denken: »…politics is more difficult than physics«, www.fueakbw.de, 13.12.2016.
305 Reitschuster, Boris: Prinzip Wegsehen, www.reitschuster.de, 7.2.2017.

seiner Sicht bedrohlichen Situation mit einer durchaus selbstkritischen Lageanalyse nahezubringen. Und so äußerte er sich zwar auch zu Fragen, die in Militärkreisen eher als Standardthemen gelten, zum Beispiel zur Kriegführung der USA beim Überfall auf den Irak im Jahr 2003 oder dazu, dass in künftigen Waffengängen Drohnen, aber auch Landroboter wohl eine immer bedeutendere Rolle spielen werden. Zudem mahnte er, die Lehren vergangener Kriege, etwa desjenigen in Afghanistan in den 1980er Jahren, nicht zu vergessen. Den Schwerpunkt aber legte er auf etwas anderes: darauf, dass es im noch jungen 21. Jahrhundert »eine Tendenz« gebe, dass »die Linien zwischen Krieg und Frieden« verschwämmen.[306]

Gerassimow, der die Erfahrungen mit den Farbrevolutionen der 2000er Jahre noch genauestens in Erinnerung hatte, bezog sich dabei explizit auf die Unruhen und Kriege in der arabischen Welt seit Anfang 2011 und auf die in vielen Fällen verdeckte Rolle, die die westlichen Mächte in ihnen spielten. Die Vorgänge hätten gezeigt, »dass ein einwandfrei gedeihender Staat binnen Monaten, ja sogar Tagen in einen Schauplatz eines heftigen bewaffneten Konflikts transformiert«, zum »Opfer auswärtiger Intervention werden« und »in ein Geflecht aus Chaos, humanitärer Katastrophe und Bürgerkrieg herabsinken« könne. Wie sei das geschehen? Es seien »politische, ökonomische, informationelle, humanitäre und andere nichtmilitärische Maßnahmen« durchgeführt worden – und zwar »in Verbindung mit dem Protestpotenzial der Bevölkerung«, erklärte Gerassimow. In Libyen etwa seien eine Flugverbotszone und eine Seeblockade verhängt worden, private Söldner hätten bewaffnete Formationen der Opposition unterstützt; allgemein sei in Nordafrika weithin Gebrauch von modernsten Kommunikationstechnologien gemacht worden – der Generalstabschef hatte wohl die Mobilisierung via Facebook und Twitter im Sinn. Mit Hilfe von Spezialkräften – wie etwa in Libyen – sowie der inneren Opposition – wie in Libyen und Syrien – seien Fronten erzeugt worden, die sich quer »durch das gesamte Territorium des Feindstaates

---

[306] Gerassimow, Valery: The Value of Science Is in the Foresight. New Challenges Demand Rethinking the Forms and Methods of Carrying out Combat Operations. In: Military Review January/February 2016. S. 23-29.

gezogen« hätten. Klassisch militärische Mittel habe man erst »in einem bestimmten Stadium« eingesetzt. »Die Bedeutung nichtmilitärischer Mittel zur Durchsetzung politischer und strategischer Ziele ist gestiegen«, fasste Gerassimow seine Analyse zusammen: Oft hätten sie dabei »die Macht der Waffengewalt in ihrer Effizienz sogar übertroffen«.

Und Russland? »Wir müssen zugeben«, räumte Gerassimow unumwunden ein, »dass wir nur ein oberflächliches Verständnis von den asymmetrischen Formen und Mitteln der Kriegführung haben«. Das müsse sich ändern. In diesem Zusammenhang gewinne die Militärwissenschaft an Bedeutung, fuhr der Generalstabschef, an sein Publikum gerichtet, fort: »Die Arbeit und die Forschung an der Militärakademie kann dabei helfen.« Man solle die Erfahrungen fremder Mächte nicht einfach kopieren oder »den führenden Staaten hinterherjagen«; man müsse sie vielmehr »übertreffen und selbst führende Positionen einnehmen«. Und wie? Darauf wusste Gerassimow keine Antwort. Er beließ es bei einem aufmunternden Appell: »Egal, welche Kräfte der Feind zur Verfügung hat, egal, wie gut entwickelt seine Kräfte und Mittel für den bewaffneten Konflikt sein mögen – Formen und Methoden, um sie zu überwinden, können gefunden werden.« Der Feind werde »stets verwundbare Stellen haben, und das bedeutet, dass es angemessene Mittel gibt, ihm zu widerstehen«.

Soweit der russische Generalstabschef. Aber wo war sie nun, die angebliche Gerassimow-Doktrin, von der Galeotti und andere behaupteten, sie sei die Blaupause für russische Operationen auf der Krim im März 2014 gewesen? Es gab sie nicht, korrigierte den New Yorker Kollegen pikiert etwa Charles K. Bartles, ein Analytiker am Foreign Military Studies Office in Fort Leavenworth, einem Forschungszentrum der US-Streitkräfte: Gerassimow habe in seinem Beitrag nichts anderes getan, als die aktuelle Entwicklung der Kriegführung zu analysieren.[307] Galeotti wusste das natürlich, hatte aber versucht, diese Tatsache damit zu überspielen, dass er kühn behauptete, der russische Generalstabschef wende einen altbekannten rhe-

---

307 Bartles, Charles K.: Getting Gerasimov Right. Military Review, January-February 2016. S. 30-38.

torischen Kniff aus Sowjetzeiten an: Man spreche dabei zur Tarnung über Ereignisse aus der Vergangenheit – hier: Operationen des Westens in der arabischen Welt –, skizziere damit aber eigene Pläne für die Zukunft. Genaugenommen habe Gerassimow also beschrieben, »wie Russland Staaten umstürzen und zerstören kann, ohne direkt, offen und in großem Maßstab militärisch zu intervenieren«.[308] Diese Logik, mit der man jede beliebige Aussage mühelos in ihr Gegenteil verkehren kann, hat nicht nur Charles K. Bartles, sondern auch Experten wie Keir Giles vom traditionsreichen Londoner Think-Tank Chatham House nicht überzeugen können. Giles wies, wie auch andere, Galeottis wüste Spekulationen mit dem kühlen Hinweis zurück, sie hätten nichts mit »der russischen Realität« zu tun, wenngleich sie natürlich den Vorzug hätten, »hübsch auf eine PowerPoint-Folie zu passen«[309] – oder in einen *Zeit*-Artikel, hätte er hinzufügen können. Galeotti hat denn auch später, als ihm die Sache wohl doch ein wenig zu peinlich wurde, eingeräumt, Gerassimows Beitrag sei keine »Doktrin«, es handle sich nur »um eine Beobachtung zu einem bestimmten Aspekt einer bestimmten Art von Kriegen im 21. Jahrhundert« – mehr nicht.[310] Von einer »Gerassimow-Doktrin« habe er, Galeotti, eigentlich überhaupt nicht sprechen wollen: »Also, hört bitte damit auf!« Nun, für den westlichen, auch für den deutschen Qualitätsjournalismus kam der Appell freilich zu spät.

Sprungbrett zum Mittelmeer
»Gerassimow-Doktrin« hin, »Gerassimow-Doktrin« her – der Umsturz in Kiew Ende Februar 2014 ist für Russland ein schwerer Schlag gewesen, und das in mehrfacher Hinsicht. Wirtschaftlich war das Land mit der Ukraine noch aus den Zeiten der Sowjetunion überaus eng verflochten; die Assoziierung an die EU würde, das schien unver-

---

308 Galeotti, Mark: The »Gerasimov Doctrine« and Russian Non-Linear War. https://inmoscowsshadows.wordpress.com, 6.7.2014.
309 Giles, Keir: Russia's »New« Tools for Confronting the West. Continuity and Innovation in Moscow's Exercise of Power. Chatham House: Research Paper. London, March 2016.
310 Galeotti 2014.

meidbar, zu gravierenden ökonomischen Nachteilen führen. Darüber hinaus war Kiews Integration in die Eurasische Wirtschaftsunion nun gänzlich ausgeschlossen, was dem Integrationsprojekt einen empfindlichen Dämpfer versetzte; Experten hatten die kritische Größe der Wirtschaftsunion auf eine Zahl von 200 Millionen Einwohnern in den Mitgliedstaaten geschätzt, was ohne die Ukraine kaum zu erreichen war. Politisch musste Moskau zudem damit rechnen, dass der Westen nun im Nachbarland ganz nach Belieben schaltete und waltete. Das war nicht zuletzt militärstrategisch fatal: Im Falle eines ukrainischen NATO-Beitritts galt Russland als kaum mehr zu verteidigen.[311] Insofern galt es alles zu tun, um wenigstens die Aufnahme der Ukraine in das westliche Kriegsbündnis zu verhindern. Strategisch ist es dabei für Moskau durchaus günstig gewesen, dass ostukrainische Aktivisten im Bestreben, sich von dem nun einseitig westorientierten Kiew zu trennen, am 7. April 2014 die »Volksrepublik Donezk« und am 28. April die »Volksrepublik Lugansk« ausriefen: Das schwächte die Ukraine und ließ – wegen des absehbar anhaltenden Konflikts – ihre Einbindung in die NATO unwahrscheinlicher werden. Dass Moskau beiden »Volksrepubliken«, wenngleich es ihnen die staatliche Anerkennung verweigerte, auf die eine oder andere Weise unter die Arme griff – und dies auch im eskalierenden Bürgerkrieg –, das lag deshalb auf der Hand, ganz unbeschadet der Tatsache, dass die westlichen Propagandaphrasen von einer »russischen Invasion« in der Ostukraine peinlich überzogen sind.[312]

Parallel führte Moskau mit der Übernahme der Krim seinen ersten großen Gegenschlag durch. Am 16. März 2014 sprach sich die Bevölkerung der Halbinsel in einem Referendum mit offiziell 96,7 Prozent für den Beitritt zur Russischen Föderation aus. Am 18. März unterzeichneten Vertreter der Krim-Regierung und der russische Präsident Putin ein Abkommen darüber. Am 20. März wurde das Abkommen vom Parlament in Moskau ratifiziert: Die Krim war russisch geworden. Bei der Vorbereitung hatte Moskau unterstützend eingegriffen,

---

311 Vgl. Kapitel 3.
312 Lauterbach 2014. S. 103-128.

wenngleich auch die entschiedensten Gegner der Krim-Abspaltung nicht bezweifeln, dass es in der Bevölkerung eine klare Mehrheit für den Beitritt zur Russischen Föderation gab. Ganz abgesehen davon aber war die Operation ein Schritt, der weitestreichende Bedeutung hatte: Schließlich lief er auf einen harten Bruch in den Beziehungen Russlands zum Westen hinaus. Machtpolitisch knüpfte die russische Regierung daran an, was sie 2008 mit der Anerkennung Abchasiens und Südossetiens[313] – gleichsam als warnendes Beispiel – erstmals getan hatte: Sie nahm es sich heraus, Grenzen zu verändern – genau das also zu tun, was die westlichen Mächte bis dahin für sich reserviert hatten; man denke etwa an die Abspaltung des Kosovo durch NATO und EU. Moskau begab sich also auf Augenhöhe mit Berlin und Washington. Nebenbei – wie auch immer man die Übernahme der Krim durch Russland völkerrechtlich beurteilt: Moskau hat, bevor es die Halbinsel der Ukraine abnahm, Kiew nicht mit Bomberstaffeln zerstört, wie die NATO es mit Belgrad getan hatte.

Hat die Übernahme der Krim Russland machtpolitisch ein weiteres Stück auf Augenhöhe mit dem Westen gebracht, so hat sie ihm auch geostrategisch einen sehr wichtigen Punktgewinn verschafft – und dieser dürfte auch der eigentliche Anlass für die Maßnahme gewesen sein, von der Moskau annehmen musste, dass sie die Beziehungen zum Westen, der andere Mächte auf Augenhöhe nicht dulden wollte, kaum reparabel schädigen würde. Der Flottenstützpunkt in Sewastopol auf der Krim war, das hatte bereits Zbigniew Brzeziński 1997 konstatiert, der notwendige »Ausgangspunkt für die Projektion russischer Marinemacht in die Mittelmeerregion«.[314] Das Mittelmeer aber spiele »in der russischen Außenpolitik eine große Rolle«, stellte im Februar 2014 der deutsche Marinespezialist Klaus Mommsen fest: »Die Russen wollen dieses Gebiet nicht der US-amerikanischen Navy überlassen.«[315] Als »Sprungbrett in Richtung Süden, also hin zum

---

313 Vgl. Kapitel 3.

314 Zbigniew Brzezinski: The Grand Chessboard. American Primacy and Its Geostrategic Imperatives. New York 1997. S. 93.

315 Marine-Experte: Krim ist Russlands »Sprungbrett ins Mittelmeer«, www.dw.de, 27.2.2014.

Mittelmeer und Nahen Osten«, benötigten sie dabei tatsächlich die Krim – denn diese habe »eine für das Schwarzmeer beherrschende strategische Position«. Der russische Marinestützpunkt Noworossijsk nördlich von Sotschi könne keinen Ersatz bieten, denn er sei viel »zu klein« – und vor allem habe er »keine schützenden Buchten«, erläuterte Mommsen, weshalb »Schiffe, die dort anliegen, ... bei ungünstigem Wind durch die anschlagenden Wellen beschädigt« werden könnten. Mit der Eingliederung der Krim hat sich Moskau also nicht zuletzt die Option gesichert, eine eigenständige Machtpolitik im Mittelmeer treiben zu können.

Kein »anderer Westen« mehr
Der russische Gegenschlag gegen die Offensive des Westens in der Ukraine ist nicht auf die Unterstützung der ostukrainischen Sezession und die Übernahme der Krim beschränkt geblieben. Moskau hat sich – vom Westen mit dem Umsturz in Kiew in grundlegenden Interessen attackiert und damit zugleich der lange gehegten Hoffnung auf gedeihliche Zusammenarbeit eindrucksvoll beraubt – bemüht, auch auf anderen Feldern machtpolitisch mit den Ländern der EU und mit den Vereinigten Staaten gleichzuziehen, das heißt: sich derselben Machtmittel und -praktiken zu bedienen wie Brüssel und Washington. Dies galt – und gilt – beispielsweise für die Option, staatliche Auslandsmedien im Sinne eigener Interessen einzusetzen und sie dabei auch offensiv zu nutzen. Die westlichen Mächte haben dies ihrerseits immer wieder getan. Das vielleicht prominenteste Beispiel ist *Radio Free Europe / Radio Liberty*, ein Sender, der in der Ära des Kalten Kriegs als antikommunistisches Kampfinstrument mit engen Kontakten ins Geheimdienstmilieu verschrien war, über den diskutiert und die Nase gerümpft, dessen Existenz allerdings von keinem westlichen Staat jemals in Frage gestellt wurde. Auch in den Jahren seit dem Ende des Kalten Kriegs vertreten staatsfinanzierte Auslandsmedien letzten Endes die Interessen des Staats, der sie bezahlt; das tun, wenngleich man die Mehrzahl von ihnen nicht mit *Radio Free Europe / Radio Liberty* auf eine Stufe stellen muss, etwa der offizielle US-Auslandssender *Voice of America*, der vom französischen Außenministerium finanzierte Sender

Radio France Internationale oder die staatsfinanzierte *Deutsche Welle*. Erkennen kann man das beispielsweise an der Berichterstattung über die prowestliche Opposition in Russland, etwa an der sympathisierenden Aufmerksamkeit für Personen wie Alexej Nawalny, der mit rassistischen Äußerungen und mit Kontakten zur extremen Rechten aufgefallen ist – und sich nie ernsthaft davon distanziert hat.[316]

Russlands Auslandssender ist zunächst die 1993 aus *Radio Moskau* hervorgegangene *Stimme Russlands* gewesen. Als staatlicher Sender ist sie in Moskaus offizielle auswärtige Kulturpolitik eingebunden gewesen, deren Ziel es war – so die Formulierung der Neukonzeption aus dem Jahr 2001 –, zu einer »würdigen, ... angemessenen« Stellung des Landes in der internationalen Politik und zur Schaffung eines »positiven und objektiven Bildes Russlands in der Welt« beizutragen. Insbesondere solle sie, hieß es, den »Aufbau neuer Trennlinien zwischen Völkern und Staaten verhindern und antirussische Stereotypen neutralisieren«.[317] Diese Zielsetzung unterscheidet sich kaum von derjenigen etwa der auswärtigen Kulturpolitik Deutschlands. Diese solle, so heißt es in einer Konzeption aus dem Jahr 2011, im Ausland »ein positives und wirklichkeitsgetreues Deutschlandbild« vermitteln und darüber hinaus »einen substanziellen Beitrag dazu leisten«, den deutschen »Einfluss in der Welt zu sichern«.[318] Inhaltlich habe die *Stimme Russlands* in den 1990er und 2000er Jahren zum einen für Handel und Investitionen in Russland, zum anderen um »mehr Verständnis für die Sichtweise der russischen Regierung« geworben, konstatierte 2016 der stellvertretende Vorsitzende des Osteuropa Zentrums Berlin, Dmitri Stratievski.[319] »Der Tenor der Sendungen war Deutsch-

---

316 Vgl. Kapitel 4.1.

317 Zitiert nach: Bälz, Ottilie: Ein weltweites Bild verändern. Die Auswärtige Kulturpolitik der Russischen Föderation. In: Maaß, Kurt-Jürgen (Hg.): Kultur- und Außenpolitik. Baden-Baden 2009. S. 411-422. Hier: S. 412.

318 Auswärtiges Amt: Auswärtige Kultur- und Bildungspolitik in Zeiten der Globalisierung – Partner gewinnen, Werte vermitteln, Interessen vertreten. Berlin. September 2011.

319 Stratievski, Dmitri: Die Wirkung der Staatsmedien Russlands in Deutschland: Genese, Ziele, Einflussmöglichkeiten. In: Russland-Analysen Nr. 317, 3.6.2016. S. 13-16. Hier: S. 14.

land gegenüber überwiegend positiv«, fuhr Stratievski fort; eine »klare Positionierung für die eine oder andere Partei« habe es nicht gegeben. Man habe lediglich einen »angeblich ›eigenen deutschen‹ (eben auch überaus amerikaskeptischen) Weg in der Weltpolitik« befürwortet und exemplarisch »die Nichtbeteiligung der Bundesrepublik am Irak-Krieg« gepriesen; das entsprach der damaligen russischen Außenpolitik, die nach dem Scheitern der Bemühungen um ein Bündnis mit den USA auf ein Bündnis mit Deutschland und der EU abzielte.

Eine Kursänderung brachten dann die zunehmenden Spannungen auch im Verhältnis zu Deutschland, vor allem aber die offene deutsche Unterstützung für die Maidan-Proteste ab November 2013 und für den Umsturz in Kiew. In der russischen Staatsspitze sei mit Blick auf den eskalierenden Konflikt der »Unmut« über ihre »beschränkten Möglichkeiten, die eigene Position zu verbreiten« und »moskaukritischen Stimmen entgegenzuwirken«, gewachsen, berichtet Stratievski; im Dezember 2013 habe Putin dann die Initiative ergriffen und eine umfassende Umstrukturierung der staatlichen Medien eingeleitet. Zunächst wurde die *Stimme Russlands* mit der Nachrichtenagentur *RIA Nowosti* am 9. Dezember 2013 zu *Rossija Segodnja (Russia Today)* verschmolzen, in die auch der 2005 gegründete Fernsehsender *RT* sowie die 2012 in Berlin gegründete TV-Agentur *Ruptly* einbezogen wurden. Am 10. November 2014 ging das von *Rossija Segodnja* gegründete Nachrichtenportal *Sputnik* online, das Ende 2017 weltweit in mehr als 30 Sprachen zu lesen war. Bereits am 7. November 2014 hatte in Berlin *RT Deutsch* den Betrieb aufgenommen. Über die inhaltliche Orientierung urteilt Stratievski, »anstatt einer Defensivstrategie« werde nun »eine Offensive praktiziert«: »Spätestens seit Anfang 2014 ist Berlin für den Kreml kein ›anderer Westen‹ mehr, mit dem man verlässlich kooperiert und wo man eher Gehör findet als in Washington.« Deutschland sei nach seiner Offensive im Ukraine-Konflikt für Moskau vielmehr »ein Objekt im Propaganda-Krieg« geworden.[320]

---

320 Ebd.

Auge um Auge

Dabei haben die russischen Auslandsmedien – wie die russische Außenpolitik insgesamt – in ihren Zielländern inzwischen eine fast maximale politische Bandbreite potenziell zur Kooperation mit Moskau bereiter Spektren im Blick. Das unterscheidet sie nicht prinzipiell etwa von der deutschen Politik und von deutschen Medien, die, wie das *ZDF*, im Verlauf der Maidan-Proteste Neonazis mit SS-Runen am Stahlhelm neben liberalen Bürgerrechtlern als »Freiheitskämpfer« porträtierten, weil es gegen Russland ging, oder die, wie etwa die *Deutsche Welle*, den Nationalbolschewisten Eduard Limonow in sympathisierenden Berichten immer wieder in eine Reihe mit Liberalen wie Boris Nemzow oder Ilja Jaschin stellten, sofern er mit seinen Anhängern nur brav gegen Putin demonstrierte. Die Spektren, die Moskau im Visier hat, weil sie auf die eine oder andere Weise eine gewisse Offenheit für Russland erkennen lassen, kann man exemplarisch an den Interviewpartnern von *RT Deutsch* oder an den Studiogästen der *RT Deutsch*-Sendung »Der fehlende Part« ablesen. Stargast bei *RT Deutsch* am 20. September 2017: Außenminister Sigmar Gabriel, der aus russischer Sicht für diejenige Strömung in der SPD steht, die seit den 1960er Jahren für die Neue Ostpolitik eintrat und die sich unter Kanzler Gerhard Schröder für eine gewisse Kooperation mit Moskau öffnete. Für diese Strömung steht auch – jenseits der Parteipolitik – der ehemalige deutsche Diplomat und Botschafter a. D. Frank Elbe, der am 30. März 2017 bei »Der fehlende Part« auftrat. Die Sendung hat zuweilen Personen mit linkem Hintergrund zu Gast, die sich dem neuen Kalten Krieg der westlichen Mächte gegen Moskau verweigern, daneben aber immer wieder auch Ultrarechte, die Russland als vermeintlich reaktionäres Gegenbild gegen einen angeblich liberalen Westen verehren. »Der fehlende Part« bot AfD-Politikern wie Frauke Petry (27. Mai 2016) ebenso Raum wie prominenten Führungsfiguren der nicht parteigebundenen extremen Rechten, etwa Götz Kubitschek (27. Juli 2017), Gründer des jungkonservativen Think-Tanks »Institut für Staatspolitik«, oder Martin Sellner (8. September 2017), vielleicht bekanntester Vertreter der neofaschistischen Identitären Bewegung.

Im Bemühen, möglichst alle für russische Belange offenen politischen Spektren im Westen an sich zu binden, hat Moskau 2014 auch begonnen, jenseits seiner Auslandsmedien praktische Kontakte nach rechtsaußen aufzunehmen. Das sind keine exklusiven Kontakte gewesen; Russland hat nie aufgehört, sich um Beziehungen etwa auch zu Sozialdemokraten zu bemühen oder zu Linken, die dem neuen Kalten Krieg eine Absage erteilen wollten; und auch mit seinen Annäherungen an die äußerste Rechte hat es lediglich begonnen, das Beispiel der westlichen, auch der deutschen Politik nachzuahmen oder, anders ausgedrückt, sich Waffengleichheit zu verschaffen: Seit die Konrad-Adenauer-Stiftung im Februar 2012 erstmals die faschistische Partei Swoboda in ihre ukrainische Vorfeldarbeit einbezog und im ersten Halbjahr 2013 zahlreiche westliche Botschafter in Kiew, auch der deutsche, Swoboda-Vertreter empfingen[321], ist klar gewesen, dass die Mächte Europas und Nordamerikas bereit waren, im Machtkampf gegen Russland sogar auf Anhänger ehemaliger NS-Kollaborateure zurückzugreifen. Im September 2014 lud nun ihrerseits die russische Botschaft in Berlin den stellvertretenden AfD-Vorsitzenden Alexander Gauland zum Gespräch; Ende November 2014 diskutierten der damalige AfD-Bundesgeschäftsführer Georg Pazderski und AfD-Pressesprecher Christian Lüth mit russischen Diplomaten. Die Beziehungen zur AfD hat Moskau weiter ausgebaut, und außerhalb Deutschlands ging es nicht anders vor: In Österreich intensivierte es die Kontakte zur FPÖ, in Frankreich zum Front National, in den USA zu Kreisen um Donald Trump.

Ebenfalls eine Art Kopie deutscher Polit-Praktiken ist der »Fall Lisa« gewesen. Bei ihm ging es um eine 13-jährige Russlanddeutsche aus Berlin-Marzahn, die am 11. Januar 2016 auf dem Schulweg verschwand und von ihren Eltern als vermisst gemeldet wurde, bis sie am folgenden Tag wieder auftauchte. Sie hatte die Nacht bei einem Freund verbracht; Ursache waren innerfamiliäre Spannungen, die man mit Rücksicht auf Lisas junges Alter nicht weiter ausbreiten muss. Zum »Fall« wurde die Geschichte erst, als einige extrem rechte Russ-

---

321 Vgl. Kapitel 4.1.

landdeutsche öffentlich behaupteten, die Jugendliche sei von »Südländern« missbraucht worden; das trieb rechte Russlanddeutsche und an ihrer Seite auch nicht-russlanddeutsche Rassisten bis hin zur NPD zu Demonstrationen auf die Straße. Bemerkenswert war insbesondere, dass zunächst russische Medien, dann sogar der russische Außenminister Sergej Lawrow mit einer öffentlichen Stellungnahme zu dem »Fall« die Proteste befeuerten. Berlin prangerte die russische Einmischung wütend an – der Sache nach zu Recht, denn Einmischung in innere Angelegenheiten anderer Länder verstößt in der internationalen Politik gegen den offiziellen guten Ton. Nur: Wie war das, als auf dem Kiewer Maidan die Proteste tobten und auch deutsche Experten einräumten, gut ein Drittel der Demonstranten stehe der faschistischen Partei Swoboda zumindest nahe oder sei gar für sie aktiv? Damals waren nicht nur zahllose anfeuernde Stellungnahmen deutscher Politiker zu hören; Außenminister Guido Westerwelle nutzte einen Aufenthalt in Kiew am 4. Dezember 2013 sogar, um sich in einem Akt demonstrativer Sympathiebekundung persönlich in die Menge auf dem Maidan zwischen Liberale und Faschisten zu mischen. Lawrow blieb mit seiner empörenden Verbalintervention zugunsten der brodelnden rassistischen Menge immer noch unterhalb des von Westerwelle gewählten Eskalationsniveaus.

Wieder umstritten

Schlägt Moskau inzwischen offen gegen den Westen zurück, so ist es gleichzeitig daran gegangen, sich seine frühere Stellung in der Weltpolitik, die es zu sowjetischen Zeiten innehatte, zumindest zum Teil wiederzuerkämpfen. Das geht auf Kosten der westlichen Dominanz und wird von den westlichen Mächten natürlich ebenfalls als Kampfansage interpretiert. Der erste große Durchbruch gelang Russland in Syrien – dort, wo es bereits 2013 als Mittler Fuß zu fassen begonnen hatte.[322] Nach umfassenden Vorbereitungen startete die russische Luftwaffe am 30. September 2015 auf Bitten der syrischen Regierung erste Angriffe auf Stellungen meist jihadistischer Milizen, die auf dem syri-

---

322 Vgl. Kapitel 3.

schen Schlachtfeld gegen die Regierung von Baschar al-Assad kämpften. Im weiteren Verlauf des Krieges gelang es den russischen Streitkräften gemeinsam mit syrischen und iranischen Truppen sowie mit verschiedenen Iran nahestehenden Milizen, etwa der libanesischen Hizbollah, die Aufständischen weitgehend niederzuringen. Vielleicht entscheidend war der Sieg in der Schlacht um Aleppo im Dezember 2016, den Russland und seine Verbündeten nach mehreren Monaten schwerer, blutiger Kämpfe erzielen konnten. Im Januar 2017 organisierte Moskau dann in der kasachischen Hauptstadt Astana die ersten Waffenstillstandsgespräche, an denen Iran und die Türkei teilnahmen, bei denen die Vereinigten Staaten hingegen nur mit einem Beobachter und die EU überhaupt nicht vertreten waren. Als Putin am 21. November 2017 Baschar al-Assad in Sotschi empfing, konnte er verkünden, die syrische Regierung nähere sich dem »unvermeidlichen Sieg«.[323]

Parallel ist es Russland gelungen, seine Positionen in Nordafrika sowie im Nahen und Mittleren Osten wieder auszubauen. Ein Beispiel ist Libyen. Dort hat Moskau auf eine Kooperation mit dem General Khalifa Haftar gesetzt, der im Mai 2014 den Kampf gegen mit Al Qaida verbündete Jihadisten in Benghazi aufgenommen hatte und bald zum stärksten Militäranführer in Libyens Osten wurde. Ende Juni 2016 reiste Haftar erstmals nach Moskau, um über militärische Unterstützung zu verhandeln; im Januar 2017 wurde er demonstrativ auf dem im Mittelmeer kreuzenden russischen Flugzeugträger »Admiral Kusnezow« empfangen, von wo aus er per Videokonferenz Gespräche mit dem russischen Verteidigungsminister Sergej Schojgu führte. Haftar wird auch von Ägypten unterstützt, mit dem Russland ebenfalls immer enger kooperiert. Putin leitete eine intensivere Zusammenarbeit schon im Februar 2015 bei einem Besuch in Kairo ein; dabei beschränkte sich die Kooperation nicht auf Wirtschaftsprojekte wie den Bau eines russischen Kernkraftwerks in Ägypten, sondern bezog bereits 2016 auch Gespräche über die Nutzung ägyptischer Mi-

---

323 Krüger, Paul-Anton: Putin gratuliert Assad zum Sieg, www.sueddeutsche.de, 21.11.2017.

litärbasen durch die russischen Streitkräfte, auf die sich beide Seiten im November 2017 vorläufig einigten.[324] Ohnehin hat sich Russland neben seiner Marinebasis im syrischen Tartous auch einen festen Luftwaffenstützpunkt im syrischen Hmeimim gesichert; damit dehnt es seine Militärpräsenz am östlichen Mittelmeer immer weiter aus. Bereits Anfang 2013 hatte die russische Marine begonnen, ein ständiges Mittelmeergeschwader aufzustellen; Anfang 2014 hielt sie gemeinsam mit der chinesischen Marine erste gemeinsame Militärübungen im Mittelmeer ab; im Mai 2015 folgte ein größeres gemeinsames Manöver. Kurz zuvor, im Februar 2015, war es Russland gelungen, mit der Regierung des EU-Mitglieds Zypern eine Übereinkunft zu schließen, die seinen Kriegsschiffen Zugang zu zypriotischen Häfen sicherte. Das östliche Mittelmeer sei »wieder ein umstrittener Raum«, urteilten NATO-Kreise im Oktober 2015; eine Entscheidung wie diejenige aus dem Jahr 2011, einen Krieg gegen Libyen zu führen, könne man heute wohl nicht mehr so bedenkenlos fällen wie damals.[325]

Erfahrungen mit dem Westen

Selbst in Afghanistan gewinnt Russland neuen Einfluss. Kabul hatte sich bereits im Juni 2012, weil sich seine Beziehungen zu den westlichen Mächten immer weiter verschlechterten, Beobachterstatus bei der Shanghai Cooperation Organization (SCO) gewähren lassen und damit einen klaren Schritt auf Moskau zu getan. Ende März 2014 folgte ein Paukenschlag: Der scheidende afghanische Präsident Hamid Karzai erklärte, er respektiere »den freien Willen der Bevölkerung der Krim«, und erkannte – gegen massiven Druck der NATO-Staaten – das Krim-Referendum über den Beitritt zur Russischen Föderation an.[326] Weshalb? Der Grund dafür sei seine »Erfahrung mit der Zusammenarbeit mit westlichen Regierungen« gewesen, erläuterte er

---

324 Kirkpatrick, David D.: In Snub to U.S., Russia and Egypt Move Toward Deal on Air Bases, www.nytimes.com, 30.11.2017.

325 Jones, Sam: Russia's Syria strategy poses challenge to Nato in Mediterranean, www.ft.com, 21.10.2015.

326 Rosenberg, Matthew: Breaking With the West, Afghan Leader Supports Russia's Annexation of Crimea, www.nytimes.com, 23.3.2014.

später.[327] Im Juli 2015 einigten sich sein Nachfolger Ashraf Ghani und Russlands Präsident Putin auf eine engere Anti-Terror-Kooperation; im Februar 2016 berichteten Nachrichtenagenturen, Russland habe den afghanischen Streitkräften 10.000 Sturmgewehre und Munition zur Verfügung gestellt. Im Mai 2016 vermeldete schließlich die afghanische Nachrichtenagentur *Ariana* eine neue Vereinbarung zwischen Afghanistan und Russland in Sachen Militärkooperation.

Moskau hat, wie es der russische Außenpolitik-Experte Fjodor Lukjanow im Februar 2016 schrieb, die Phase der Bemühungen um eine »Partnerschaft« mit dem Westen beendet.[328] Eine punktuelle Kooperation – dort, wo sie russischen Interessen entspricht – schließt das überhaupt nicht aus; doch gibt es für die russische Staatsspitze keinen Grund mehr, die westlichen Attacken, die westliche Einmischung nicht mit gleicher Münze heimzuzahlen, und das auf allen Ebenen. Einen Ausweg böte wohl einzig und allein eine gemeinsame Abrüstung, und zwar nicht nur auf militärischer, sondern auch auf politischer Ebene. Abrüstung besteht freilich nicht darin, dem Gegner Waffen aus der Hand zu schießen, sondern darin, auf beiden Seiten gleichzeitig die Waffen einzustampfen. Daran jedoch besteht bei den westlichen Mächten, die sich – bei allen Unterschieden zwischen den USA, Deutschland und der EU – ihren Platz an der Sonne der Weltpolitik sichern wollen, kein Interesse, oder genauer: nicht bei ihren herrschenden Kreisen. Die so dringend notwendige umfassende Abrüstung kann man wohl nur gegen das Establishment erkämpfen.

---

327 Zitiert nach: Brattvoll, Joakim: Is Russia Back in Afghanistan? Peace Research Institute Oslo: PRIO Policy Brief 4/2016. S. 4.

328 Lukjanow, Fjodor: Russland und die EU: Partnerschaft nein, Kooperation ja, https://de.rbth.com, 2.2.2016.

Literatur[329]

Adomeit, Hannes: Inside or Outside? Russia's Policies Towards NATO. Working Paper der Forschungsgruppe Russland/GUS der Stiftung Wissenschaft und Politik. FG 5 2007/01. Berlin, Januar 2007.

Alexandrova, Olga: Die Partnerschaft NATO-Ukraine. Bundesinstitut für ostwissenschaftliche und internationale Studien. Aktuelle Analysen Nr. 44/1997, 25.8.1997.

Amerongen, Otto Wolff von: Der Weg nach Osten. Vierzig Jahre Brückenbau für die deutsche Wirtschaft. München 1992.

Auswärtiges Amt: Auswärtige Kultur- und Bildungspolitik in Zeiten der Globalisierung – Partner gewinnen, Werte vermitteln, Interessen vertreten. Berlin. September 2011.

Autorenteam Kdo H II 1 (2): Thesenpapier: Wie kämpfen Landstreitkräfte künftig? Strausberg 2017.

Bahr, Egon: Wandel durch Annäherung. Rede in der Evangelischen Akademie Tutzing. 15. Juli 1963.

Bälz, Ottilie: Ein weltweites Bild verändern. Die Auswärtige Kulturpolitik der Russischen Föderation. In: Maaß, Kurt-Jürgen (Hg.): Kultur- und Außenpolitik. Baden-Baden 2009. S. 411-422.

Barbashin, Anton; Thoburn, Hannah: Putin's Brain. Alexander Dugin and the Philosophy Behind Putin's Invasion of Crimea, www.foreignaffairs.com, 31.3.2014.

Bell, Imogen (Hg.): Eastern Europe, Russia and Central Asia 2003. London/New York 2002.

Birkholz, Stefanie: »Die stärksten Verbündeten des Westens«. Der Antibolschewistische Block der Nationen 1946-1996. Geschichte, Organisation und Arbeitsweise eines Netzwerks zur Zerschlagung der Sowjetunion. Hamburg 2017.

Blouet, Brian W.: Sir Halford Mackinder As British High Commissioner to South Russia, 1919-1920. In: The Geographical Journal. Vol. 142, 2/1976. S. 228-236.

Blouet, Brian W.: Halford Mackinder. A Biography. Austin 1987.

Böttger, Katrin: Die EU-Russland-Beziehungen: Rückblick und Ausblick im Zeichen der Ukraine-Krise. In: Integration 38 (2015). S. 204-213.

---

329 Angeführte Literatur, ohne Zeitungsartikel.

Brattvoll, Joakim: Is Russia Back in Afghanistan? Peace Research Institute Oslo: PRIO Policy Brief 4/2016.
Brzezinski, Matthew: Casino Moscow. A Tale of Greed and Adventure on Capitalism's Wildest Frontier. New York 2002.
Brzezinski, Zbigniew: The Grand Chessboard. American Primacy and Its Geostrategic Imperatives. New York 1997.
Carley, Michael J.: The Early Cold War, www.h-net.org, Juni 1996.
Carley, Michael Jabara: Who Betrayed Whom: Franco-Anglo-Soviet Relations, 1932-1939. In: Koch, Christoph (Hg.): Gab es einen Stalin-Hitler-Pakt? Charakter, Bedeutung und Deutung des deutsch-sowjetischen Nichtangriffsvertrages vom 23. August 1939. Frankfurt a.M. 2015. S. 119-137.
Christians, F. Wilhelm: Wege nach Rußland. Bankier im Spannungsfeld zwischen Ost und West. Hamburg 1989.
Clark, Wesley; Luik, Jüri; Ramms, Egon; Shirreff, Richard: Closing NATO's Baltic Gap. International Centre for Defence and Security, Tallinn, May 2016.
Cohen, Ariel: The New »Great Game«: Oil Politics in the Caucasus and Central Asia. The Heritage Foundation Backgrounder No. 1065. January 25, 1996.
Deubner, Christian: Frankreich in der Osterweiterung der EU, 1989 bis 1997. In: Politische Studien 363, Januar/Februar 1999, 89-121.
Deutscher Bundestag, Wissenschaftliche Dienste: Die Beziehungen zwischen der EU und Russland. Ausarbeitung WF XII G – 113/06. Berlin, 31.3.2006.
Dmitriew, Michail: Neue Entwicklungstendenzen im politischen System Russlands. In: Russland-Analysen Nr. 224. 15.7.2011. S. 2-5.
Eichholtz, Dietrich: Geschichte der deutschen Kriegswirtschaft 1939-1945. München 2003.
Feddersen, Gustavo Henrique; Zucatto, Giovana Esther: Infrastructure in Central Asia: Energy and Transportation Controversies. In: UFRGSMUN/ UFRGS Model United Nations Journal v1/2013. S. 159-181.
Feldman, Gerald D.: Die Deutsche Bank vom Ersten Weltkrieg bis zur Weltwirtschaftskrise. In: Gall, Lothar; Feldman, Gerald D.; James, Harold; Holtfrerich, Carl-Ludwig; Büschgen, Hans E.: Die Deutsche Bank 1870-1995. München 1995. S. 137-314.
Fischer, Fritz: Griff nach der Weltmacht. Die Kriegszielpolitik des kaiserlichen Deutschland 1914/18. Düsseldorf 1961.
Fleischhauer, Eva Ingeborg: Rathenau in Rapallo. In: Vierteljahreshefte für Zeitgeschichte 3/2006. S. 365-415.
Foglesong, David S.: America's Secret War against Bolshevism. U.S. Intervention in the Russian Civil War, 1917-1920. Chapel Hill 1995.
Friedman, George: Flashpoints. The Emerging Crisis in Europe. Melbourne/ London 2015.
Gerasimov, Valery: The Value of Science Is in the Foresight. New Challenges Demand Rethinking the Forms and Methods of Carrying out Combat Operations. In: Military Review January/February 2016. S. 23-29.
Glatz, Rainer L.; Zapfe, Martin: Ambitionierte Rahmennation: Deutschland in der Nato. SWP-Aktuell 62, August 2017.
Golczewski, Frank: Deutsche und Ukrainer 1914-1939. Paderborn 2010.

Gottschlich, Jürgen: Beihilfe zum Völkermord. Deutschlands Rolle bei der Vernichtung der Armenier. Berlin 2015.

Grätz, Jonas: Russland als globaler Wirtschaftsakteur. Handlungsressourcen und Strategien der Öl- und Gaskonzerne. München 2013.

Groehler, Olaf: Selbstmörderische Allianz. Deutsch-russische Militärbeziehungen 1920-1941. Berlin 1992.

Halbach, Uwe: Der Kaspische Raum – Zwischen »Great Game« und Seidenstraße, www.blz.bayern.de (pdf), O. J.

Halbach, Uwe: Usbekistan als Herausforderung für westliche Zentralasienpolitik. SWP-Studie S26. Berlin, September 2006.

Heeke, Matthias: Reisen zu den Sowjets. Der ausländische Tourismus in Rußland 1921-1941. Münster 1999.

Heinecke, Susann: Die deutsche Russlandpolitik 1991-2005. Entwicklungen und gesellschaftliche Einflüsse in außenpolitischen Entscheidungsprozessen. Inauguraldissertation zur Erlangung des Doktorgrades der Wirtschafts- und Sozialwissenschaftlichen Fakultät der Universität zu Köln. 2011.

Henderson, James; Mitrova, Tatiana: Energy Relations between Russia and China: Playing Chess with the Dragon. The Oxford Institute for Energy Studies. OIES Paper WPM 67. Oxford, August 2016.

Holt, Katharine M.: The Rise of Insider Iconography: Visions of Soviet Turkmenia in Russian-Language Literature and Film, 1921-1935. New York 2013.

Hoppe, Hans-Joachim: Rußland und der Jugoslawienkonflikt. Bundesinstitut für ostwissenschaftliche und internationale Studien, Bericht 14/1997.

Hu, Shaohua: Foreign Policies Toward Taiwan. New York 2018. E-Book.

Ischinger, Wolfgang: Eine Aufgabe für Generationen. Internationale Politik. Januar/Februar 2015. S. 30-35.

Jopp, Heinz Dieter; Mommsen, Klaus: Ostsee und Schwarzes Meer im Fokus. Russland und die NATO in den Randmeeren auf Konfrontationskurs? MarineForum 3/2017. S. 32-35.

Jüngerkes, Sven: Diplomaten der Wirtschaft. Die Geschichte des Ost-Ausschusses der Deutschen Wirtschaft. Mit einem Geleitwort von Hans-Dietrich Genscher. Osnabrück 2012.

Kamp, Karl-Heinz: Die Agenda des NATO-Gipfels von Warschau. Arbeitspapier Sicherheitspolitik Nr. 9/2015.

Kappeler, Andreas: Kleine Geschichte der Ukraine. München 1994.

Karlsch, Rainer; Stokes, Raymond G.: »Faktor Öl«. Die Mineralölwirtschaft in Deutschland 1859-1974. München 2003.

Karrar, Hasan H.: The New Silk Road Diplomacy. China's Central Asian Foreign Policy since the Cold War. Vancouver 2009.

Kempe, Iris: From a European Neighbourhood Policy toward a New Ostpolitik – The Potential Impact of German Policy. CAP Policy Analysis No. 3. May 2006.

Khlystova, Tatiana: Integration durch regionale Kooperation? Am Beispiel der Partnerschaft zwischen dem Land Niedersachsen und der Oblast Tjumen. ESH Working Paper No. 3. Hannover 2004.

Kirchner, Walther: Siemens and AEG and the Electrification of Russia, 1890-1914. In: Jahrbücher für Geschichte Osteuropas 30 (1982), Heft 3. S. 399-428.

Klein, Margarete; Pester, Kristian: Russlands Streitkräfte: Auf Modernisierungskurs. SWP-Aktuell 72. Berlin, Dezember 2013.
Klinnert, Anne: Die Politik Deutschlands gegenüber Zentralasien. Potsdam 2015.
Kockel, Titus: Deutsche Ölpolitik 1928-1938. Berlin 2005.
Korte, Peter: Randmeerkriegsführung. Wiederaufbau einer Fähigkeit. Teil 1. In: MarineForum 5/2017. S. 6-9. Hier: S. 8.
Kronauer, Jörg: »Ukraine über alles!« Ein Expansionsprojekt des Westens. Hamburg 2014.
Kronauer, Jörg: Allzeit bereit. Die neue deutsche Weltpolitik und ihre Stützen. Köln 2015.
Kuhn, Andreas: Der deutsch-polnische Außenhandel im Kontext der EU-Osterweiterung. In: Statistisches Bundesamt: Wirtschaft und Statistik 3/2002. S. 201-208.
Landesgruppe Niedersachsen der Landsmannschaft der Deutschen aus Russland (Hg.): 20 Jahre Partnerschaft zwischen dem Land Niedersachsen und der Region Tjumen. O.O. 1992.
Laruelle, Marlène: Russian Eurasianism. An Ideology of Empire. Baltimore 2008.
Laruelle, Marlene: Scared of Putin's Shadow. In Sanctioning Dugin, Washington Got the Wrong Man, www.foreignaffairs.com, 25.3.2015.
Laruelle, Marlene: Eurasia, Eurasianism, Eurasian Union. Terminological Gaps and Overlaps. PONARS Eurasia Policy Memo No. 366. July 2015.
Laruelle, Marlene: In search of Putin's philosopher. Why Ivan Ilyin is not Putin's Ideological Guru, http://intersectionproject.eu, 3.3.2017.
Lauterbach, Reinhard: Bürgerkrieg in der Ukraine. Geschichte, Hintergründe, Beteiligte. Berlin 2014.
Lutz, Martin: Siemens und die Sowjetunion nach dem Ersten Weltkrieg. Grundlagen und Rahmenbedingungen für die Geschäftsbeziehungen. Konstanz 2004.
Lutz, Martin: Siemens im Sowjetgeschäft. Eine Institutionengeschichte der deutsch-sowjetischen Beziehungen 1917-1933. Stuttgart 2011.
Mackinder, Halford John: The Geographical Pivot of History. In: The Geographical Journal. Vol. XXIII. No. 4. April 1904. S. 421-444.
Mackinder, Halford John: Democratic Ideals and Reality. A Study in the Politics of Reconstruction. London 1919.
Mackinder, Halford: The Round World and the Winning of the Peace. In: Foreign Affairs. Volume 21, Number 4. July 1943. S. 595-605.
Matuszak, Sławomir: The Oligarchic Democracy. The Influence of Business Groups on Ukrainian Politics. OSW Studies No. 42, September 2012.
McFaul, Michael: What Are Russian Foreign Policy Objectives?, http://carnegieendowment.org, 1.5.1999.
Meister, Stefan: Entfremdete Partner. Deutschland und Russland. In: Osteuropa 6-8/2012. S. 475-484.
Milow, Caroline: Die ukrainische Frage 1917-1923 im Spannungsfeld der europäischen Diplomatie. Wiesbaden 2002.
Moffat, Ian C. D.: The Allied Intervention in Russia, 1918-1920. The Diplomacy of Chaos. London 2015.

Müller, Rolf-Dieter: Das Tor zur Weltmacht. Die Bedeutung der Sowjetunion für die deutsche Wirtschafts- und Rüstungspolitik zwischen den Weltkriegen. Boppard 1984.

Nicolas, G.; Sériot, P.; Lavroukhin, V.; Vullioud, V.; Wenker, L.: La Russie-Eurasie d'après Savitsky. In: Cahiers de géographie du Québec, vol. 42, no 115 (1998). S. 67-91.

Nipperdey, Thomas: Deutsche Geschichte 1866-1918. Erster Band: Arbeitswelt und Bürgergeist. München 1998.

O'Loughlin, John; Tuathail, Gearóid ó; Kolossov, Vladimir: A »Risky Westward Turn«? Putin's 9-11 Script and Ordinary Russians. In: Europe-Asia Studies Vol. 56, No. 1. January 2004. S. 3-34.

Opitz, Reinhard (Hg.): Europastrategien des deutschen Kapitals 1900-1945. Bonn 1994.

Portyakov, Vladimir: Russian-Chinese Relations: Current Trends and Future Prospects. In: russian analytical digest 73/2010. S. 2-4.

Powaski, Ronald E.: The Cold War. The United States and the Soviet Union 1917-1991. New York/Oxford 1998. E-Book.

Reljić, Dušan: Russlands Rückkehr auf den Westbalkan. SWP-Studie S 17. Berlin, Juli 2009.

Rokke, Ervin J.: Foreword. In: Mackinder, Halford John: Democratic Ideals and Reality. A Study in the Politics of Reconstruction. Washington 1996. S. XV.

Rose, Richard: Boris Yeltsin Faces the Electorate: Findings from Opinion Polling Data. Demokratizatsiya. Summer 1996. S. 381-387.

Rossoliński-Liebe, Grzegorz: Stepan Bandera. The Life and Afterlife of a Ukrainian Nationalist. Fascism, Genocide, and Cult. Stuttgart 2014.

Rudolph, Karsten: Wirtschaftsdiplomatie im Kalten Krieg. Die Ostpolitik der westdeutschen Großindustrie 1945-1991. Frankfurt a. M. 2004.

Sarotte, Mary Elise: A Broken Promise? What the West Really Told Moscow About NATO Expansion. In: Foreign Affairs. Volume 93, Number 5. September/October 2014. S. 90-97.

Schieder, Theodor: Die Probleme des Rapallo-Vertrags. Eine Studie über die deutsch-russischen Beziehungen 1922-1926. Wiesbaden 1956.

Schlarp, Karl-Heinz (unter Mitarbeit von Markus Windelen): Das Dilemma des westdeutschen Osthandels und die Entstehung des Ost-Ausschusses der Deutschen Wirtschaft 1950-1952. In: Vierteljahreshefte für Zeitgeschichte 41/1993. S. 223-276.

Schölzel, Christian: Walther Rathenau und Karl Radek. Die gescheiterte Emanzipation im Verhandlungszimmer. In: Brömsel, Sven; Küppers, Patrick; Reichhold, Clemens: Walther Rathenau im Netzwerk der Moderne. Berlin/Boston 2014. S. 53-69.

Schüddekopf, Otto-Ernst: Karl Radek in Berlin. Ein Kapitel deutsch-russischer Beziehungen im Jahre 1919. In: Archiv für Sozialgeschichte Band 2. 1962. S. 87-166.

Schwendemann, Heinrich: Die wirtschaftliche Zusammenarbeit zwischen dem Deutschen Reich und der Sowjetunion von 1939 bis 1941. Alternative zu Hitlers Ostprogramm? Berlin 1993.

Schwendemann, Heinrich: Stalins Fehlkalkül: Die wirtschaftliche Zusammenarbeit zwischen dem Deutschen Reich und der Sowjetunion 1939-1941. In: Koch, Christoph (Hg.): Gab es einen Stalin-Hitler-Pakt? Charakter, Bedeutung und Deutung des deutsch-sowjetischen Nichtangriffsvertrages vom 23. August 1939. Frankfurt a. M. 2015. S. 293-312.

Seppain, Hélène: Contrasting US and German Attitudes to Soviet Trade, 1917-91. Politics by Economic Means. New York 1992.

Simola, Heli: Economic relations between Russia and China – Increasing interdependency? Bank of Finland, Institute for Economies in Transition. BOFIT Policy Brief 6/2016. Helsinki, September 2016.

Smele, Jonathan D.: Historical Dictionary of the Russian Civil Wars, 1916-1926.

Tauber, Joachim: Die deutsch-litauischen Beziehungen im 20. Jahrhundert, www.litauen.info.

Thörner, Klaus: Deutscher Kaukasusimperialismus. In: Lembeck, Andreas; Rost, Michael; Potts, Lydia (Hg.): Wider den Zeitgeist. Analysen zu Kolonialismus, Kapitalismus und Imperialismu. Festschrift zum 65. Geburtstag von Professor Dr. Schapour Ravasani. Oldenburg 1996. S. 119-156.

Tichonova, Natalja E.: Armut in Russland. In: Russland-Analysen Nr. 222, 17.6.2011. S. 2-5.

Trenin, Dmitri: True Partners? How Russia and China see each other. Centre for European Reform. London, February 2012.

Trenin, Dmitri: The Ukraine Crisis and the Resumption of Great-Power Rivalry. Carnegie Moscow Center. Moscow, July 2014.

Trenin, Dmitri: The Revival of the Russian Military. How Moscow Reloaded. In: Foreign Affairs May/June 2016. S. 23-29.

Trenin, Dmitri: Russia's Post-Soviet Journey. From Europe to Eurasia, www.foreignaffairs.com, 25.12.2016.

Ullrich, Volker: Die nervöse Großmacht 1871-1918. Aufstieg und Untergang des deutschen Kaiserreichs. Frankfurt a. M. 1999.

Wessel, Horst A.: Mannesmann und das Rußlandgeschäft von den Anfängen bis zum Ausbruch des Ersten Weltkrieges. In: Dahlmann, Dittmar; Heller, Klaus; Petrov, Jurij A.: Eisenbahnen und Motoren – Zucker und Schokolade. Deutsche im russischen Wirtschaftsleben vom 18. bis zum frühen 20. Jahrhundert. Berlin 2005. S. 201-209.

Westphal, Kirsten: Russlands Energielieferungen in die EU. SWP-Aktuell 11, März 2014.

Wette, Wolfram: Karl Jäger. Mörder der litauischen Juden. Frankfurt a. M. 2011.

Wiederkehr, Stefan: Die eurasische Bewegung. Köln/Weimar/Wien 2007.

Zeidler, Manfred: Reichswehr und Rote Armee 1920-1933. Wege und Stationen einer ungewöhnlichen Zusammenarbeit. München 1993.

Ziolkowska-Boehm, Aleksandra: Untold Stories of Polish Heroes from World War II. Lanham 2018.

Zu den Online-Angaben in den Fußnoten:
Die vollständigen Links liegen Autor und Verlag vor.

VERLAGSANZEIGE

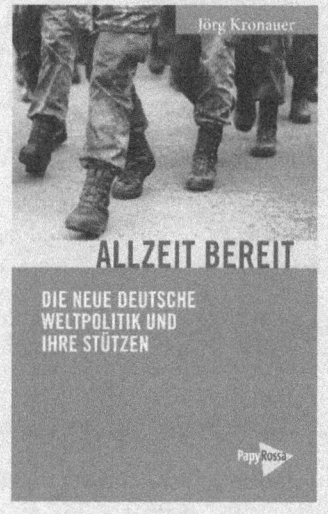

Jörg Kronauer

ALLZEIT BEREIT
Die neue deutsche Weltpolitik und ihre Stützen

Paperback | 214 Seiten
ISBN 978-3-89438-578-1
€ 14,90 [D]

Deutschland müsse seiner globalen Verantwortung gerecht werden, zur Not auch mit Soldaten. Seit der Bundespräsident diese Maxime ausgegeben hat, ist sie in der veröffentlichten Meinung zum Mantra geworden. Im Kern stehen nicht jene menschenrechtlichen Motive, die häufig noch vorgeschoben werden, um das breite Publikum zu Beifall zu bewegen. Vielmehr sind es, oft genug auch offen ausgesprochene, ökonomische und geostrategische Expansionsinteressen, die inzwischen in die entlegensten Weltregionen drängen – bis hin zur Arktis. Dabei wird diese neue Politik keineswegs nur von den Regierungsapparaten geformt. An ihrer Gestaltung wirkt ein breites Netz von Interessenverbänden und Denkfabriken mit. Auch ihre Umsetzung geschieht nicht nur mit den klassischen Mitteln der Diplomatie und des Militärs. Eine wichtige Rolle kommt parteinahen Stiftungen, staatlichen Kulturverbänden und sogar Nichtregierungsorganisationen zu. Die neue deutsche Weltpolitik kämpft mit allen Mitteln und an vielen Fronten.

PapyRossa Verlag
Luxemburger Str. 202, 50937 Köln, Tel. (02 21) 44 85 45, Fax 44 43 05
mail@papyrossa.de – www.papyrossa.de